KB056481

죄와 벌

1920년대 식민지 조선의 '일탈'과 처벌

이 저서는 2014년 대한민국 교육부와 한국학중앙연구원(한국학진흥사업단)을 통해 한국학 분야 토대연구지원사업의 지원을 받아 수행된 연구임(AKS-2014-KFR-1230010-).

동국대학교 대외교류연구원 · 인간과미래연구소 일제하 형사판결문 해제집 6

죄와 벌

1920년대 식민지 조선의 '일탈'과 처벌

초판 1쇄 발행 2020년 2월 10일

저 자 | 박정애
펴낸이 | 윤관백
펴낸곳 | 도서출판 선인

등 록 | 제5-77호(1998.11.4)
주 소 | 서울시 마포구 마포대로 4다길 4 곶마루 B/D 1층
전 화 | 02) 718-6252 / 6257
팩 스 | 02) 718-6253
E-mail | sunin72@chol.com

정가 32,000원

ISBN 979-11-6068-353-0 94910
ISBN 979-11-6068-347-9 (세트)

· 잘못된 책은 바꿔 드립니다.

동국대학교 대외교류연구원 · 인간과미래연구소
일제하 형사판결문 해제집 6

죄와 벌

1920년대 식민지 조선의 '일탈'과 처벌

박 정 애

▎발간사 ▎

이 책은 동국대학교 대외교류연구원이 한국학중앙연구원의 지원을 받아 3년간(2014년 9월 1일부터 2017년 8월 31일까지) 연구한 「일제강점기 형사사건기록의 수집 · 정리 · 해제 · DB화」 사업의 결과물을 간행한 것이다.

일제하 식민지 사회는 전통과 근대, 지배층과 피지배층이 교차하고 공존하는 시기로 복잡다기한 사회적 갈등이 새로운 양상으로 표출되던 공간이었다. 전통 사회의 해체과정에서 생성된 다양한 계층이 근대적 문물을 접하면서 욕망하는 개인으로 존재감을 드러내기 시작하였으나, 다른 한편 그들 모두가 일본의 핍박과 억압에 저항하거나 순응하는 피지배자의 굴레를 벗어날 수가 없는 운명공동체이기도 하였다. 이 같은 전환기 식민시대 조선인의 이중성을 인식하지 않고는 당시 상황의 본질을 이해하기가 어렵다.

그동안 식민지 사회의 연구는 그 시기 소수의 지식인들이 집필한 저서의 분석이 주를 이루었다. 그러기에 저자들의 주관적 사상이나 현실과 유리된 지식의 울타리에 머무를 수밖에 없었다. 당연히 식민지 사회의 다수를 차지했던 일반인, 특히 하층민들의 삶과 의식에 대한 연구는 뒷전으로 밀릴 수밖에 없었다. 그런 의미에서 식민지인의 일상을 그대로 조명할 수 있는 새로운 자료의 발굴은 있는 그대로의 식민지 사회를 이해하기 위해 반드시 필요한 과제라고도 할 수 있다.

형사사건 기록은 일제강점기 다양한 계층의 일상을 민낯으로 보여주기에 식민지 사회의 이중적이고 복합적인 모습을 있는 그대로 드러낸다. 동시에 일제의 형사법 체계가 어떻게 이루어져 있고, 그것이 식민지 조선 사회에 어떤 영향을 미쳤는가를 보여준다. 나아가 식민지 시대 형사법을 계승한 해방 이후 및 현대의 형사법 체계를 이해하는 데도 도움을 준다.

이 책은 일제강점기를 크게 ① '무단통치기'(1910~1919년) ② '문화통치기'(1920~1929년) ③ '전시체제기'(1930~1945년) 등 3시기로 구분하였다.

'무단통치기'는 일제에 의해 조선총독부가 설치되면서 조선에 대한 식민지배가 본격화되는 시기이다. 1910년 한일병합시기부터 1919년 3·1운동 시기까지의 다양한 민중들의 삶과 사회적 문제, 3·1운동 관련 판결문 등을 다루었다. 그런데 이 책에서는 대한제국시기 『형법대전』이 만들어지고 근대적 형법체제가 형성되지만, 을사늑약 이후 통감부가 설치되면서 일제의 정치적 개입과 경제적 침략이 전개되면서 의병운동이 일어나던 시기의 관련 판결문을 포함하였다.

1920년대 '문화통치기'에는 일제의 탄압이 고도화되고 치밀해지고, 일본제국주의 독점자본이 도시와 농촌까지 장악하면서, 전통적인 삶의 양식이나 습속, 의식 등에서 '야만'과 '문명'이 충돌하게 된다. 형사사건의 유형에서도 '저항'과 '협력' 사이에서 고뇌하고 분노하는 조선인들의 이중적 모습이 각양각색으로 나타난다.

'무단통치기'와 '문화통치기'에 일제는 「조선태형령(朝鮮笞刑令)」(1912년, 제령 제13호)을 폐지하고, 「정치에 관한 범죄처벌의 건」(1919.4.15, 제령 제7호)을 제정하여 '집단적 독립운동의 기도'에 대해 형벌을 가중하면서 탄압을 본격화한다. 또한 1925년 5월 「치안유지법(治安維持法)」을 공포하여 식민지의 독립과 해방을 추구하는 모든 행위를 이 법의 적용대상으로 삼았다. 그러기에 이 시기 조선 독립운동 사건 가운데 상당수가 살인, 강도, 사기 등 범죄 행위로 왜곡된다.

1930년대의 '전시체제기'에는 세계대공황과 함께 일제도 다른 제국주의 국가들처럼 자국의 독점자본의 위기와 공황의 타개책을 모색하였다. 1931년 만주사변과 1937년 중일전쟁의 발발은 이러한 일본제국주의 위기의 돌파구였다. 이에 일본제국주의는 식민지 조선을 대륙침략의 전진기지로 활용하면서 경제적 지배정책도 병참기지화로 선회하였다. 특히 1938년 이래 국가총동원법의 시행에 따라 '가격통제령', '미곡통제령', '국민징용령', '임금통제령', '물자통제령', '국민근로동원령' 등이 발효되면서 식민지 민중에 대한 탄압도 고도화되었다. 일제는 식민지 민중의 저항을 억압하기 위해 '조선사상범보호관찰령, '조선사상범예방구금령'을 제정하여 치안유지법 위반자 중 기소유예, 집행유예, 가출옥, 만기출옥한 자를 2년 동안 보호관찰하고, 더 나아가 계속 구금할 수 있는 법적 기반을 마련하였다. 또한 '조선임시보안령' 등을 제정하여 언론, 출판, 집회, 결사 등 기본권을 제한하였다. 이러한 탄압에도 불구하고 지속적으로 증가하는 식민지인의 일상적 저항이 판결문 및 형사기록 등에서 확인된다.

이 책은 일제 강점기 일반 형사사건의 기록물을 통해 당시 민초들의 일상적 삶을 엿보고 형사법 체계에 반영된 식민지 통치의 변화를 추적한다. 이 연구를 통해 일제강점기 형사사건 기록물과 판결문 및 이와 관련된 신문조서나 당시 발행된 신문·잡지 등의 자료 활용이 용이하게 되기를 기대한다. 더불어 보다 많은 연구자들이 이 연구에 의한 기초자료의 분석·해제와 DB를 토대로 일제시대 다양한 형사사건 자료에 자유롭게 접근하게 되길 바란다. 나아가 일제강점기 형사법의 성립과 변천 과정에 대한 세밀한 기록이 형사법 체계의 발달사에도 기여하게 되기를 기대한다.

이 연구는 기록물을 일일이 찾아 선별하여 상호 교차 검토하고 해제한 후, 이를 교열 · 감수하는 지난한 작업공정으로 이루어졌다. 참여 교수들 모두가 최대한 객관적이고 정확한 해제를 하려고 노력하였음에도 불구하고, 다소의 주관적 요소나 오류가 발견된다면 연구팀 공동의 책임이다. 이 연구에는 연구책임자인 본인을 포함하여 여러 선생님들이 참여하였다. 특히 이 책이 나오기까지 대외교류연구원 고재석 원장님과 하원호 부원장님을 비롯하여 공동연구원인 서울대 규장각의 윤대원 선생님, 국사편찬위원회의 김득중 선생님, 형사사건기록 연구팀 구성원인 이홍락 선생님, 전명혁 선생님, 박정애 선생님과 연구행정과 책 집필까지 맡아 준 김항기 선생께 감사드린다.

2020년 2월

연구책임자 동국대학교 조성혜

▌머리말▐

20세기를 전후한 한반도 100년의 시간은 제국주의 열강의 경쟁과 그로인해 발생한 무력충돌, 그리고 그 결과 제국주의 일본이 정치적 지배력을 획득해간 시간이었다. 일본 식민권력이 지배하는 식민지 조선에서는 식민지적 근대가 전개되면서 '전통'의 영역으로 생각되는 기존 '유교사상'이나 '관습'이 제대로 검토되거나 평가받기 어려웠다. 근대적 문물로 새로 도입된 사상이나 제도, 문화 등도 그 차별적이고 착취적인 성격으로 인해 '근대'라는 신분해방적이고도 인간의 생활을 이롭게 하는 편리한 속성들의 명암을 따지는 일이 온당하게 이루어질 수 없었다.

식민지 근대가 전개된 제국주의 일본의 지배하 조선사회에서는 새로운 형태의 사회적 갈등이 나타나고 전통 사회의 해체과정에서 생성된 다양한 사회적 주체와 근대적 욕망들이 복잡다기한 의미망을 통해 상호작용했다. 수탈과 억압, 차별과 폭력이라는 식민지 자본주의 가부장제 사회가 드러낸 제도적 상황뿐만 아니라 관계의 주체, 욕망하는 개인으로서 자신의 존재를 자각하게 만들었던 식민지 근대 사회의 이중성은 착취와 저항으로만 그 성격을 이해하기 어렵게 만든다.

이 연구는 일제강점기 한반도에서 생산된 다양한 형사사건기록을 수집, 분석, 해제하여 그 안에 드러난 식민지 사회의 성격을 시도하려는 것이다. 식민지 근대 형사법 체계화 과정에 따라 조선 사회 안에서 일어난 정치적 충돌이나 사회적, 개인적 갈등이 어떻게 '범죄'로 구성되고 그 타당성을 만들어갔는지 살펴보고자 하였다. 특히 식민지 사법기관이 형사사건을 어떠한 법 적용과 논리로서 '피고인'을 처벌함으로써 어떠한 식민지 사회를 재구성해고자 했는지 드러내고자 했다.

제6권에서는 『죄와 벌: 1920년대 식민지 조선의 '일탈'과 처벌』이라는 제목으로 1920년대 식민지 조선사회의 형사사건을 살펴보았다. 이른바 문화통치의 공간 안에서 조선사회의 전통적인 관습들이 어떠한 것은 '불법'으로 치부되어 처벌받고, 어떠한 것은 조선인의 관행적인 '일탈'로 치부되어 또한 처벌의 대상이 되는 장면들을 포착하였다. 재조일본인의 범죄 사건도 다루어 일본의 조선 침략 과정에서 조선으로 건너온 일본인의 사회경제적 배경 및 내용, 범죄 내용과 이것을 다루는 식민지 법원의 태도를 살펴볼 수 있도록 하였다. 그 외 살인, 상해, 강간, 유괴사건 등을 살펴보고 1920년대 조선사회가 구성해가는 '근대'의 내용을 드러내고자 하였다.

제1장은 가택침입, 독직 및 공갈 미수 피고사건으로, 조선인 순사가 신분을 이용해서 비리를 저지른 사건이다. 제2장은 간통사건 3건이다. 식민지 시기 간통사건에서 피해자는 언제나 남편이며, 가해자는 처와 그 상간남이다. 당사자의 뜻에 반하여 관습에 따라 이뤄지는 결혼제도에 대한 사회적 비판이 높은 상황 속에서 자유연애나 자유결혼은 이 시기 청년층의 이상이었다. 그러나 그 실천자는 언제나 남편이었으며, 유부녀의 자유연애는 불법행위로서 처벌받아야 했다. 제3장은 강간사건 5건이다. 오늘날에야 상대방의 동의를 받지 않은 성적 행동을 강간의 범위로 인식하지만, 1920년대 법정에서는 피해자의 동의 여부는 시비 대상조차 되지 않았다. 성폭력이 이뤄질 때의 폭행의 정도와 피해자의 생식기가 훼손된 정도가 상세히 묘사되고 있을 뿐이다. 이는 식민지 법정에서 '강간'을 입증하는 것이 피해여성의 몫이었음을 말한다. 또한 가

해자는 법정에서 피해자의 '행실'을 비난하고 '화간'임을 주장하며 무죄를 주장한다. 가해자의 '성욕'을 건드리는 피해자의 미모나 행동을 거론하거나, '강간'의 방식을 상세히 묘사하는 1920년대 판결문 내용은 오늘날의 그것과 크게 다르지 않아 보인다.

제4장은 재조일본인의 강도 및 살인사건에 관한 1심과 2심, 그리고 3심 판결문이다. 조선인 피고인이 3심까지 간 경우 판결문 내용이 그대로 베낀 듯하게 반복되는 것이 특징인데, 이 사건의 2심 판결문은 1심에 비해 상세한 것이 독특하다. 재조일본인의 사건에 대해서는 경찰 조사 및 검찰의 태도가 달랐음을 엿볼 수 있다. 친부모의 돌봄을 받지 못한 불우한 청년이, 조선으로 이주하여 농장을 경영하는 숙부의 집에 있다가 숙모와 사촌을 살해하고 돈을 훔쳐 달아났다가 검거되어 무기징역을 받은 사건이다.

제5장은 문서위조 행사 및 유괴사건 3건이다. 조선총독부 형사가 범죄인과 연루되는 상황과 소개업자의 강요와 문서위조, 감언이설을 동원하여 '합법'을 가장하고 여성매매를 하는 상황을 살펴볼 수 있다. 특히 13명의 소개업자 및 문서위조 업자가 서로 얽히고설켜 인신매매를 실행하다 1927년에 검거된 박○숙 유괴단 사건은 1920년대 식민지 조선에 형성되어 있던 인신매매 매커니즘을 그대로 보여준다. 유괴사건은 형법 제225조에 따라 처벌되었다. 여기에 해당하는 영리 유괴사건은 제14장의 판결문 4건에서 살펴볼 수 있다. 형법 제226조는 피해자가 '제국 일본' 외의 지역에 유괴되었을 경우 적용되는 처벌법인데 제6장의 제국 외 이송 유괴사건 2건에서 그 내용을 검토할 수 있다.

제7장은 간토대지진 후의 사회혼란을 다스린다는 명분 속에 일본정부가 공포한 1923년 칙령 제403호 위반사건 판결문이다. 도쿄대지진 이후 재일조선인의 희생과 이에 대한 조선인의 반응을 살펴볼 수 있다.

제8장은 모르히네, 코카인 단속 위반사건으로 1920년대 마약 단속과 처벌 상황을 보여준다. 제9장은 묘지 화장장·매장 및 화장단속규칙 위반사건 2건의 판결문이다. 영아가 사망한 후 시신을 유기하거나 묘지 이외의 땅에 매장하여 묘지 화장장 등 위반사건으로 처벌받은 내용이다.

제10장은 방화사건 4건이다. 부부나 가족, 이웃 간의 갈등 상황 속에서 억울하거나 분한 마음을 풀어내는 방법으로 방화가 동원되고 있는 양상을 살펴볼 수 있다. 특히 여성 피고인이 많았다는 사실은, 그만큼 자신의 감정을 표현하는 것을 억압당해온 여성들이 존중받지 못한 좌절감을 방화라는 극단적인 방법을 통해 해소하기도 했음을 보여준다.

제11장 병자유기 사건은 재조일본인 남성이 병든 아내의 동거요청을 거절하고 유기한 사건이다. 피고인은 줄곧 아내가 병들지 않았으며 스스로 일해서 먹고 살 수 있음을 주장했으나 법원은 이를 받아들이지 않았다. 호주제를 수립하고 호주에게 막강한 권한을 준만큼 호주의 가족 부양 의무를 전제하고 있는 법원의 인식이 흥미롭다.

제12장은 살인사건 판결문 8건이다. 두 건을 제외하고는 여성이 피고인인 사건이다. 본부 살해, 영아 살해, 아동학대 관련 사건이다. 특히 출산과 육아를 온전히 감당해야 하는 존재로서 여성이 아이 살해의 주체가 되는 모습은 오늘날에도 낯설지 않은 장면이다. 사회구조적인 문제가 아니라 개인의 일탈로 치부하고 개인에 대한 처벌로 마무리했던 법정과 사회의 태도는 오늘날에도 크게 달라지지 않은 것으로 보인다. 제13장은 상해사건 4건이다. 이 중 문재봉 사건은 전남 암태도에서 소작료 인하 문제를 두고 지주 측과 갈등을 빚던 소작인들이 지주 문중의 성덕비를 공격하려고 시도하다 검거된 사건이다.

제15장은 조선인 의생의 의생규칙 위반사건이며 제16장은 주세령 위반사건이다. 어제의 권위와 관행들이 '야만적'인 것으로 치부되어 '범죄'

로 구성되는 사건에 대한 판결문이라고 할 수 있다. 반면 제17장의 중혼 사건은 조선의 전통적인 혼인 관습과 '혼인신고' 행위가 중시된 식민지 근대의 새로운 규율이 충돌한 사건이었음에도 불구하고 전통적인 혼인 관습의 효력을 우선시하는 입장에서 판결이 나왔다는 점에서 주목된다.

제18장은 철도방해 사건이다. 천도교 신앙이 두터워 기독교를 싫어했던 피고인이 철도를 보고 서양인이 발명한 것이라 생각하여 방해물을 설치하여 처벌받은 사건이다. 제19장은 출판법 위반 및 공갈 상해사건이다. 마약 밀매와 여기에 연루되어 있는 의사를 성토하는 광주의 청년단체가 이를 비판하는 출판물을 발간했지만 해당 관청에 발간허가를 받지 않았다는 이유로 출판법 위반죄로 검거된다. 또한 청년단체 회원의 일부가 의사의 비리를 이용하여 개인의 이득을 꾀하려 했는데 이를 빌미로 청년단체는 당국의 탄압을 겪는다.

제20장은 타태 피고사건에 관한 고등법원 판결문이다. 한 과부가 하혈을 하였는데, 법원에서는 시아버지와 불륜을 맺어 임신하고 낙태한 사건으로 판단하고 시아버지와 의사를 처벌하였다. 피고 측은 상고를 거듭하며 임신이 아니었음과 따라서 낙태로 볼 수 없음을 주장하나, 법원은 증거자료가 없으므로 원심이 인정된다고 판결을 내린다. 판결문의 대부분 분량을 차지하는 변호인 측의 반박에도 불구하고 단번에 상고기각 판정을 내리는 법원의 태도에서 조선 사회를 바라보는 식민지 사법기관의 시각을 엿볼 수 있다.

본 해제집에서는 판결문에 제시된 피고인의 개인정보는 가능한 한 익명 처리하되, 해당 사건이 당대 신문에 기사화된 경우 자료를 인용한다는 차원에서 관계자의 이름과 주소 등을 원문 그대로 인용하였다. 매일신보, 동아일보, 조선일보 등 식민지 시기 언론 자료가 데이터베이스화 되어 누구나 접근하기 쉬운 환경이라는 점을 고려하였다. 당대 언론을 통해 형사 사건이 관심을 받고 적나라하게 보도되거나 또는 가명이 사용되거나 언론의 비평이 반영되어 보도되는 양상을 통해 범죄 사건이 다시 한번 재구성되는 과정을 살펴볼 수 있을 것이다.

2020년 2월

박정애

▎차 례 ▎

11. 병자유기 사건

12. 살인사건

1
가택침입, 독직, 공갈미수 피고사건

성낙훈 판결문
(1923년 형공 제73호, 大正12年刑公第73號, 경성지방법원)

가택침입, 독직, 공갈미수 피고사건으로 1923년 2월 23일에 경성지방법원에서 열린 원심 판결문이다. 사건번호는 1923년 형공 제73호(大正12年刑公第73號)이다. 국가기록원에 소장되어 있으며 관리번호는 CJA0000254-0011이다.

피고는 두 사람이다. 충남 아산군 도마면에 본적을 두고 경기도 경성부 원남동에 거주하고 있는 피고 성낙훈(成樂勳)은 29세로 전직 순사이다. 그는 충남 보령군 주산면 화평리에 본적을 두고 경기도 경성부 청진동에서 고용인으로 살고 있는 32세 이두휘 등과 함께 가택침입, 독직 및 공갈미수 기소를 당하고 조선총독부 검사 나라이 다이치로(奈良井多一郎)의 간여로 심리하였다.

판결 내용은 다음과 같다.

피고 성낙훈은 조선총독부의 순사이다. 이두휘, 이영필(李泳弼)과 함께 경성부 서대문정 양경춘(楊慶春)이 다량의 아편을 소지하고 있는 것이 틀림없다는 사실에 대해 성낙훈이 도 순사인 직권을 이용해서 아편을 취하고 다른 곳에 매각해 그 이익을 분배하기로 협의하고 후에 이두휘, 이영필에게 만일 양경춘이 아편을 소지하지 않은 경우에는 양경춘이 아편을 소지한 것과 같이 성낙훈을 오해하게 하여 성낙훈이 양경춘을 공갈하도록 하여 돈을 편취할 것을 공모했다. 이두휘는 이영필에게 아편 소량을 받고 그것을 휴대하여 1923년 1월 27일 오후 8시 30분경 순사의 제복을 착용하고 성낙훈, 이영필과 함께 전기 양경춘 집에 가서 성낙훈, 이두휘는 그 집에 들어가서 양경춘에게 아편밀매를 의심하고 있다고 말하고 가택을 수사했다. 아편을 발견하지 못하자 이두휘는 갖고 있던 아편을 그 집에 있는 책상의 서랍에서 꺼낸 것처럼 꾸미고 그것을 성낙훈에게 건네어 성낙훈은 양경춘을 힐문하고 경찰관에게 넘긴다(引取)고 칭하며 노끈으로 결박했다. 이후 경성부 무교정까지 끌고 간 양경춘을 풀어주고 방면을 애원하면 마치 시혜를 베푸는 처분을 할 수 있는 것처럼 가장했다. 양경춘을 풀어주어 돌려보낸 후 성낙훈, 이두휘, 이영필은 동부 청진동 중흥여관에 가서 양경춘에게 돈을 달라고 강요할 것을 결의한 결과 성낙훈은 1월 28일 오전 10시 30분 즈음 앞에 쓴 양경춘 집에 가서 그에게 우리에게 돈을 주면 고발하지 않겠다고 공갈했다. 양경춘은 금 200원을 1월 29일에 제공하기로 약속했고 성낙훈은 승낙하였다. 1월 29일 정오 즈음 앞에 쓴 양경춘 집에 돈을 받기 위해 왔을 때 경찰관에게 체포되어 그 목적을 달성하지 못하였다.

이상의 사실에 대해서는 다음의 공술 기재가 있다.

1) 피고 성낙훈이 당 법정에서 자신은 1922년 10월 13일 조선총독부 순사로 명령을 받고 1923년 1월 29일까지 근무했다. 이두휘로부터 경성부 서소문정 양경춘이 아편을 가지고 있다는 말을 듣고 1923년 1월 27일 오후 8시 30분 즈음 이두휘, 이영필과 함께 양경춘의 집으로 가서 가택 수색을 했는데 이두휘가 양경춘의 집 책상 서랍에 있던 소량의 아편을 주어서 받았다. 양경춘을 힐문하고 노끈으로 결박하여 경찰서에 인치하자고 말하고 경성부 무교정까지 끌고 와서 풀어주고 돌려보냈다는 내용의 공술이 있다.

1) 피고 이두휘가 당 법정에서 자신은 1923년 1월 26일 오후 6시경 경성부 청진동 중흥여관에서 성낙훈, 이영필과 함께 경성부 서소문정 중국인(支那人) 양경춘이 다량의 아편을 가지고 있다고 하여 아편을 빼앗

아 다른 곳에 매각하여 이익을 분배하기로 했다. 성낙훈은 경찰관이기 때문에 양경춘과 동행한 후에 빼앗기로 협의하고 성낙훈이 돌아간 후 다시 1월 27일 이영필과 공모하여 양경춘 집에 아편이 없으면 불가능한 일이므로 미리 아편을 가지고 가서 만약 없으면 양경춘에게서 발견한 것과 같이 꾸미고 양경춘을 공갈하여 돈을 빼앗자고 상담했다. 같은 날 이영필에게 소량의 아편을 가지고 가게 하고 성낙훈, 이영필과 함께 그 날 오후 8시 30분 즈음 양경춘의 집에 도착하여 가택을 수사해도 아편을 발견할 수 없어서 가지고 온 아편을 꺼내서 마치 양경춘의 집에서 발견한 것과 같이 가장하고 성낙훈에게 건네어 성낙훈이 양경춘을 결박하여 경성부 무교정까지 연행하도록 했다. 양경춘이 애원했기 때문에 마치 생각해서 처분하는 것과 같이 가장하고 양경춘을 풀어 돌려보냈다. 그때 성낙훈은 제복을 입고 검을 가지고 갔었다는 내용의 공술이 있다.

1) 사법경찰관의 성낙훈에 대한 심문조서 중 자신은 이두휘에게 경성부 서소문정 중국인 양경춘에게 아편이 있다는 말을 듣고 1923년 1월 27일 이두휘, 이 모와 함께 양경춘의 집으로 가서 가택수사를 하고 양경춘을 결박한 후 경성부 무교정까지 끌고 와서 돌려보냈다. 그 후 중흥여관에 가서 이 모가 자신에게 향하여 내일 양경춘의 집에 가서 돈을 청구하자고 했을 때 자신은 1월 28일 오전 10시 30분 즈음 양경춘의 집에 간 바 양경춘이 돈 200원을 1월 29일 지불하겠다고 말했으므로 그날 가서 결국 체포되었다는 내용의 공술 기재가 있다.

2) 사법경찰관의 양경춘에 대한 심문조서 중 1923년 1월 27일 오후 8시 30분 즈음 제복을 착용한 순사 1명 및 그 외 2명의 조선인 남자가 자신 집에 와서 아편밀매의 혐의가 있다며 가택 수사를 했다. 그러나 아편을 발견하지 못하였으므로 조선인 한 명이 자신이 가지고 온 아편 약간을

책상의 서랍에서 꺼내어 마치 우리 집에 있었던 것과 같이 꾸미고 그것을 자신에게 내보이며 힐문했다. 순사는 노끈으로 자신을 결박한 후 경성부 무교정까지 끌고 갔다가 돌려보냈다. 해당 순사는 1월 28일 오전 10시 30분 즈음 자신의 집으로 와서 자신을 문밖으로 호출하고 돈 200원을 제공하라고 말했으므로 나는 다음과 같이 대금을 소지했다는 내용의 답을 하고 그 순사는 그에 응한다면 고발하지 않겠다고 공갈했다. 1월 29일까지 지불할 것이라고 약속하게 했는데 지불하지 않았다. 해당 순사는 피고 성낙훈이고 아편을 가지고 온 자는 피고 이두휘가 틀림없다는 내용의 공술 기재가 있다.

이를 종합하여 살피고 다음을 인정한다.

법률에 비추어 피고 성낙훈, 이두휘의 판시한 행위 중 거주침입의 점은 각 형법 제130조[1]에, 독직의 점은 형법 제194조[2](이두휘에 대해서는 형법 제65조,[3] 제194조, 제220조 제1항[4]을 적용함)에, 공갈미수의 점은 모두 형법 제249조 제1항,[5] 제250조[6]에 해당하는 바, 병합죄에 관계함으로 형법 제45조,[7] 제47조[8] 및 제10조[9] 중 가장 무거운 죄로서 판시한

---

1) 형법 제130조: 이유 없이 사람의 주거 또는 사람이 간수하는 저택, 건조물 혹은 함선에 침입하거나 또는 요구를 받고도 그 장소로부터 퇴거하지 아니하는 자는 3년 이하의 징역 또는 50원 이하의 벌금에 처한다.

2) 형법 제192조: 재판, 검찰, 경찰의 직무를 행하거나 또는 그것을 보조하는 자, 그 직권을 남용한 사람을 체포 또는 감금할 때에는 6월 이상 7년 이하의 징역 또는 금고에 처한다.

3) 형법 제65조: 범인의 신분에 따라 구성할 수 있는 범죄행위에 가공할 때에는 그 신분 없는 자는 누구라도 공범으로 한다.

4) 형법 제220조 제1항 감정인에게는 감정을 하기 전 선거를 하도록 한다.

5) 형법 제249조 사람을 공갈하여 재물을 교부받은 자는 10년 이하의 징역에 처한다. 전항의 방법으로 재산상 불법의 이익을 얻거나 또는 다른 사람에게 이를 얻게 하는 자 역시 마찬가지다.

6) 형법 제250조: 본장의 미수죄는 이를 벌한다.

7) 형법 제45조: 확정 재판을 경과한 여러 죄를 병합죄라 한다. 만약 어떤 죄에 따라 확

공갈미수죄의 형으로 법정 가중을 하고 형기 범위 내에서 피고 성낙훈을 징역 2년에, 이두휘를 동 1년 6월에 처한다. 압수물건은 형사소송법 제202조[10]에 따라 소유자에게 환부하도록 한다. 판결은 경성지방법원 조선총독부 판사 백윤화(白允和)가 하였다.

해 제

조선인 순사의 독직사건으로 조선인 판사 백윤화가 단독 판결한 사실이 흥미롭다. 이 사건은 당시 조선사회에서도 꽤 관심을 끈 사건으로 관련 기사를 찾아보면 다음과 같다.

협박한 순사는 면직, 종로서의 성낙훈은 취조 중

시내 종로 경찰서에 외근으로 있는 순사 성낙훈(成樂勳)(31)은 수 일 전 동서에 유치되어 방금 비밀리에 취조를 받는 중인데 동서에서는 사실을 절대 비밀에 부침으로 그 자세한 내용은 알 수 없으나 모처에서 탐문한 바에 의하면 전기 순사는 원래 성질이 불량한 자로 얼마 전 모모 부랑자와 공모하

정재판이 있을 대에는 멈추고 그 지와 그 재판확정 전에 범한 죄를 병합죄로 한다.

8) 형법 제47조: 병합죄 중 2개 이상의 유기징역 또는 금고에 처할 수 있는 죄가 있을 때에는 그 가장 무거운 죄에 따라 정한 형의 장기(長期)에 그 반수를 더하는 것으로써 장기로 한다. 단 각 죄에 따라 정해진 형의 장기를 합산하는 것에 넘어서 할 수 없다.

9) 형법 제10조: 주형(主刑)의 경중(輕重)은 전조(前條) 기록의 순서에 따른다. 단 무기금고와 유기징역은 금고로써 무거운 것으로 하고 유기금고가 장기유기징역의 장기의 2배를 넘을 때에는 금고로써 무거운 것으로 한다. 동종의 형은 기간(長期)의 긴 것, 또는 벌금(多額)이 많은 것으로써 무거운 것으로 하고 기간 또는 벌금이 같은 것은 그 기간이 긴 것 또는 벌금이 많은 것으로써 무거운 것으로 한다.

10) 형사소송법 제202조: 증인의 공술증인 또는 그와 제186조 제1항 규정에 관계한 자에게 치욕으로 돌아가거나 그 재산상에 중대한 손해를 미칠 우려가 있을 때에는 선서를 하지 않고 그것을 심문할 수 있다.

여 가지고 시내 서대문정에 있는 모씨를 노끈으로 결박한 후 엉터리없는 말로 위협을 하며 뇌물을 강청한 것이 발각되어 즉시 면직이 되는 동시에 전기와 같이 동서에 체포되어 취조를 받는 것이라더라.

작년 10월 초임 동대문에 있다가 종로로 간 성낙훈. 이에 대하여 동서 경무계 주임 송미(松尾) 경부는 말하되 "성순사가 사직을 당한 것은 사실이외다. 그러나 기타 사실을 방금 조사 중이니까 아직 알 수가 없으며 따라서 말할 수도 없습니다. 그로 말하면 작년 10월에 순사가 된 자인데 본서 경무계에서 근무하던 사람이외다"하더라. (『동아일보』, 1923.2.4)

불법 감금한 순사, 아편을 빼앗고자 한 성낙훈은 취조를 마치고 검사국에 넘겨

시내 종로경찰서에 외근으로 있는 순사 성낙훈(成樂勳, 31)이가 얼마 전에 면직되는 동시에 구인되어 취조를 받는다 함은 이미 보도한 바이어니와 동서에서는 내용을 절대로 비밀에 부치고 있던 터인데 그동안 취조를 마치고 작일에 일건 서류와 함께 경성지방법원 검사국으로 넘기었는데 이제 사실을 듣건대 그는 작년 10월에 처음으로 순사가 되었든 바 성질이 불량하여 항상 옳지 못한 행동이 많든 터이며 더구나 살림이 넉넉지 못함으로 어찌하든지 한꺼번에 많은 돈을 가지고 싶은 생각이 있어서 이두희, 이영필 등과 공모하여 가지고 여러 가지 생각하다가 시내 서소문정에 있는 중국사람 양경춘에게 아편이 많이 있다는 말을 듣고 그의 집에 들어가서 아편을 압수한다 하고 일변으로 그를 결박하여 모처에 가두어 놓고 여러 가지로 위협하면서 만일 돈을 내놓으면은 무사하게 하여 주겠다고 달래기도 하고 위협도 한 사실이 발각된 것이라는데 대죄명은 불법 감금 가택침입 취재미수 독직 공갈 등이라더라(『동아일보』, 1923. 2. 11).

공갈 순사 공판

2년 징역 언도를 불복한 성낙훈 등 지난 일월 이십칠일에 시내 서소문정 중국인 양춘경(楊春慶)을 아편 팔아먹은 죄로 경찰서로 잡아가겠다고 위협하고 금전을 강청한 종로경찰서 순사 성낙훈은 일전에 경성지방법원에서 백

판사의 손으로 징역 2년에 처하고 성낙훈을 끼고 돈 푼이나 얻어먹으려던 동류 이두휘(31)는 징역 1년 반에 처하였는데 성낙훈은 불복하고 경성복심법원에 공소하였다더라(『동아일보』, 1923.3.6).

신문기사 내용과 아울러 살펴보면 성낙훈은 1922년 10월에 처음 순사가 되어 서울 동대문 경찰서에 있었던 자인데 검거되었을 당시에는 종로경찰서 경무계에 근무하고 있었다. 신문이 취재한 바 그의 범죄 동기는 "성질이 불량하여 항상 옳지 못한 행동이 많든 터이며 더구나 살림이 넉넉지 못함으로 어찌하든지 한꺼번에 많은 돈을 가지고 싶은 생각" 때문이다.

성낙훈이 순사가 되고 반 년도 지나지 않아 범죄를 저지른 셈인데, 그가 "성질이 불량하여 항상 옳지 못한 행동이 많든" 자였다면 애초부터 순사로 뽑힌 배경을 짚어볼 필요가 있겠다.

법원은 성낙훈이 애초부터 양경춘의 아편을 뺏어 다른 데 팔 생각이 있었다고 여겨 범죄사실에 포함시킨 것인데, 이 부분에 대해 성낙훈은 동의를 하지 못한 것으로 보인다. 양경춘에게 돈을 요구하러 갔다는 사실에 대해서는 인정한 것으로 보아 성낙훈은 무죄를 주장할 생각보다는 양형이 자신의 죄에 비해 무겁다고 여긴 듯하다. 성낙훈은 결국 병합죄 중 무거운 쪽인 독직죄의 양형을 받았다. 6월 이상 7년 이하의 징역을 받을 수 있는 형벌 범위에서 징역 2년이 선고되었다. 『동아일보』 1923년 3월 6일자 기사에 따르면 성낙훈은 이에 불복하고 항소를 한 것으로 나온다.

2

간통사건

1) 조○성 등 판결문 (1923년 형공 제688호, 大正12年刑公第688號, 공주지방법원)

공주지방법원 판결문으로 사건번호는 1923년 형공 제688호(大正12年刑公第688號)이다. 피고는 간통의 당사자 남녀이다. 국가기록원 소장 판결문으로 관리번호는 CJA0000989-0004이다.

공주군 계룡면에 사는 27세된 조○성과 27세된 노동 종사 강○구는 간통죄로 약식 기소되었다.

본 사건의 범죄사실을 살펴보면 피고 조○성은 고성군 신북면 권○원의 처이다. 피고 강○구는 그녀를 알게 되어 피고 두 명이 1922년 음력 1월경 위의 권○원의 방에서 간통하고 같은 해 음력 11월 10일 즈음 공주군 계룡면에 와서 동거, 간통하고 지내왔다. 이에 형법 제183조, 제55조[11]에 따라 피고 조○성을 징역 8월에, 피고 강○구를 징역 6월에 처한다.

조선총독부 검사 임영찬(林英贊)이 간여하여 심리하였으며 공주지방법원 소속 조선총독부 판사 마츠모토 시게루(松本茂)가 판결하였다.

해 제

공주군 계룡면에서 일어난 간통사건을 공주지방법원에서 약식 재판한 것이다. 이 때문에 검사 임영찬[12]이 심리하고 마츠모토가 판결하는

11) 형법 제55조 연속된 복수의 행위로 동일 죄명에 저촉되었을 때는 하나의 죄로 이를 처단한다.

간단한 형식으로 구성되어 있다. 간통사건은 대부분 이와 같이 약식 재판으로 처리되어 있다. 두 사람이 간통을 한 장소와 횟수 등 '간통' 사실만 확인되면 처벌대상이 된다.

이 판결문의 피고인 두 사람도 형법 제183조에 따라 처벌을 받았다. 곧 ① 남편 있는 아내와 간통했을 때는 2년 이하의 징역에 처한다. 그와 상간한 자도 같다. ② 전항의 죄는 남편의 고소가 있을 때 이를 논한다. 단, 남편이 간통을 종용했을 때에는 고소의 효력이 없다는 내용이다. 이에 따라 여자는 징역 8월, 남자는 징역 6월에 처해졌다.

일제 시기에는 법정에서 처벌된 간통사건이 상당했다. 1923년 9월 13일 공주지방법원에서 열렸던 간통사건에 대한 약식 재판도 비슷한 간통 건

12) 1880년 10월 11일 경상남도 부산에서 태어났다. 1901년 3월 공립 부산 개성학교 중등과를 졸업하고 이후 관비유학생으로 일본으로 건너가 1903년 10월 도쿄 연수학관(研數學官) 고등과를 졸업했다. 귀국 후 1903년 11월부터 개성학교 교사로 근무하다가 다시 일본으로 건너가 1909년 7월 메이지 대학 법과를 졸업했다. 대학 졸업 후인 1909년 8월부터 12월까지 히로시마(広島) 시립 외국어학교 촉탁교사로 근무했다. 그 뒤 귀국하여 1910년 2월 대구공소원 서기로 법조계에 입문했다. 병합 후에도 대구공소원 서기로 계속 근무하다가 1912년 7월부터 관제 개정으로 대구지방법원 서기과 서기 겸 통역생으로 근무했다. 1912년 8월 한국병합기념장을 받았다. 같은 해 12월 판사에 특별 임용되어 광주지방법원 고부지청 판사(고등관 8등)로 부임했으며 1913년 2월 정8위에 서위되었다. 1914년 4월 광주지방지청 정읍지청 판사로 옮겼다.1914년 5월 검사로 전직해 해주지방법원 검사에 임명되었다. 1915년 6월 고등관 7급으로 승급되었으며 같은 해 11월 다이쇼천황 즉위기념 대례기념장을 받았다. 같은 해 12월 공주지방법원 검사로 부임했으며 1918년 12월 고등관 6등으로 승급되었다. 1919년 3월 광주지방법원 목포지청 검사로 부임해서 1920년 4월에는 3·1운동 당시 전라남도 함평에서 독립만세운동을 전개하다가 체포된 조사현, 송대호, 정기연 등의 재판에, 1921년 1월에는 전라남도 보성과 장흥 등지에서 대한민국임시정부와 군자금 모집활동을 전개하다가 체포된 이재수, 정안동, 곽규삼 등의 재판에 검사로 참여했다. 1921년 2월에 광주지방법원으로 옮겼으며 1922년 8월 공주지방법원 검사로 부임했다. 1924년 12월 해주지방법원 검사로 부임했다가 이듬해 7월 신의주지방법원으로 옮겼다. 1941년 4월 광주지방법원에서 독집 및 지방선거취체규칙 위반으로 징역 4년형을 선고받고 항소했으나 1942년 7월 고등법원에서 징역 3년형이 확정되어 검사직을 물러났다. 해방 후 1947년 7월 전라남도 광주에서 변호사를 개업했다(민족문제연구소, 『친일일명사전』, 2010).

이다. 이 사건은 역시 국가기록원 형사판결문으로 찾아볼 수 있으며(관리번호는 CJA0000989-0020), 사건번호는 1923년 형공 제144호(大正12年刑公第144號)이다.

충청남도 공주군 탄천면 이○화의 처 이성녀(31세)는 충청남도 공주군 탄천면 이○주(33세)와 간통으로 기소되어 조선총독부 검사 임영찬(林英贊)의 간여로 심리하고 다음과 같이 판결했다.

피고 이성녀를 징역 6월에 처한다. 피고 이○주를 징역 8월에 처한다.

피고 이성녀는 이○화의 처로서 피고 이성녀는 그 정을 알고 1923년 음력 4월 초순에서 음력 7월 9일에 이른 사이에 계속 범의를 가지고 피고 이성녀 쪽 또는 부근의 산 기타에서 십수 회에 걸쳐 서로 간통하였다. 위의 범죄 사실은 피고 등이 당 공정에서 스스로 함께 인정하여 증빙이 충분하다.

법에 따라 피고 등의 행동은 형법 제183조 제1항 동 제55조에 해당함으로 소정의 형기범위 내에서 피고 이성녀를 징역 6월에, 피고 이○주를 징역 8월에 처함을 상당하다고 인정하여 주문과 같이 판결한다. 조선총독부판사 이정혁(李晶赫)[13]이 판결한다.

근대화 이후 애정 결혼의 믿음에도 불구하고 여전히 한국의 혼인관계

13) 1893~?. 서울 출신이다. 1913년 3월 경성고등보통학교를 졸업했다. 1914년 강원도 간성군에서 판임관 견습을 거친 뒤 같은 해 6월 간성군 서기에 임명되어 1916년 5월까지 근무했다. 1916년 4월 경성전수학교에 입학해 1919년 3월 졸업했다. 1919년 12월에 광주지방법원 군산지청 서기 겸 통역생에 임명되었다. 1923년 전주지방법원 군산지청으로 옮겨 서기 겸 통역생으로 근무하다 7월 판사로 승진해 공주지방법원 판사로 부임했다. 1926년 3월에 대구지방법원 판사로 전보되어 재임하다가 1927년 4월 퇴직했다. 그 후 1927년 6월에 대구에서 변호사를 개업했다. 해방 후 1945년 10월 경성소년심판소 수석판사에 임명되었다. 1948년 6월 서울에서 변호사를 개업했으며 같은 해 7월부터는 서울변호사회 회장을 맡아 1949년 7월까지 재임했다. 1949년 9월 고시위원회 전형부 고등전형위원에 임명되어 재임하다 1950년 8월 6·25전쟁 중에 납북되었다. 1951년 7월 법원조직법에 따라 고등전형위원에서 퇴직 처리되었다.

그리고 가족관계 안에는 근대적 혼인이라는 특징으로는 포섭되지 않는 역사적 잔재들이 스며들어 있다. 먼저, 간통죄의 근대적 규정은 1905년 4월 20일 대한제국 법률 제3호로 공포된 형법대전에서 출발하였다. 1905년의 형법대전의 규정은 본질적으로 조선시대의 규정과 다르지 않았다. 대명률과 대전회통에서는 유부녀의 간통을 더 중하게 처벌하긴 하였으나 남편의 간통도 처벌하였다. 그러나 일본인 법률가들이 활동하게 된 1908년(융희2년)에는 일본법과 유사하게 형법대전을 개정하여 유부녀가 간통한 경우 그녀와 상간자만을 6월 이상 2년 이하의 유기징역에 처하는 규정을 두었다(법 제265조).

1912년 4월 1일 시행된 제령 제11호 조선형사령으로 일본의 구형법 제184조의 "부인과 그 상간자의 간통에 대해 2년 이하의 징역형으로 처벌"하는 규정을 조선에 의용했다. 이 규정은 대한민국 형법이 제정될 때까지 적용되었다. 정부 수립 후 법전편찬위원회의 형법 제정 시, 간통죄는 봉건적이라는 이유로 폐지하는 것으로 잠정 결론을 내렸으나 정부가 간통죄의 존치를 포함한 형법안을 국회에 제출함으로써 격렬한 논란 끝에 간통죄를 쌍벌주의와 친고죄로 하는 안이 의결되었다. 이와 같이 한국에서 근대적 간통죄의 출발은 간통 여성에 대한 처벌이었고 그 뿌리는 식민지적 형법 규정에 있다.

식민지 시기 간통죄에서는 남편이 다른 부녀와 간통하여도 간통죄로 묻지 않았다. 일본에서는 전통적으로 간통(不義密通, 불륜)을 중죄로 보아 간통한 두 사람은 사죄(死罪)로 다스리고 그 협력자도 중추방(中追放)[14]이나 사죄였다. 그 남편은 현행범의 경우 양 당사자를 죽여도 죄

14) 에도시대(江戸時代)의 추방형 중 하나로 중추방(重追放)과 경추방(輕追放)의 중간에 해당하는데 죄인의 전답과 가옥을 몰수하고 범죄지, 주거지 및 무사시(武蔵), 야마시로(山城), 셋츠(摂津), 이즈미(和泉), 야마토(大和), 히젠(肥前), 토카이 도오스지

를 묻지 않았다. 결국 전통사회에서 간통죄를 중죄로 다스린 것은 남성 위주의 질서가 엄격하였음을 의미하는 것이었고 메이지(明治)시기에 들어와 1880년에 포고된 구 형법에 같은 취지로 규정되어 있다가 1907년에 공포된 형법 183조로 승계되었던 것이다.

한편 일제시기 식민지 조선에서 간통보다 그 정도가 훨씬 심한 남성의 축첩(蓄妾)은 이혼청구사유로 인정하는 데도 상당히 오랜 시간이 걸렸다. 일본의 재판소에서는 배우자의 축첩이 일본의 (구)민법(제813조)에 규정된 배우자에 대한 "악의적인 유기"와 "중대한 모욕"에 해당한다고 판결하였으나 일본의 판결은 식민지 조선에서 효력을 가지고 있지 않았다. 예컨대, 1928년에 부인이 남편을 상대로 제기한 이혼청구 소송에서, 고등법원은 "조선인의 현재 사회 상태에서 축첩(蓄妾)은 한 가지 일로써 이혼을 청구할 사유가 되기에는 충분하지 않는 것으로 한다"고 판결하였다.[15] 1938년 고등법원에서 새로운 판결이[16] 내려지기 전까지는 식민지 조선에서 남편의 축첩을 재판상 이혼청구의 원인으로 명확하게 받아들여지지 않았다. 일본의 구 민법 적용의 폭이 조선민사령의 개정에 따라 확대되고 있었지만, 조선에서 친족과 상속의 문제는 기본적으로 '관습'에 따르는 사안이었고, 그만큼 식민지 조선에서는 축첩의 관습이 만연하였다고 해석할 수 있다.

이와 같이 조선의 '관습' 원칙은 친족, 상속 영역에서 조선의 고유한 관습을 존중하는 외양을 띠었지만 사실상의 일부다처제와 같은 남녀차별주의를 온존하게 하는 법적 오리엔탈리즘(legal orientalism)의 기제로

(東海道筋), 키소 지스지(木曽路筋), 시모츠케(下野), 카이(甲斐), 스루가(駿河) 등의 주요지역에 대한 출입을 금하였으며 에도(江戸)에서 사방 10리 밖으로 추방한 것이다.

15) 고등법원 1928. 10. 26. 선고 1928년(昭和3年) 민상 제414호.

16) 고등법원 1938. 12. 13. 선고 1938년(昭和13年) 민상 제392호 판결.

작용했다고 할 수 있다. 오리엔탈리즘이라는 시각에서 보면 이러한 법 정책 속에서 조선은 합리적으로 개선하기 어려운, 시대에 뒤처진 본질적으로 가부장적 사회로 표상되고 구성된다. 가족, 친족과 같은 사적영역이란 식민주의자 입장에서는 조선의 뒤쳐진 '관습'의 지대였고, 민족주의자 입장에서는 식민지 지배에도 불구하고 변형되지 않는 순수한 '전통'의 지대였다고 할 수 있다. 환언하면, 가족과 친족 영역은 식민지 지배권력이 미치지 않는 탈 정치화된 영역, 헤게모니가 미치지 않는 공간이었다고 할 수 있다.

한편, 식민지 조선사회의 일상에는 자유연애의 이상이 도입되었고, 핵가족과 '달콤한 가정(sweet home)'의 꿈이 수입되면서 식민지 남녀들을 매혹시켰다. 하지만 많은 문학작품에 등장하는 구여성과의 혼인과 신여성과의 연애 사이에서 갈팡질팡하는 식민 남성 주체들이 대변하듯이, 한국에서 혼인은 신분관계의 지속으로서의 기능을 그만 둔 적이 없었다. 한국의 혼인제도에는 한편으로는 부계계승적인 친족과 혈족의 논리가 지속되고 다른 한편으로는 연애결혼의 관념이 확대되어 온 것이다. 즉, 연애의 논리와 친족/혈족의 논리가 어정쩡하게 결합해 왔고 이 속에서 개인의 선택과 책임을 중심으로 한 혼인의 사회규범이 정립되기 어려웠을 것이라고 생각된다. 축첩제의 관행과 문화는 탈 식민 한국에까지 이어져서 1950년대 이태영이 한국에서 최초 여성법률가가 되었을 때 다수의 상담이 처첩관계로 인해 고통받는 여성들에 대한 법적 자문이었다고 한다.

이상과 같은 역사적 계보를 살펴볼 때, 한국인들의 성성의 문화적 지층(地層)에는 포스트근대적인 개인의 친밀성의 추구에서부터 일부다처제의 연장으로서의 남성의 성적 자유, "검은머리가 파뿌리 될 때까지" 유지되어야 하는 혼인에 대한 운명적 믿음까지 몇 겹의 역사적 층위가 존재하는 것으로 진단할 수 있다. 이런 견지에서 오롯이 자유로운 개인을 상정하는 근대적 법 논리와 성적 자기결정권의 보호라는 간통죄 폐지의 근거는 너무 단순하면서도 혼란스러운 것이다. 우리는 사적인 삶에서 역사의 무게를 지고 있다.[17]

[17] 이상 간통죄에 대한 논의는 양현아, 「포스트 간통죄 폐지: 드러난 성적 자유주의 담론과 묻혀진 피해 배우자의 손해」, 『서울대학교 법학』 56(3), 2015, 43~46쪽 참조.

2) 김성녀 판결문
(1923년 형공 제1021호, 大正12年刑公第1021號, 공주지방법원)

이 문서는 국가기록원에 소장된 간통 피고사건 판결문으로 관리번호는 CJA0000989-0167이다. 1923년 12월 20일 공주지방법원에서 재판이 열렸으며 사건번호는 1923년 형공 제1021호(大正12年刑公第1021號)이다.

충남 연기군 남면의 20세 된 김성녀(金姓女)는 공주군 장기면 김○신의 처인 바 범의를 계속하여 1923년 음력 2월부터 음력 8월에 이르는 사이에 연기군 남면 이○복의 방에서 여러 차례 이○복과 간통하였다. 이에 형법 제183조, 제55조, 제25조를 적용하여 피고를 징역 6월에 처한다. 단 4년간 형의 집행을 유예한다. 공주지방법원 소속 조선총독부 판사 마츠모토 시게루(松本茂)가 판결하였다.

해 제

피고는 유부녀로서 약 6개월간 외간 남자와 간통하였다. 이에 따라 징역 6월, 집행유예 4년이 처해졌다. 이 판결문의 내용만으로는 집행유예의 사유는 알 수 없다. 집행유예에 관련된 형법 제25조의 내용은 다음과 같다. 다음에 기록된 자는 2년 이하의 징역 또는 금고 언도를 받았을 때에는 정상으로 인하여 재판 확정의 날로부터 1년 이상 5년 이하의 기간 안에 집행을 유예할 수 있다. 1. 전에 금고 이상의 형에 처한 적이 없는 자, 2. 전에 금고 이상의 형에 처 한 적이 있어도 그 집행을 마치거나 또는 그 집행의 면제를 받은 날로부터 7년 이내에 금고 이상의 형에 처해진 적이 없는 자는 것이다. 이로 미루어 초범이라는 부분이 정상 참작되었을 가능성이 있다고 보인다. 이시기 간통죄가 남편의 고소로 성립했으므로 이 사건이 법정에서 다뤄지게 된 배경이 있을 것이다. 그러나 약식 판결문의 내용으로는 고소 배경이나 집행 유예 이유를 확인하기 어렵다.

3) 이○남 판결문
(1924년 형공 제175호, 大正13年刑控第175號, 경성복심법원)

간통사건에 대한 경성복심법원(사건번호 大正12年刑控第709號), 고등법원(사건번호 大正13年刑上第32號), 경성복심법원(사건번호 大正13年刑控第175號) 판결문이다. 국가기록원에 소장되어 있으며 관리번호는 CJA0000131-0023이다. 이 파일 안에 3개의 판결문이 모두 포함되어 있다.

충청북도 영동군 학산면에 살고 있는 이○남(21세)은 간통사건으로 1923년 12월 21일 공주지방법원 대전지청이 언도한 유죄판결에 대해서 항소하여 1924년 2월 29일 경성복심법원에서 조선총독부 검사 이와기 기사부로(岩城義三郎)의 간여하에 심리하고 기각 판결을 받았다.

이유는 다음과 같다. 본 건 공소사실은 피고 이○남이 김○인의 처인 바 1923년 음력 5월 중순부터 음력 7월 중순까지 원심의 피고 이○근과 피고의 집에서 여러 차례 간통한 일이 있다. 그럼에도 본 건 공소의 요건인 고소가 형사소송법 제264조 소정의 요건을 구비하지 않은 것은 1건 기록에 비추어 명확함으로 본 건의 공소는 부적법하다. 형사소송법 제364조 제6호에 따라 그것을 기각한다. 경성복심법원 형사부 소속 조선총독부 판사 나가노(中野晴光), 토무라(藤村英), 가와시마(川島晋)가 판결하였다.

위에 대한 간통피고사건에 대해 1924년 2월 29일 경성복심법원에서 공소기각의 판결이 있어서 해당 법원의 검사 나가사토(長佐藤春樹)가 상고를 신청했다. 이에 따라 우리 법원은 조선총독부 검사 사카이(境長

三郞)의 간여하에 원 판결을 파기하고 본 건을 경성복심법원으로 되돌릴 것을 판결한다.

그 이유는 다음과 같다. 상고의 취지는 1924년 2월 29일에 우리 법원은 본 건 고소가 형사소송법 제264조 소정의 고소 요건을 구비하지 않은 것을 이유 삼아 형사소송법 제364조 제6호에 따라 이를 기각한다고 판결했다. 그러나 본 건의 항소는 구 형사소송법이 시행되고 있던 1923년 12월 19일에 제기된 것이다. 더욱이 그 전제요건인 본 건의 고소는 같은 달 12일에 이루어진 것으로 당시 본 건의 고소가 유효하고 또 항소가 유효하게 제기되었다는 것은 1건 기록에 비추어 명백하다. 형사소송법의 기본적 경과규정인 제616조 제3항에서 본 법의 시행 전 옛날 법으로 구성된 소송절차로서 본 법에 상당하는 규정이 있는 경우에는 본 법에 따라 이루어진 것으로 간주한다고 규정하고 있다. 그렇다면 옛날 법에 의해 유효하게 이루어진 본 건의 고소는 현행법에서 그에 상당하는 고소에 관한 소정의 요건을 구비하여 이루어진 고소와 마찬가지로 간주되어 현행법상 유효하게 존속하는 것이다. 따라서 본 건의 항소도 또한 현행법상 유효하다는 것이 명백함에도 불구하고 본 법원은 위에서 기술한 경과규정을 간과하고 법에 어긋나게 본 건의 항소를 기각했다. 이는 형사소송법 제410조 제6호에 해당하여 파기해야 한다고 생각됨으로 상고한 것이다.

이에 따라 본 건의 소송기록에 의하면 피고인의 간통행위에 관해 그 남편인 김○인의 고소에 기초하여 1923년 12월 19일에 항소가 제기된 위의 고소는 형사소송법 제264조 소정의 혼인 취소 또는 이혼소송의 제기라는 요건이 구비되었다는 점을 인정할 수 없지만 당시 시행된 구 형사소송법에서는 그것을 요건으로 하지 않았다. 또 달리 형사소송법에 비추어 무효를 초래할 하자가 없으므로 지금의 고소는 동법의 규정에 따라서는 유효하다. 그리고 형사소송법 제616조 제2항에서는 본 법 시행 전 옛날 법에 의해 이루어진 소송절차의 효력을 유지해야 한다는 취지를 규정하였으므로 지금의 고소 및 여기에 기초하는 공소의 제기는 새로운 법 시행 이후라고 하더라도 여전히 효력을 가지는 것이라고 해야 한다. 그런데도 원심이 논지의 앞에서 적시한 것과 같은 이유로 항소 기각의 판결을 한 것은 부당함으로 본 건의 항소는 이유가 있다. 1924년 5월 3일 고등법원 형사부 소속 조선총독부 판사 오카모토(岡本至德), 오카모토(岡本正夫), 이도(伊東淳吉), 마스나가(增永正一), 모리다(森田秀治郎)가 판결하였다.

이에 따라 피고인에 대한 간통 피고사건에 대하여 1923년 12월 21일 공주지방법원 대전지청이 언도한 유죄판결에 대해서 피고가 항소를 신청했으므로 우리 법원은 조선총독부 검사 이와기(岩城義三郎)의 간여하에 심리하고 피고를 징역 5월에 처한다.

이유는 다음과 같다. 피고는 김○인의 처로서 1923년 음력 5월부터 동 7월에까지 전후 2회에 걸쳐 범의(犯意)를 계속하고 위의 주소에 사는 이○근이라는 자와 간통하였다. 이러한 사실은 원심 공판조서에 피고와 이○근이 판시와 동일한 내용을 자백하고 기재한 것으로 인정한다.

법에 비추어 피고의 행위는 형법 제183조 제55조에 해당함으로 동조 소정의 형기범위 내에서 피고를 징역 5월에 처하도록 한다. 1924년 5월 19일 경성복심법원 형사부 소속 조선총독부 판사 요시다(吉田平治郎), 토무라(藤村英), 가와시마(川島晋)가 판결한다.

해 제

피고가 판정에 불복하여 처음으로 제기한 복심법원 항소는 그 요건이 불충분하다고 하여 기각되었다. 이에 경성복심법원 검사 나가사토(長佐藤春樹)가 항소한 바 고등법원의 판단은 항소의 이유가 있다는 것이었다.

곧 1924년 2월 29일 당 법원은 본 건 고소가 형사소송법 제264조 소정의 고소 요건을 구비하지 않은 것을 이유로 동법 제364조 제6호에 따라 이를 기각한다는 판결을 선고했다. 그런데 본 건 공소는 구 형사소송법 시행중이었던 1923년 12월 19일에 제기되었고 더욱이 그 전제요건인 본 건 고소는 같은 달 12일 이루어진 것으로서 당시에 본 건 고소가 유효하고 또 공소가 유효하게 제기되었다는 것은 일건 기록에 비추어 명백하다.

그리고 형사소송법의 기본적 경과규정인 제616조 제3항에서 본법 시행 전 구법에 의해 이루어진 소송절차로서 본법에 그에 상당하는 규정이 있는 경우에는 본법에 의해 이루어진 것으로 간주한다고 규정하고 있다. 그렇다면 구법에 의해 유효하게 이루어진 본 건 고소는 현행법에서 그에 상당하는 고소에 관한 소정의 요건을 구비하여 이루어진 고소와 마찬가지로 간주되어 현행법상 유효하게 존속하는 것이다. 따라서 본 건 공소도 또한 현행법상 유효하다는 것이 명백함에도 불구하고 본 법원은 위에서 기술한 경과규정을 간과하여 불법하게 본 건 공소를 기각한 것으로서 형사소송법 제410조 제6호에 해당하여 파기를 면하지 못하는 것이라고 사료됨으로 이에 상고한 것이다.

이에 따라서 본 건 소송기록에 의하면 피고인의 간통행위에 관해 그 남편인 김○인의 고소에 기초하여 1923년 12월 19일 공소가 제기된 위 고소는 형사소송법 제264조 소정의 혼인 취소 또는 이혼의 소의 제기라는 요건이 구비되었다는 점을 인정할 수 없지만 당시 시행된 구 형사소송법에서는 그것을 요건으로 하지 않았고 달리 동법에 비추어 무효를 초래할 하자가 없으므로 당해 고소는 동법의 규정에 따라서는 유효하다. 그리고 형사소송법 제616조 제2항에서는 본 법 시행 전 구법에 의해 이루어진 소송절차의 효력을 유지해야 한다는 취지를 규정하였으므로 당해 고소 및 그것에 기초하는 공소의 제기는 신법 시행 후라고 하더라도 여전히 효력을 가지는 것이라고 하지 않으면 안 된다. 그런데도 원심이 논지의 앞에서 적시한 것과 같은 이유로 공소 기각의 판결을 한 것은 부당함으로 본 건 상고는 이유가 있다.

항소 시점이 구 형사소송법이 시행되던 시기이므로 당시의 기준에 비추어 항소 요건이 갖춰지지 않았다는 경성복심법원의 판단은 틀렸다는 것이다. 이에 따라 피고인에 대한 재심 판결은 다시 심리되었고, 그 결과 피고인은 징역 5월에 처해졌다.

3

강간사건

1) 김○노 판결문
(1923년 형상 제64호, 大正12年刑上第64號, 고등법원)

강간 피고사건에 대한 고등법원 판결문이다. 사건번호는 1923년 형상 제64호(大正12年刑上第64號)이며 판결 날짜는 1923년 3월 24일이다. 현재 국가기록원에 소장(관리번호는 CJA0000536-0007)되어 있다.

평양부 하수곡리에 살면서 은행상을 하는 21세 김○노는 강간 피고사건으로 1923년 4월 5일 평양복심법원으로부터 언도받은 판결에 대해 상고를 신청하였다. 따라서 당원은 조선총독부 검사 사카이 조사부로(境長三郎)의 의견을 들어 본 건 상고를 기각한다.

상고 내용은 다음과 같다. 1923년(다이쇼 12년) 1월 중순 마을의 황○룡의 처 윤○화는 피고에게 남편이 집에 없는 야간에 오라고 했다. 피고는 1923년 1월 21일 오전 2시 즈음 그 집에 와서 방에 들어왔다. 그때 그 사람이 도적이라고 소리를 지르니 피고는 자신이 도적이 아니고 김○노라고 했다. 그러나 윤○화는 귀하를 알지 못하니 도적이라고 생각할 뿐이라고 했다. 이제 방에 들어오라고 그 문을 열었으므로 피고는 방에 들어왔고 그 여자는 침구를 가지고 왔으므로 그 이불에서 정교(情交)를 하였다. 이러한 사실에 따라 평양복심법원은 피고를 가택침입과 강간죄로 징역 2년에 처하였으나 이것은 불법의 판결이다.

윤○화가 방에 들이려고 문을 열어 주었다면 피고는 가택침입죄에 해당하지 않는다. 윤○화가 이미 스스로 정교를 걸었던 것도 피고를 도적이라고 잘못 알고 큰 소리를 내어서 집주인 김정구가 그 소리를 듣고 순사를 동반하여 왔기 때문에 허위의 사실로 피고가 강간을 했다는 것이 되었다. 얼마나 억울하겠는가. 엎드려 원하건대 재판장은 상세하게 이상의 사실을 조사하고 관대하게 처분할 것을 바란다고 했다.

그렇다 해도 당 법원은 사실 복심이 했던 권한을 가지고 있지 않음으로 논지 중 그 내용을 당 법원에 구하는 점을 허용할 수 없다. 그리고 당 법원은 증거에 따라 원 판시 사실을 인정함으로 그 판시 내용은 피고가 간음을 목적하고 마음대로 타인의 가택에 침입하여 그 아내를 간음했다고 할 수 있음은 물론이다. 다른 논지는 자기가 사실로 하는 바를 주장하여 원심의 직권에 기초하고 사실인정을 비방하는 일이다. 자기의 사실에 기초하여 가택침입죄 및 강간죄는 성립하지 않는다고 말하는 것 외에 다름 아니므로 이유가 없는 것은 물론이다.

따라서 상고는 이유 없음으로 형사소송법 제285조에 의하여 주문과 같이 판결한다. 담당판사는 고등법원 판사부 조선총독부 판사 이시가와(石川正), 요코가와(橫川俊夫), 미즈노(水野正之丞), 마스나가(增出正一), 노무라(野村調太郎)이다.

해 제

강간 피고사건에 대한 최고재판인데, 이 판결문을 통해서 사건의 개요는 자세히 파악하기가 쉽지 않다. 강간사건에 대한 피고인의 항변이 대부분 그렇듯이 피고인은 강간이 아니라 화간(和姦)이라는 뉘앙스로 본인의 억울함을 호소하고 있다. 피고의 주장에 따르면, 유부녀인 윤○화가 남편의 부재를 알리며 피고인에게 집에 오라고 했고 피고는 그에 따라 그 집을 찾아갔을 뿐이다. 피고인이 집을 들어왔을 때 윤○화가 소리를 질렀던 것은 자신을 도둑으로 착각해서이고 윤○화가 피고인을 확인한 뒤에는 집으로 들여 정교(情交)를 맺었다는 것이다.

그러나 고등법원에서는 피고인의 주장을 전혀 받아들이지 않고, 그 주장은 사실인정을 비방하는 것일 뿐이라고 해석하면서 항소 기각 판결을 내렸다. 피고가 주장하는 바, 윤○화가 문을 열어주었는지, 그 의도가 무엇인지 따지는 일은 고등법원의 권한이 아니고 복심의 권한이기 때문에, 고등법원은 피고의 주장이 아니라 복심법원의 결과를 기초하여 판단을 할 뿐이라고 한다. 피고는 억울함을 호소하며 고등법원 항소까지 가나, 고등법원은 법의 해석과 적용이 타당했는지 살피는데 권한이 있을 뿐이라며 피고의 억울함을 따지는 일은 고등법원의 역할이 아니라고 입장을 표명하는 사례는 자주 보인다. 따라서 범죄의 사실 내용을 따져 재구성하는 일은 복심법원 단계에서 대략 마무리 되었다고 할 수 있다.

2) 홍○의 판결문
(924년 형공 제262호, 大正13年刑控第262號, 경성복심법원)

강간 피고사건에 대한 경성지방법원과 경성복심법원 판결문이다. 사건번호는 각각 1924년 형공 제403호(大正13年刑公第403號), 1924년 형공 제262호(大正13年刑控第262號)이다. 국가기록원에 소장(관리번호 각각 CJA0000287-0031, CJA0000133-0003)되어 있다.

경기도 광주군 언주면에 살며 농사에 종사하는 홍○의(22세)는 강간 피고사건으로 경성지방법원에서 조선총독부 검사 정구영(鄭求瑛)의 간여로 징역 3년에 처하는 판결을 받았다.

이유는 다음과 같다. 피고는 1924년(다이쇼 13년) 5월 24일 정오경 마을 소재 헌인릉에 벌초하러 가서 동릉 내 남쪽 계곡 산림 가운데에서 동군 대왕면 임○준의 처 김○순(당 17세)이 풀을 뜯고 있는 것을 발견하고 갑자기(忽) 정욕이 일어나 주위에 사람이 없는 것을 기화로 그녀에게 정교를 압박했으나 그녀는 이를 물리쳤다. 갑자기 여자의 손을 당겨 벌렁 자빠지게 해서 압도하고 한 손으로 그녀의 양 손을 꽉 쥐고 가슴을 눌렀다. 다른 손으로 그녀의 하의를 밀어젖히고 넓적다리 사이를 벌려 위에 올라타고 그녀가 저항하는 것을 밀치고 강제로 간음을 이루었다.

조사를 하니 피고가 판시한 일시에 판시한 장소에 벌초하러 간 사실은 피고가 당 법정에서 자인한 사실이다. 피해자 김○순이 위와 같은 일시, 위와 같은 장소에서 풀을 뜯으러 간 같은 장소에 판시한 바와 같이 피고가 행한 폭행으로 강제로 간음을 당했다는 사실은 당 법정에서 증인 김○순이 증언하여 인정될 만하므로 판시한 범죄를 충분히 증명한다 할 것이다.

변호인이 본 건은 다른 사람이 한 일로 진범은 피고가 아니다. 가령 피고가 진범이어도 화간으로 강간은 아니다라는 내용으로 주장하는 공술이나 피고가 김○순에게 폭행으로 강제 간음했다는 것, 앞에서 인정한 것과 같은 것의 주장은 용인할 수 없다고 주장한다.

법률에 비추어, 피고의 행동은 형법 제177조 전 단계에 해당하는 것으로 그 소정의 형기 범위 내에서 피고를 징역 3년에 처한다. 이 판결은 경성지방법원 형사부 소속 조선총독부 판사 나가시마(永島雄藏), 야마네(山根古三), 와기(脇鐵一)가 담당하였다.

복심법원의 판결 내용은 다음과 같다. 위 강간 피고사건으로 1924년(다이쇼 13년) 7월 8일 경성지방법원이 언도한 유죄판결에 피고가 항소를 신청한 것에 의하여 당 법원은 조선총독부 검사 이와키 기사부로(岩城義三郎)의 입회하에 다시 심리를 하여 피고를 징역 3년에 처한다.

이유는 다음과 같다. 범죄사실 및 그것을 인정할만한 증거를 적시하면 원 판결서 기재와 같음으로 이에 그것을 인용한다. 법률에 비추어 피고의 행동은 형법 제177조 전단에 해당하는 것으로 그 소정 형기 범위 내에서 피고를 징역 3년에 처한다. 원판결은 상당하여 피고의 항소는 그 이유가 없는 것으로 한다.

1924년 8월 1일 경성복심법원 형사부 소속 조선총독부 판사 요시다(吉田平治郎), 토무라(藤村英), 가와시마(川島晋)가 판결하였다.

해 제

피고인은 벌초하러 갔다가 우연히 그곳에서 풀을 뜯고 있는 동네의 유부녀를 발견했는데 '문뜩' 정욕이 일어났다는 이유로 해당 여성을 강간한다. 강간의 방식에 대해 상당히 자세하게 묘사되어 있는 사실이 눈에 띄는데, 이는 피고 또는 피해 여성의 진술을 토대로 작성했을 것이다. 성폭력 피해 여성이 피해 상황을 이렇게 자세히 묘사하는 일은 당시의 성 관념과 도덕기준에 미루어 봤을 때 보통 일이 아니었을 것이다. 하지만 피고가 '화간'을 주장하는 상황에서 피해 여성 또한 그 혐의를 벗기 위해 필사적이었을 것으로 생각된다. 피고는 징역 3년을 언도 받고 항소하지만 복심법원에서 기각된다.

3) 강○인 판결문
(1924년 형공 제33호, 大正13年刑控第33號, 경성복심법원)

강간사건에 대한 원심(경성지방법원)과 재심(경성복심법원) 판결문으로서 각각의 사건번호는 1924년 형공 제563호(大正13年刑公第563號), 1924년 형공 제33호(大正13年刑控第33號)이다. 국가기록원에 소장(관리번호는 각각 CJA0000286-0030, CJA0000135-0003)되어 있다.

본적을 경성부 초음정에 두고 경성부 광희정에 거주하는 인쇄 직공 강○인(30세)의 강간 피고사건에 대하여 당 법원은 조선총독부 검사 히라야마(平山正祥)의 간여로 심리하고 피고를 징역 3년 6월에 처한다. 그 이유는 다음과 같다.

피고는 1924년(다이쇼 13년) 7월 17일 오후 8시경 경성부 동사헌정 앞길 쪽에서 경성부 수창동 태○희가 동 장소 부근의 요리점 감천정(甘泉亭)의 가는 길을 향하고 있던 바, 술기운이 있던 피고는 훌륭한 그녀의 요염한 자태(艶姿)에 도발되어 홀연히 그녀를 강간하고 그녀의 손목시계를 빼앗을 것을 결의했다. 해질녘 그림자 없이 올라와 돌연히 후방에서 그녀의 머리를 잡고 입을 가리고 부근의 공터에 납치하여 강제로 왼손에서 금 손목시계 1개를 탈취하고 실로 그녀의 얼굴 등을 수차례 구타하여 그곳에 압도한 후 간음하려고 하였으나 그녀의 저항이 극렬하여 간음의 목적을 이루지 못하였다.

위의 사실은, 피고의 대해 사법경찰관의 제1회 심문조서 중 동 피고의 판시한 내용과 같은 공술 기재가 있다.

증인 태○희에 대한 동관의 제1회 심문조서 중 동인의 판시에 조응하는 강도 강간미수의 피고 전말의 공술 기재를 종합하고 살펴 이를 인정한다.

법률에 비추어 판시 소위는 형법 제243조 제241조 전 단계에 해당함으로써 동조 소정의 유기징역형을 선별하고 동법 제43조 제68조에 따라 미수의 감경을 하여 형기 범위 내에서 피고를 징역 3년 6월에 처하도록 한다. 1924년 8월 16일 경성지방법원 형사부 재판장 조선총독부 판사 백윤화, 조선총독부 판사 야마네(山根古三), 조선총독부 판사 와키데츠(脇鐵一)가 판결하였다.

경성복심법원의 판결내용은 다음과 같다. 피고인에 대한 강도 강간 피고사건에 대해 경성지방법원이 1924년 8월 16일에 언도한 유죄판결에 대해 피고로부터 항소 신청이 있었으므로 당 법원은 조선총독부 검사 카사이 겐타로(笠井健太郎)의 간여로 피고를 징역 3년 6월에 처한다. 그 이유는 다음과 같다.

범죄사실 및 이를 인정할만한 증거의 적시는 원판결과 동일하므로 이를 인용한다.

법률에 비추어 판시피고의 소행은 형법 제241 제243조 전 단계에 해당함으로 동조 소정의 유기징역형을 언도하고 동법 제43조 제68조의 미수 감형을 적용하여 형기 범위 내에 피고를 징역 3년 6월에 처해야 한다. 원판결은 상당하여 피고의 항소는 이유는 없다.

1924년 10월 3일 경성 복심법원 형사부 재판장 조선총독부 판사 요시다(吉田平治郎), 조선총독부 판사 혼다(本多公男), 조선총독부 판사 가와시마(川島晋)가 판결하였다.

해 제

법원이 재구성한 바 피고의 범죄 사실은 다음과 같다. 오후 8시경 피고가 길을 가다가 피해 여성을 우연히 보았는데, "술기운이 있던 피고는 훌륭한 그녀의 요염한 자태(艶姿)에 도발되어 홀연히 그녀를 강간하고 또 그녀의 손목시계를 빼앗을 것을 결의"하고 폭력을 행사하고 강간을 시도하였으나 피해 여성의 '격렬한 저항'으로 미수에 그치고 말았다는 것이다. 판결문에 적시되어 있지는 않지만 술을 먹은 남성이 여성의 미모에 도발된 사실에 대해 동정(?) 내지는 심정적으로 동의(?)하고 있는 법원의 분위기를 느낄 수 있다. 피고는 징역 3년 6월을 언도받았으며, 이에 항소하였으나 재심에서 기각당하여 원심 형을 확정지었다.

4) 안○덕 판결문
(1925년 형공 제229호, 大正14年刑控第229號, 대구복심법원)

절도 및 강간미수에 관한 대구지방법원과 대구복심법원의 판결문으로 사건번호는 각각 1925년 형공 제204호(大正14年刑公第204號), 1925년 형공 제229호(大正14年刑控第229號)이다. 국가기록원에 소장(관리번호는 CJA0001355-0017)되어 있다.

본적을 경상북도 영일군 달전면에 두고 경북 영일군 포항면에 살고 있는 고용인 안○덕(19세)의 강간미수 절도 피고사건에 대하여 조선총독부 검사 시타무라(下村三四郎)의 간여로 심리하여 피고를 징역 3년에 처한다. 그 이유는 다음과 같다.

피고는 첫째, 계속해서 범의를 가지고 있던 중 다음의 절도를 행하였다.

1) 1923년 8월 중 경상북도 영일군 포항면 영일 수리조합 사무실에 침입해서 그 장소에 두었던 동 조합 관개사업 사진 연혁지 1책, 시가 6엔 상당한 것을 절취했다.
2) 1923년 10월 중순 동면 포항동 영일좌(迎日座)에서 흥업물을 보던 중 씨명 불상자 소유의 게다 한 켤레를 절취했다.
3) 1923년 12월 28일경 같은 동 행정(幸町) 다비카(田光藏) 측에 고용되어 그 집에서 집주인이 부재한 틈을 타서 동인 소유의 감색 합피(紺法被) 1장, 시가 6엔 50전 상당한 것을 절취했다.
4) 1924년 2월 1일 오후 8시경 같은 동 남빈정 야마구치(山口一哉) 집에 침입하여 동인 소유의 남자용 외투(インバネス) 1벌, 시가 38엔

상당의 것을 절취하였다.

5) 2월 2일 오후 9시경 같은 동 본정 가쿠다(角田實五郎)의 집에서 동인 소유의 백주 상자 1개, 시가 75전 상당의 것을 절취했다.

6) 1924년 4월 14일 오후 9시경 포항동 김순이(金順伊) 집에 침입하여 동인 소유의 닭 2마리, 시가 2엔 상당의 것을 절취하였다.

둘째, 피고인은 1925년 4월 7일 오후 9시경 영일군 포항면 학산동 음식점 세하타(瀨畑四郎)의 집 문 앞에서 놀고 있는 세하타의 둘째딸 시즈코(瀨畑シズ子, 당시 8세)를 업고 부근을 배회하던 중 갑자기 열정이 일어나 동 소녀를 강간할 것을 기도하고 그 집 서쪽 약 6칸 거리의 목재가 쌓인 장소, 사람들 눈이 띄지 않는 장소에 연행하고 그곳에서 시즈코를 앞으로 안고 강제로 그 양쪽 다리를 눌러 벌리고 음경을 동 소녀의 음부에 넣었어도 아직 질 내에 투입하기에 이르러서 사정하여 강간 목적을 이루지 못하였다.

피고의 판시한 절도의 사실은 피고가 당 공정에서 판시한 같은 내용의 자술, 영일수리조합 출취역(出取役) 아라이(新井輝司) 및 가쿠다(角田實五郎), 쿠로다(黑田光藏), 야마구치(山口一哉)의 각 도난 시말서의 범의 사실 및 사법경찰 및 사무 취급의 증인에 대한 신문조서 중 판시 제1의 6의 사실에 조회하고 피해 전말의 공술범죄 내용에 의해 충분히 증거가 된다. 판시 강간미수의 사실은 피고가 당 공정에서 판시한 일시에 판시한 장소에서 시즈코가 울었음에도 불구하고 피고는 동 소녀를 강간을 하려고 해서 소녀의 양다리를 벌리고 간음에 이르러서 사정을 했다는 자술과 검사의 피고에 대한 제2회의 심문조서 중 판시한 일시의 공술한 범행의 내용 및 동 검사의 증인 시즈코에 대한 심문조서 중 자신은 세하다의 딸로 판시한 일시 피고에게 업혀서 피고는 자기를 판시한 장소에 끌고 가서 자신의 양 다리를 벌리고 강제로 간음했다는 공술 범죄 내용에 따라 충분히 증빙이 된다.

법률에 비추어 피고의 판시 행위 중 주거침입의 점은 형법 제130조 제55조에, 절도의 점은 동 법 제235조 제55조에, 각 법에 해당하는 바 전자는 후자의 수단으로 동법 제54조 제1항 후단(後段) 제10조에 따라 중하게 하여 후자의 형에 따르게 하고 강간미수의 점은 동법 제179조 제177조 후단 및 전단에 해당하여 병합죄에 관계함으로 동법 제45조 제47조 제10조에 따라 중히 하고 강간미수의 죄에 동법 제14조를 적용하여 법정 가중을 하여 형기 범위 내에서 피고를 징역 3년에 처하도록 한다. 이에 주문과 같이 판결한다. 1925년 5월 14일 대구지방법원 형사부 재판장 조선총독부 판사 다다(多田吉彌), 조선총독부 판사 오오모리(大森謙治), 조선총독부 판사 사케미(酒見緻次)가 판결한다.

대구복심법원의 판결 내용은 다음과 같다. 피고인에 대한 강간미수 절도 피고사건에 대하여 1925년 5월 14일 대구지방법원에서 언도한 판결에 대해 피고인이 항소를 신청하였음으로 당 법원은 조선총독부 검사 신도(新藤寬三郎)의 간여로 심리하고 피고인을 징역 3년에 처한다. 그 이유는 다음과 같다.

피고는 첫째, 계속해서 범의를 가지고 있던 중 다음의 절도를 행하였다.

1) 1923년 8월 중 경상북도 영일군 포항면 영일 수리조합 사무실에 침입해서 그곳에 두었던 동 조합 관개사업 사진 연혁지 1책, 시가 6엔 상당한 것을 절취하였다.
2) 1923년 10월 중순 동면 포항동 영일좌(迎日座)에서 흥업물을 보던 중 씨명 불상자 소유의 게다 한 켤레를 절취했다.
3) 동년 12월 28일경 같은 동 행정(幸町) 다비카(田光藏) 측에 고용되어 그 집에서 집주인이 부재한 틈을 타서 동인 소유의 감색 합피

(紺法被) 1장, 시가 6엔 50전 상당한 것을 절취했다.

4) 1924년 2월 1일 오후 8시경 같은 동 남빈정 야마구치(山口一哉)의 집에 침입하여 동인 소유의 남자용 외투 1벌, 시가 38엔 상당의 것을 절취했다.

5) 2월 2일 오후 9시경 같은 동 본정 가쿠타(角田實五郎) 집에서 가쿠타 소유의 백주 상자 1개, 시가 75전 상당의 것을 절취했다.

6) 1924 4월 14일 오후 9시경 포항동 김순이(金順伊) 집에 침입하여 동인 소유의 닭 2마리, 시가 2엔 상당의 것을 절취했다.

둘째, 피고인은 1925년 4월 7일 오후 9시경 영일군 포항면 학산동 음식점 세하타 집 문 앞에서 놀고 있는 동인의 둘째딸 시즈코를 업고 부근을 배회하던 중 갑자기 열정이 일어나 동 소녀를 강간할 것을 기도하고 동 집 서쪽 약 6칸 거리의 목재가 쌓인, 사람들 눈이 띄지 않는 장소에 연행하고 같은 장소에서 시즈코를 앞으로 안고 강제로 그 양쪽 다리를 눌러 벌리고 음경을 동 소녀의 음부에 넣었어도 아직 질 내에 투입하기에 이르러 사정하여 강간 목적을 이루지 못하였다.

증거를 살피면, 판시한 첫 번째 사실에 대해서는 범의를 계속하던 점을 제외하면 피고인이 당 법정에서 진술한 내용 및 아라이(新井輝司), 구로다(黑田光藏), 야마구치(山口一哉), 가쿠다(角田實五郎)의 각 도난시말서에 각자 관계 부분의 피해사실에 대한 판시에 해당하는 전말기재, 사법경찰관 사무취급도 순사의 증인 김순이에 대한 신문조서에 자기의 닭 2마리를 안○덕에게 도둑 당했다든가 이웃 이기춘이 그것을 발견하고 그에게 해당 닭을 반환받았다는 내용의 공술 기재에 근거를 시인했다. 범의 계속의 점은 단기간 내에 피고인이 동종의 행위를 여러 차례 실행했다는 정황에 비추어 충분히 긍정할 수 있다.

판시한 둘째 사실에 대해서는 피고인이 판시 일시 영일군 영일면 학산동 음식점 세하타의 문 앞에서 놀던 둘째딸 시즈코를 등에 업고 그 부근을 배회하던 중 정욕이 일어나 판시한 목재를 쌓아둔 장소에서 음경을 동 소녀의 음부에 강제로 닿고 질 내에 몰입하기에 이르기 전에 사정을 했다는 것은 피고인이 당 법정에서 그 내용을 스스로 말한 것에 비추어 충분히 인정할 수 있다. 피고인은 시즈코가 거절했음에도 불구하고 음경을 동 소녀의 질 내에 몰입하여 강간하려고 한 것이 아니라는 내용의 주장에 대해서도 검사의 증인 시즈코에 대한 심문 조서에 총각이 판시한 날짜와 시간에 목재를 쌓아놓은 판시한 장소에서 나를 등에 업고 거의 연행하여 목재에 허리를 걸치고 나를 앞에서 안고 돈을 떨어뜨렸으니까 '주비'하자고 했지만 나는 어머니에게 질책을 들을 것이 두려워 거절했음에도 불구하고 나의 양 허벅지를 강제로 열고 음경을 음부 주변에 들이댐으로 나는 무서워서 울었지만 총각은 아무렇지도 않은 듯이 계속한 후 나를 그 장소에 버리고 가네코(金子) 집 안으로 도주했다는 내용의 공술 기재, 피고인의 원심 공판 조서에 '시즈코'가 울면서 싫어했는데도 불구하고 음란한 짓에 도달하려고 동 소녀의 양 허벅지를 강제로 벌리고 피고인의 음경을 음부에 비비면서 질 내에 넣으려고 했지만 넣기 전에 정액이 사출해서 그 목적을 이를 수 없었다는 내용, 공술 기재에 따라 피고인은 시즈코가 싫어하는데도 불구하고 그 뜻을 이루려고 음경을 해당 소녀의 질 내에 넣어 간음을 달성하려고 했다는 것을 확인할 수 있다. 따라서 위에서 한 피고인의 해명은 배척하고 판시한 제2의 사실을 인정한다.

법률에 비추어 피고인의 소위 중 주거침입의 점은 형법 제120조 제55조, 절도의 점은 형법 제235조 제55조에, 강간미수의 점은 형법 제179조 제177조 후단(後段)에 각 해당하고 주거침입 및 절도는 수단결과의 관계가 있음으로 형법 제54조 제1항 후단 제10조에 따라 무겁게 하고, 절도죄의 형에 따름으로써 절도 및 강간미수는 형법 제45조 전단의 병합죄로 하여 형법 제47조 제10조에 따라 중히 하고 강간미수죄의 형에 법정의 병합가중을 하여 범위 내에서 피고인을 징역 3년에 처한다. 그리하여 위와 동 취지로 나온 원 판결은 상당하여 피고인의 본 건 항소는 이유가 없다. 이에 주문과 같이 판결한다.

1925년 7월 9일 대구복심법원 형사부 제1부 소속 재판장 조선총독부 판사 타지리(田尻隣造), 조선총독부 판사 고이(五井節藏), 조선총독부 판사 최호선(崔浩善)이 판결한다.

해 제

피고는 각각 절도죄와 강간미수죄를 범하였는데 더 무거운 병합 미수의 형에 법정 가중을 하여 징역 3년이 언도되었다. 강간미수의 과정을 상세하고 묘사하고 있는 부분이 눈에 띈다. 19세의 소년이 8세의 소녀를 강제로 성폭행했는데, '질내 삽입'에 실패했다는 이유로 강간미수로 다루고 있다. 이를 입증하기 위해 8세 소녀를 법정에 불러 진술을 듣기도 한다. 미성년 강간에 대한 특별한 인식이나 배려도 없다. 성폭력 사건의 법정 풍경은 시간을 뛰어넘어 존재하는 듯하다. 이 때문에 초역사적이고 자연적인 것으로 인식되고 이것이 성폭행 범죄에 대한 솜방망이 처벌 관습에 영향을 미치는 듯하다.

5) 강○구 판결문
(1923년 형공 제604호, 大正12年刑公第604號, 경성지방법원)

강간치상 피고사건에 관한 경성지방재판소 판결문으로 국가기록원에 소장(관리번호는 CJA0000294-0033)되어 있다. 1923년 9월 15일 경성지방법원에서 재판하였으며 사건번호는 1923년 형공 제604호(大正12年刑公第604號)이다.

강원도 양구군 북면에 살며 농업에 종사하고 있는 33세 강○구는 강간치상 사건으로 기소되어 조선총독부 검사 오하라(大原龍三)의 간여로 심리하고 징역 4년에 처할 것을 판결받았다. 이유는 다음과 같다.

피고는 1923년(다이쇼 12년) 7월 31일 오후 5시경 강원도 양구군 북면에 있는 자기집 참외밭에 도착했다가 동면 배○식의 셋째 딸 배○임(당 12세)이 소녀 2명과 함께 참외를 따고 있는 것을 보고 배○임을 간음하려 했다. 다른 소녀들은 물러가게 한 뒤 배○임에게 정교를 요구했지만 그녀가 응하지 않자 복부를 차서 땅에 넘어뜨리고 강제로 간음하여 그녀의 처녀막을 훼손(破)하고 나아가 연합부(連合部: 회음부)에 길이 약 5푼(2.4센티)의 열상을 입혔다.

이상의 사실은 1) 피고가 당 재판장에서 폭행 및 상해 부위의 정도에 관한 점을 제외하고 판시한 동 내용의 공술을 통해 확인할 수 있다. 2) 피고에 대한 심문조서 중 피고는 배○임의 복부를 차고 그녀를 넘어뜨리고 간음을 했다는 내용의 검사의 공술 기재가 있다.

3) 참고인 배○임에 대한 심문조서 중 그녀가 피고에게 판시와 같이 강간당했다는 내용의 공술 기재가 있다.

4) 공의(公醫) 최규하(崔圭河)의 진단서 중 배성녀(裵姓女, 당 12세)의 처녀막을 검사하니 아래쪽에 파열이 와서 소염증을 보이고, 외음부 주위 일반은 경도의 부기(腫脹)를 보이며 암적색의 응고혈액이 붙어 있고 대음순 하단부 뒤 연합부로 해서 질로 이행된 부위에 길이 약 6푼의 세로 파열을 와서 그 상처 면에 작게 새로 생긴 염증을 보이는 등의 손상이 있는 것은 우연의 외상성 손상이 아니라 교접의 목적으로 만든 외상성 손상임을 추정하기 어렵지 않다는 내용의 기재가 있다. 이를 종합하여 인정한다.

법률에 비추어 피고의 위 판시 소위는 형법 제181조에 해당함으로 유기징역형을 선택하고 그 형기범위 내에서 피고를 징역 4년에 처하도록 한다. 경성지방법원 재판부 소속 조선총독부 판사 미기(深木國衛), 백윤화(白允和), 야마네(山根古三)가 판결하였다.

해 제

농사일에 종사하는 33세의 건장한 남자가 동네에 살고 있는 12세 소녀를 강제로 강간하여 상해를 입혔다는 내용이다. 소녀에게 "정교를 요구"했지만 그녀가 응하지 않아서 강간했다는 내용이 나오는데, 자신의 죄를 알리는 자리에 변명 차원에서 이러한 말을 했다는 사실은 특기할 필요가 있다.

피고는 형법 제181조에 따라 처벌을 받는데, 그 내용은 제176조 내지 제179조의 죄를 범함으로 인하여 사람을 사상에 이르게 한 자는 무기 또는 3년 이상의 징역에 처한다는 것이다. 따라서 피고에게 해당된 법은 '치상(致傷)'에 주목한 법임을 알 수 있다. 이로 미루어 보아 강간죄는 제176조부터 179조에 따라 다루었음을 알 수 있다. 곧 제176조는 13세 이상의 남녀에 대해 폭행 또는 협박을 하여 외설 행위를 한 자는 6월 이상 7년 이하의 징역에 처하고, 13세 미만 남녀에 대해 외설 행위를 한 자 역시 같은 처벌을 받는다. 제177조 폭행 또는 협박을 하여 13세 이상의 부녀를 간음한 자는 강간의 죄로 하여 2년 이상의 유기징역에 처하고 13세 미만인 부녀를 간음한 자 역시 마찬가지다. 제178조 사람의 심신상실 또는 항거불능을 이용하거나 또는 그로 하여금 심신을 상실시키거나 항거불능하게 하여 외설의 행위를 하고 또는 간음을 한 자는 앞의 2조와 같이 처벌한다. 제179조, 앞의 3조의 미수죄는 이를 벌한다는 내용이다. 피해자를 13세 이상과 이하로 나누었던 배경과 그럼에도 불구하고 강간죄에서는 피해자 나이에 따른 차이가 어째서 없었는지에 대해서는 추후 추적해볼 필요가 있다.

4

강도 및 살인 등 사건

도케 판결문(1925년 형상 제27호, 大正14年刑上第27號, 고등법원)

재조일본인의 살인, 사체유기, 사문서위조 행사 등의 피고사건에 대한 1심, 2심, 3심 판결문이다. 국가기록원에 소장되어 있으며 관리번호 CJA0001070-0094의 파일 안에 3개의 판결문이 모두 있다. 이 중 2심과 3심 판결문은 사본이다. 3심의 원본은 국가기록원 소장 판결문 관리번호 CJA0000543-48 파일에서 찾아볼 수 있다. 각각 광주지방법원, 대구복심법원, 고등법원에서 진행하였으며 각각의 사건번호는 1924년 형공 제337호(大正13年刑公第337號), 1924년 형공 제336호(大正13年刑控第336號), 1925년 형상 제27호(大正14年刑上第27號)이다.

피고인 도케 다카하루(道家貴治)는 원적을 후쿠오카현(福岡県 三井郡 金島村 大字富多)에 두고 전라남도 나주군 남평면 수원리 도케(道家賢夫)의 집에서 거주하는 사족 신분의 자로서 올해 17세이다. 광주지방법원에서는 위 다카하루(貴治)에 대한 강도, 살인, 사체유기 및 사문서위조 행사, 사기 피고사건에 대해 조선총독부 검사 마츠마에(松前謙助)의 간여로 심리하고 다음과 같이 판결한다.

피고 다카하루를 무기징역에 처한다. 절도의 점에 대해서는 피고 다카하루에 대해 그 형을 면제한다. 압수물건 중 차용증서는 그것을 몰수하고 소송비용은 피고 다카하루의 부담으로 한다. 그 이유는 다음과 같다.

피고는 성격이 다감하고 생각이 얕으며 일찍이 어머니와 이별하고 아버지는 방탕하여 집을 돌아보지 않고 일 없이 방종한 생활을 영위했다. 숙부 도케(道家賢夫)는 피고의 장래를 깊이 걱정하여 1923년(다이쇼

12년) 4월 중 피고를 위의 자택으로 초청하고 피고는 그 후 숙부 집에 머물며 엄격한 감독하에 가업을 배우고 있었다. 숙부 집에 기식하고 있으면서 생활이 일변하고 여러 일들의 의미를 이해하지 못했을 뿐만 아니라 숙부의 처 기치요(機千代)가 피고에 대해 이해와 온정을 부족했던 바 그 맡은 바 일을 감당해야 하는 것에서 깊이 불만을 가지고 있었다. 그러던 차에 1924년 1월 29일 밤에 숙모가 이웃 마을에 초대되었을 때 그 명을 듣고도 마중 올 사람을 보내지 않고 잠에 들어버려 다음날 아침 숙모에게 그 일에 대해 엄하게 힐책을 들었다. 이에 분노의 마음이 일시에 격렬히 발생하여 숙모를 살해함으로써 울분을 삭히려고 결의했다. 즉시 그 집에 두고 있던 권총을 숙모에게 4회 연속 격발하자 장녀 후지코(不二子, 당 12세)와 둘째딸 가네오(務生, 당 10세) 두 명이 연달아서 해당 총소리에 놀라 좇아왔기 때문에 기행이 발각되는 것을 염려하여 후지코의 후두부 및 가네오의 후폐부를 순차로 격발해서 두 명을 살해했다. 앞의 기치요가 아직 목숨을 잃지 않은 채로 고민하고 있자 그를 창고에 끌고 들어가서 마침 그 자리에 있던 절굿공이로 그 머리를 분쇄하여 숙모를 즉사하게 한 다음에 셋째 딸 야스코(康子, 당 7세)가 침소를 일어나서 나오게 되자 기행 발각을 막기 위해 때를 놓치지 않고 마침 자리에 있던 수건을 목덜미에 두르고 그 양단을 강하게 끌어당겨 야스코의 목을 졸라 죽이고 그 사체를 그 집 북쪽 약 100미터(1丁) 떨어진 과수원 안에 묻어 유기했다.

그 후 몸의 처치에 대해 깊이 생각하여 도주의 결의를 하고 그 여행 비용을 얻기 위해 그 면의 금융조합에 가서 행사의 목적으로 숙부 요시오(賢夫)의 서명을 함부로 써서 그 명의하에 숙부의 인장을 몰래 날인함으로써 숙부 명의의 돈 700엔의 예금 수취서를 위조하고 그것을 숙부의 예금통장에 첨부하여 제출행사하고 돈 700엔을 수령했다. 다음날인

31일 다시 금융조합에 가서 행사를 목적으로 다시 요시오의 서명을 함부로 쓰고 그 명의하에 동인의 인장을 몰래 찍고 숙부 명의의 돈 500엔의 차용증서 1통(증 제32호)을 위조하여 그것을 금융조합에 제출하여 행사하고 진실로 요시오가 차용한 것과 같이 가장하고 동 조합을 믿게 했다. 그 후 그곳에서 차용 명의하에 돈 500엔을 교부받은 후 그것을 편취하였다.

이상의 내용 가운데 살인의 행위 및 문서 위조의 행위 및 그 행사의 행위는 모두 연속의 범의에 나온 것이다.

증빙에 따르면 피고가 판시한 연월일시 장소에서 권총으로 도케(道家賢夫)의 처 기치요를 사격하고 장녀 후지코 차녀 가네오가 동 총소리에 놀라 달려오자 후지코의 후두부, 가네오의 후폐부를 사격하고 두 여자를 그 자리에서 즉사시키고 기치요가 아직 목숨을 잃지 않고 고민하고 있자 기치요를 창고에 끌고 가서 그 자리에 있던 절굿공이로 그 머리를 분쇄하여 즉사시키고 다음으로 셋째 딸 야스코가 그 침소에서 일어나서 오자 그 자리에 있던 수건으로 그 목덜미를 둘러싸고 양단을 강하게 끌어당겨 야스코를 즉사시키고 그 사체를 그 집 북쪽 약 100미터 떨어진 과수원 안에 묻어 유기한 사실은 피고가 당 법정에서 한 공술에 당 검사가 검증조사 및 이나다(稻田博) 작성에 관련한 도케 기치요(道家機千代), 도케 후지코, 도케 가네오, 도케 야스코의 각 감정서에 근거하여 명료하다. 피고가 동인 등을 모두 살해할 목적으로 나온 것이라는 것은 당 검사가 피고에게 실시한 제1회 심문서 중 자신은 요시오의 집에 이익을 주고자 일하고 있었는데 오히려 숙모로부터 아버지를 원수로 생각하고 짐승과 같은 취급을 받았다는 생각으로 일시에 화를 내고 말았다고 생각해 온돌에 달려가서 권총을 가지고 나와 갑자기 숙모의 뒤에서부터 발포하고 이어서 자매들이 숙모를 죽이는 것을 발견해서 어쩔 수 없이 죽였다는 내용의 기재가 있다.

압수한 권총, 절굿공이, 수건을 대조해 살펴보면 그것을 인정할 수 있다.

위 살의가 생기게 된 이유가 판시와 같은 것도 역시 피고가 당 공정에서 한 공술에 근거하여 명료함으로 살인 및 사체유기의 점에 대해서는 판시와 같이 인정한다. 이어서 문서위조 행사, 사기의 점은 피고가 당 법정에서 그 내용을 자백하고 예심판사의 증인 가네유키(金行郁郎)에 대한 심문조서 기재 및 압수에 관한 증 제32호의 차용증서를 종합해서 범의계속의 점은 판시한 일시 피고의 동일 죄명에 해당하고 판시한 범행을 반복 수행한 사실에 비추어 그것을 인정한다.

법률에 비추어 피고의 행위 중 살인의 점은 형법 제199조,[18] 제55조[19]에 해당함으로 그 무기징역형을 선택한다. 사체유기의 점은 형법 제190조에 해당하고 예금수령서 및 차용증서 위조의 점은 형법 제159조 제1항과 제55조에, 그 행사의 점은 형법 제161조 제1항과 제159조 제1항, 제55조에, 사기의 점은 형법 제246조[20] 제1항에 각 해당하므로 위 사문서 위조 그 행사 및 사기의 각 행위는 그 사이 모두 순차 수단의 결과의 관계가 있으므로 동 제54조 제1항 후단 제10조를 적용하고 가장 무거운 사기죄의 형에 따르고 위 살인 사체유기 및 사기의 각 죄는 동 제45조의 병합죄인데 살인의 죄에 대해 앞에 보인 바 같이 무기징역형을 선택하고 피고를 처단함으로 동 제46조 제2항에 따라 다른 형을 부과하지 않

18) 형법 제199조 사람을 죽인 자는 사형 또는 무기 혹은 3년 이상의 징역에 처한다.

19) 형법 제55조 연속된 복수의 행위로 동일 죄명에 저촉되었을 때는 하나의 죄로 이를 처단한다.

20) 형법 제246조 ①사람을 속여 재물을 편취한 자는 10년 이하의 징역에 처한다. ②전항의 방법으로 재산상 불법 이익을 얻거나 또는 다른 사람으로 하여금 이를 얻게 한 자도 마찬가지다.

는다. 압수물건 중 차용증서는 피고의 판시 위조행위로부터 생긴 것으로 또 다른 누구도 소유할 수 없는 물건이므로 형법 제19조에 따라 그것을 몰수하고 소송비용은 형사소송법 제237조 제1항에 따라 그 부담을 정해야 한다. 그래도 본 건 공소 사실 중 피고가 1924년 1월 30일에 요시오 소유의 현금 200엔 및 요시오 명의의 금융조합 예금통장을 절취한 점에 대해서는 그것을 인정하여 증명해도 피고와 피해자 도케 요시오가 동거에 관한 숙부 조카의 관계로서 형법 제244조 제1항 전 단계 형사소송법 제359조에 따라 그 형을 면제하여 언도하도록 한다.

위의 판결은 광주지방법원 형사부 소속 조선총독부 판사 우치야마(內山十平), 이시가와(石川莊四郎), 이주인(伊集院文吾)이 판결한다.

피고는 1심 판결에 대해 항소를 했다. 대구복심법원의 판결 내용은 다음과 같다.

피고인에 대한 강도, 살인, 사체유기 및 사문서위조 행사, 사기 피고사건에 대해 1924년 7월 14일 광주지방법원에서 피고인을 무기징역에 처한 판결에 대해 항소를 신청하였음으로 이에 따라 본 법원은 조선총독부 검사 신도(新藤寬三郎)의 간여로 심리하고 다음과 같이 판결한다.

피고인을 무기징역에 처한다. 압수물건 중 증 제32호 차용증서는 그것을 몰수한다. 소송비용 금 141원 20전은 피고인의 부담으로 하고 절도의 점에 대해서는 피고인의 형을 면제한다. 그 이유는 다음과 같다.

피고인은 후쿠오카현(福岡県 三井郡 金島村 大字富多) 도케 세이로(道家精郎)의 장남과 그 처 사이에 생긴 둘째 아들로, 생가에서 양육되었지만 어머니 치요코는 남편의 양친과 사이가 좋지 않아 불행하게도 파경에 이르렀다. 1917년(다이쇼 6년) 4월 9일 남편과 협의이혼을 하고 실가를 떠난 후에는 오로지 조부모의 손에 의해 부양된 바 조부모도 역시 근래 중풍증이 와서 가정도 뜻과 같이 처리할 수 없기에 이르렀다.

이때 피고의 실부는 수년 전부터 방탕에 몸이 망가져서 가정을 돌보지 않고 소행을 함부로 하여 드디어 준금치산자의 선고를 받았다. 이러한 가정에서 자란 피고인은 태어나서부터 학업을 좋아하지 않았고 고향 가나시마(金島)소학교도 고등과 제1학년 수업으로 그만두었다. 이어서 중학교인 구루미(久留米) 예비학교에 입학했어도 학업을 수행하지 못하고 도중에 퇴학했다. 그 후는 하는 일 없이 고향에서 도식하고 있었다. 피고인의 숙부로서 당시 전라남도 나주군 남평면 수원리에 거주하며 농사를 경영하던 도케 요시오(道家賢夫)는 피고인의 앞날을 염려하여 조선에 와서 자택에서 지내면서 엄격한 감독하에 양육하여 장래 처세의 방법을 가르치기 위해 1923년 4월 요시오가 생가의 가정 정리의 필요상 고향에 갔을 때 피고인에게 말을 하여 피고인도 흔쾌히 승낙함으로 그 즈음 피고인을 앞에서 말한 자기 집에 데리고 돌아갔다.

이후 요시오의 집에 있는 그의 처 기치요(機千代), 장녀 후지코(不二子), 둘째 가네오(務生), 셋째 야스코(康子), 장남 고조로(剛三郎) 등과 함께 한 집안에 살면서 요시오의 지도감독하에 숙부가 경영하는 농사를 배우고 있었다. 그 사이 약 1년 동안 피고인은 이전의 경우와 현저하게 다른 환경, 특히 경험 없는 일에 종사하는 것에 고심이 적지 않았다. 숙모는 피고인에 대해 태도가 따뜻하지 않고 정을 주지 않고 싫어했는데 고향을 멀리 떠나온 피고인은 자기의 현재 처지에 대하여 곤경에 빠진 것 중 하나가 친아버지가 없어서 지지를 받지 못한 것이라고 슬퍼하면서 동시에 의지할 곳 없는 몸에 대해서 숙모가 무정한 것을 원망했다. 1924년 1월 29일 저녁에 숙모가 피고의 옆의 주소지 면 및 고개 너머 마을의 집의 혼례 축하연에 초대받아 그 집에 갔을 때 숙모로부터 밤이 늦어 집에 돌아올 때 맞이할 사람을 보내라는 내용을 피고인에게 통지했다. 그러나 피고인은 앞의 요시오의 아이들을 돌보느라 집을 지키고 있었던 관계로 맞으러 갈 수 없었다. 또한 대신 갈만한 적당한 사람도 없었기 때문에 결국 숙모의 명을 어기고 맞으러 갈 사람을 보내지 않고 잠을 들어서 다음날 아침 숙모는 피고인에게 전날 밤 자기를 말을 듣지 않았다고 질책을 했다. 격하게 분노한 피고인은 숙모를 살해하여 그 울분을 풀겠다고 결의하고 숙부가 없는 중에 호신용으로 그 집 침실에 걸어두었던 오연발 권총(증 제11호)을 꺼내서 밥을 하기 위해 일을 하고 있는 숙모의 뒤를 겨누고 연속 4연발을 쏘아 오른쪽 목덜미 및 등을 관통했고 숙모는 그 자리에서 쓰러졌다. 그 소리에 뛰어나온 장녀 후지코(당 12세) 및 둘째딸 가네오(당 10세) 두 명이 침실에서 일어나와 현장으로 뛰어오자 기행이 발각되는 것을 염려하여 전기 권총으로 후지코의 뒷머리 및 가네오의 뒷 폐부를 순차로 사격해서 각 부위에 관통하는 창상을 입혔다. 후지코는 가슴(小胸) 및 연수(延髓)에 손상을 입고 가네오는 흉공(胸腔) 안에 다량의 혈액을 잃어서 결국 두 명은 절명했다. 기치요가 앞의 부상으로 인하여 아직 목숨을 잃지 않았기 때문에 숙모를 요시오가 물건을 두는 작은 방으로 끌고 가서 그 자리에 있던 절굿공이로 기치요의 머리를 강타하여 분쇄함으로 뇌진탕을 야기 시켜 기치요를 살해했다. 다음으로 셋째 딸 야스코(당 7세)가 침대에서 일어나 나오자 범행 발각되는 것을 막기 위해 때를 놓치지 않고 마침 자리에 있던 수건을 동인의 목덜미에 두르고 그 양쪽 끝을 강하게 끌어당겨 야스코의 목을 졸라 질식사에 이르게 했다. 그 사체를 요시오 집 북쪽 약 100미터 떨어진 과수원 안에 비료를 흐르게 하여 굴착시키는 토움(土窖)의 가운데에 넣고 그 위에 흙을 덮어서 야스코를 유기하는 참극을 감행했다.

피고는 몸을 둘 곳이 궁핍하여 도망하겠다는 결의를 하고 그 길로 돈이 나올 방도에 부심하던 차 숙부 요시오의 거래처인 남평면 금융조합에서 돈을 편취하고자 범행 당일 오전 11시경 요시오의 집에서 숙부의 인장 현금 200여 원 및 동 조합에 대한 예금통장을 훔쳐내고 금융조합에 가서 행사의 목적으로 위 인장을 사용하고 숙부 명의의 예금 수취증 1통을 위조하여 그것을 위 예금통장과 함께 동 금융조합 이사 가네유키(金行郁郎)에 제출하여 흡사 진정한 예금자인 도케 요시오가 예금 지불을 청구하는 것과 같이 가장하고 위 가네유키로 하여금 그 내용을 오해하게 하여 현금 700원을 교부시켜 그것을 편취했다.

그 다음날인 31일에 다시 위 남평면 금융조합에 가서 위 가네유키에게 광주에 있는 숙부의 허락으로 송금해야 한다고 다시 500원을 대여해 달라고 신청하고 앞의 요시오의 인장을 사용하여 동인의 차용명의로 금 500원의 차용증서를 위조한 뒤 금융조합에 차입하고 위 이사 가네유키로 하여금 진실로 요시오에게 차용하는 것과 같이 오해하도록 하여 차용 명의하에 금 500원을 교부시켜 돈을 편취하였다.

이상 살인 각 사문서위조 각 행사 및 각 사기소행은 모두 범의계속으로 나온 것이다.

증거에 따라 피고인이 판시한 일시 장소에서 판시한 피고인의 숙모 기치요, 사촌동생 후지코, 가네오 3명을 판시한 권총으로 저격하여 위 사촌동생 2명은 즉사하고 기치오로 하여금 판시한 관통상을 입게 한 위에 절굿공이로 머리를 분쇄하여 절명시킨 점이 있다.

사촌동생 야스코의 목덜미를 수건으로 졸라 살해하고 그 사체를 판시한 장소에 유기한 점은 피고인이 당 법정에서 판시와 같은 내용으로 한 공술이 있다.

검사의 제1회 피고인 심문조서에 그와 같은 취지의 공술 기재가 있다.

검사의 제2회 검증조서에 도케 야스코(道家康子)의 사체가 판시한 장소에 판시와 같은 방법으로 흙 속에 매장되어 유기되어 있었다는 내용의 기재가 있다. 이를 종합하여 살해를 충분히 인정한다.

전기 피해자 4명이 당한 폭행, 피해 및 각기 사인은 감정인 의사 이나다(稻田博)의 감정서에 해당 각 판시에 조응하는 기재에 비추어 인정할 수 있다. 숙모를 살해하게 된 직접 원인은 판시와 같이 이웃 마을 축하연에 초대되었던 기치요를 피고가 말을 듣지 않고 그 마중할 자를 보내지 않아서 다음날 아침 숙모에게 질책을 들을 것으로 인한 것이라는 것은 피고인이 당 법정에서 그 내용을 자백한 것에 의해 명백하다.

이상의 사정에 관해 은의 있는 숙모에게 판시와 같이 폭행으로 보답한 것은 보통 사람의 예상으로 허용치 않는 바로서 피고인이 이 사소한 일로부터 폭행, 참담한 행동을 하기 위한 분노의 격발을 조성한 원인을 봄에 피고인이 당 법정에서 한 공술 및 앞에 쓴 검사의 피고인 심문조서, 같은 제2회 심문조서 원심에서 증인 도케 요시오 심문조서의 각 공술 기재를 종합하여 피고인이 조선에 온 후 익숙하지 않는 일에 종사하면서 괴로움을 맛보고 있는 한편 고향에 있는 실부의 난행(亂行)으로 밤낮으로 노심초사하고 생이별한 생부를 생각하고 다시 자신의 처지를 생각하며 우울하였고 그러한 날을 보내고 있던 때에 골육의 의를 맺은 숙모 기치요가 피고인에 대한 처우에 온정을 결하고 있었기 때문에 숙모에게 즐겁지 않음에 더해 내심 원한의 마음의 싹이 있었다고 인정할 수 있음으로 그 심경 속에 있던 피고인이 우연히 판시와 같은 사소한 일로부터 숙모에게 질책을 들음으로 이미 불쾌 원한을 정을 갖고 있다가 갑자기 격분하여 일격으로 그녀를 살해한 것을 결의한 것으로 실로 피고인이 판시한 참혹한 행동을 감행할 결의로 인하여 나온 원인이라고 상당히 인정할 수 있다. 기치요 이외의 전기 3명을 살해한 동기는 기치요를 살해한 범행 발각을 두려워하여 나오게 된 것으로 전기 검사의 제1회 피고인 심문조서에 적힌 공술 기재에 따라 인정할 수 있다.

피고인은 기치요 이외 3명을 살해한 점에 대해서는 살해의 의식 없이 꿈결 사이에 했다고 변명하고 있지만 그것을 인정할만한 증거가 없고 변호인은 심신상실자로서 죄책감 없이 오히려 심신상실이 있지 않았다고 하면 심시심약자의 소행이라면 감경할만하다고 주장하고 있지만 당 심리에서 감정인 나가츠(永津信治)의 감정은 신빙할 수 없고 원심의 감정인 안도(安藤進)의 감정에 따라 아직 변호인의 주장을 충분히 인정하기가 어렵다. 이에 피고인이 판시한 금 200원 및 예금통장 인장 없이 훔친 점, 그리고 판시한 사문서 위조 그 행사, 사기의 점은 원심공판조서의 판시와 같은 내용의 공술 기재의 내용과 예심에서 증인 가네유키 조서의 당해 판시한 같은 내용의 피해 전말의 공술 기재에 따라 그것을 인정한다. 범의계속은 점은 단시일 사이에 동종 범행을 반복실행한 일의 흔적에 비추어 그것을 인정한다.

법률에 비추어 피고의 행위 중 살인의 점은 형법 제199조 제55조에, 사체유기의 점은 동 제190조에, 사문서 위조의 점은 동 제159조 제1항, 제55조에 그 행사의 점은 동 제161조 제1항 제159조 제1항 제55조에, 사기의 점은 동 제246조 제1항, 제55조에 각 해당하고 사문서 위조 그 행사 사기는 순차순단 결과의 관계이므로 동 제54조 제1항 후단 제10조 따라 가장 무거운 사기죄의 형에 따라 살인에 관한 소정의 형기중 무기징역을 선택하고 합병죄로서 동 제45조 제46조 제2항에 따라 피고인을 무기징역에 처하고 압수물건 중 증 제32호, 위조차용증서는 범죄에 따라 생긴 것으로 다른 누구에게도 속하지 않는 물건이므로 동 제19조에 따라 몰수하고 소송비용 140엔 20전은 형사소송법 제237조 제1항에 따라 피고인으로 하여금 부담하도록 한다. 예심종결 결정에 따라 피고인이 기치요 외 3명을 살해한 후 가츠오 소유의 금200엔, 금융조합 예금통장을 탈취한 내용, 강도살인의 사실을 기소하고 비록 당 재판소는 피고인이 위 소행으로 하여금 단순하게 살인죄로 인정하고 강도인을 죽임에 이르게 하는 것을 인정하지 않는다. 위 금 200엔 및 예금토장을 빼앗은 소행은 절도죄로 인정하고 그 증빙된 부분은 앞에서 말한 바와 같은 것으로 피고인과 피해자 도케 가츠오 사이에는 형법 제244조 제1항 소정의 관계로서 형사소송법 제407조, 제359조에 따라 그 형을 면제하도록 한다.

이 판결은 대구복심법원 형사2부 조선총독부 판사 기토(喜頭兵一), 사쿠라다(櫻田良助), 시마쿠라(嶋倉弘義)가 담당하였다.

고등법원의 판결내용은 다음과 같다. 피고인에 대한 강도살인, 사체유기 및 사문서위조 행사 사기 피고사건에 대해 1925년 2월 28일 대구복심법원에서 언도한 판결에 대해 피고인으로부터 상고 신청이 있었으므로 이에 따라 당 법원은 조선총독부 검사 이에하라(家原友太郎)의 간여로 다음과 같이 판결하였다. 본 건 상고는 그것을 기각한다.

그 이유는 다음과 같다. 변호인 모토키(本木房吉)의 상고 취지는 피고의 정신 상태가 이상한 것은 기록의 각 곳에서 인정할 수 있을 뿐만 아니라 원심의 감정인 나가츠(永津信治)의 감정에 따라 다음의 사실을 알 수 있다.

1) 피고 도케(道家貴治)는 범행 전부터 변질증(變質症)에 걸려 있어 심신미약의 상황이었는데 도케 기치요, 후지코, 가네오, 야스코 4인을 살해할 당시는 본 증세 중 하나의 특징인 충동행위가 발작할 때여서 선악의 판별력을 잃었던 것이므로 일시적인 심각(心脚) 상실의 상태에 빠진 것으로 추정할 수 있다. 단 위 범행 후 사문서위조 행사 및 사기 도주 등의 범행은 정신에 이상 없이 당시 한 행위이다.
2) 피고인 도케(道家貴治)의 위의 범행의 심리적 분석
3) 숙모 살해는 변질증에 따른 흉폭발작(충동행위증)

4) 두부 분쇄의 폭행은 상기 충동행위에 따른 피고의 참학성의 발로
5) 소녀 격살 및 교살은 도망갈 기회를 위한 행위인 이상 심신상실 당시의 행위이다.
6) 범행 후 도주의 행위는 변질자로서 지력 간지(奸智) 방면에 경도 발육을 한 자의 행위 또는 정신적 이상 없이 당시의 행위를 한 결과 피고는 도케 기치요(道家機千代) 등 4명을 살해할 당시는 심각(心脚) 상실 살해 후 도주에 이른 범행행위의 때는 심신미약의 상황에 있었던 것으로 귀착하는데 원심판결은 전혀 그것을 돌아보지 않았다. 피고의 정신 상태는 이상 없었던 것으로 인정해 피고에게 무기징역을 언도한 것은 중대한 사실의 오인이라고 하기에 충분하다고 할 충분한 사유가 있다고 믿을 수 있을 것이다.

그런데도 감정은 사실 승심관(事實承審官)의 지식을 보충하는 하나의 증거방법에 불과하여 그것을 채용하는 것이 아니라고는 사실 승심관의 직권에 속하지 않는다면 원심은 소위 감정에 의거하지 않았던 것으로 조금도 위법이 아니었다. 또 기록의 정밀에 조사에 원심이 피고인의 범행은 그 심각상실자는 미약한 상태에 있을 때의 행위라고 인정되지 않은 것은 사실의 오인으로 의심할 수 있는 현저한 사유가 있지 않음에 논지는 이유 없다.

따라서 상고는 이유 없음으로 하고 형사소송법 제446조에 따라 주문과 같이 판결한다.

1925년 5월 25일 고등법원 형사부 소속 재판장 조선총독부 판사 오가와(小川悌), 조선총독부 판사 이토오(伊東淳吉), 조선총독부 판사 다다(多田吉種), 조선총독부 판사 노무라(野村調太郎), 조선총독부 판사 모리다(森田秀治郎)가 담당한다.

해 제

이 사건은 17세 된 어느 일본인 청년의 참혹한 친족 살해에 관한 건이다. 후쿠오카현 출신의 피고는 고향에 있을 때에 부모의 이혼으로 제대로 가정의 돌봄을 받지 못하였다. 모친은 이혼으로 집에 없었고 부친은 "수년 전부터 방탕에 몸이 망가져서 가정을 돌보지 않고 소행 함부로 하여 드디어 준금치산자의 선고"를 받기에 이르렀으며 조부모도 중풍으로 피고를 돌볼 수 없었다. 피고는 학교도 중등과정을 거치면서 도중에 퇴학하고 그 후에는 하는 일 없이 고향에서 도식하고 있었는데 피고인의 숙부로서 당시 전라남도 나주군 남평면 수원리에 거주하며 농사를 경영하고 있던 도케 요시오(道家賢夫)가 피고의 장래를 염려하여 피고를 조선으로 불러들였다. 그 사이 약 1년 숙부 집에서 농사일을 배우던 피고인은 이전의 경우와 현저하게 다른 환경, 특히 경험 없는 일에 종사하는 일에 고심이 적지 않았는데 숙모도 피고인을 싫어하여 피고인은 숙모가 무정한 것을 원망했다. 사건은 사소한 일에서 시작되었다. 피고인이 사촌들을 돌보기에 바빠 마중 나올 사람을 보내달라는 숙모의 명령을 잊어버렸는데, 숙모는 이일을 질책을 하였다. 이에 피고인은 격하게 분노하여 숙모를 살해하고 연이어 사촌동생 3명을 살해했다. 이후 피고는 도망갈 결심을 하고 숙부의 거래처인 남평면 금융조합에 가서 인장과 통장을 절도하고 영수증을 위조하여 숙부 명의의 예금을 편취하였다.

판결문의 내용을 보면 범행수법이 상당히 잔혹하다. 패륜이라 불리는 가족친족 범죄는 사회윤리적으로 충격적으로 받아들여지는 사건이라는 점 때문에 종종 잔혹한 양상을 띠는 때가 있다. 당시 매일신보에서 관련 기사를 찾아볼 수 있는데 그 내용은 다음과 같다.

남평(南平) 살인범 체포, 대련에서 유력한 혐의자 검거

> 나주군 남평면에서 과수원 주인의 다섯 식구를 참살한 살인사건에 대하여 가장 유력한 혐의자로 도가귀치(道家貴治, 19)라는 자를 대련(大連)에서 체포하였다는 바 상세한 내막은 지금 혐의자가 호송 중에 있음으로 추후 보도코자 한다(『매일신보』, 1924.2.7).

판결문에는 없는 내용이나 숙부의 농사일은 구체적으로 나주의 과수원이었으며, 피고인은 중국 다롄까지 도망갔다가 그곳에서 체포되었다는 사실을 알 수 있다. 검거된 후 피고는 광주지방법원에서 사건을 심리하고 무기징역을 언도받는다. 이에 대해 피고는 2심, 3심까지 항소하는데, 결국 항소는 기각되어 원심 형이 확정된다. 2심과 3심 판결문의 내용을 보면 조선인의 피고사건에 비해 사건 진행의 묘사가 상당히 구체적이고 치밀한 것이 눈에 띈다. 변호인의 주장은 피고인의 정상을 참작해달라는 것이었다. 곧 피고인은 조선에 온 후 익숙하지 않는 일에 종사하면서 괴로움을 맛보고 있는 한편 고향에 있는 실부의 난행을 밤낮으로 노심초사하고 생이별한 생부를 생각하고 다시 자신의 처지를 생각하며 우울하였고 그러한 날을 보내고 있던 때에 골육의 의를 맺은 숙모가 피고인에 대한 처우에 온정을 결하고 있었기 때문에 숙모에 대해 즐겁지 않음에 더해 내심 원한의 마음의 싹이 있었다고 인정할 수 있음으로 그 심경에 있었던 피고인은 우연히 판시와 같은 사소한 일로부터 숙모에게 질책을 들음으로 이미 불쾌원한을 갖고 있다가 갑자기 격분하여 일격으로 그녀를 살해한 것을 결의하기에 이른 것이라는 것이다. 판사들은 피고의 사정이 어느 정도 이유 있다 생각하지만, 이것이 형량의 감형까지는 이르지 않았다.

5

문서위조 행사 및 유괴사건

1) 정○철 판결문
(1922년 형상 제163호, 大正11年刑上第163號, 고등법원)

공문서위조 행사, 유괴죄에 관한 고등법원 판결문이다. 국가기록원에 소장되어 있으며 관리번호는 CJA0000532-0002이다. 사건번호는 1922년 형상 제163호(大正11年刑上第163號)이다. 피고 정○철은 경상남도 양산군 상북면에 본적을 두고 경상남도 김해군 대저면에 살고 있으며 나이는 24세, 직업은 교물상(交物商)이다. 피고는 1922년 9월 28일 부산지방법원에서 유죄가 인정되어 징역 8월을 언도받았다. 이에 불복하여 1922년 12월 1일 대구복심법원에 항소를 신청했는데, 가중죄가 인정되어 형이 징역 1년으로 늘어났다. 이에 피고가 다시 항소를 신청하여 1923년 1월 21일 고등법원에서 조선총독부 검사 사카이(境長三郎)의 심리를 받고 항소 기각이 되었다. 판결문의 내용은 다음과 같다.

상고 내용은 김○권이 피고의 집에서 피고가 1921년(다이쇼 11년) 10월 중 일본(內地)에 왕래할 때에 여행증명서가 있는 것을 보고 그것을 위조하자고 했다. 피고는 작년 10월 중 내지에 왕래한 일 없이 또 4, 5회 내지에는 왕래했어도 일찍이 조선인 순사의 여행증명서를 받은 일 없이 피고가 가와우치(河內)상점에서 괘지(罫紙)를 사 왔다고 말했다. 피고는 이것 없이 피고와 이국천(李菊天)인가 양응룡(梁應龍) 측에 갔는데 그가 여행증명서를 갖고 있었다. 이것의 출처를 물어보고 피고는 김○권에게 가서 김○권이 위조한 것을 자신도 10매 정도 나누어 달라고 의뢰함에 피고는 가장 쉽게 하려면 여행증명서에는 순사의 날인을 받지 않으면 안 된다고 하여서 괘지 10매와 돈 10엔을 지참해서 순사에게 술을 대접하여 날인을 받아 오라고 하고 자신은 금 10엔을 주고 약 3일후에 피고로부터 10매를 받아오라고 하고 문○훈도 김○권으로부터 여행증명서 2매를 사서 받아오라고 했다. 또 김○권과 피고의 처 조○재와는 피고가 내지에 출발할 때 여행증명서를 맡겨두고 그것을 보관하도록 했다고 했으나 주재소에서 취조할 때는 여행증명서는 문○훈이 김○권의 편지와 함께 지참하도록 했다고 했으나 부산지방법원 예심법정에서는 피고가 내지에 갔을 때 그것을 맡겨두었다고 하기도 했다.

피고는 처 조○재와는 1918년 2월 중 후쿠오카현(福岡県 嘉穂郡 穂波村 忠隅)의 탄광에서 동거하며 하숙업을 영업했는데 조○재는 자주 조선에 돌아갔다고 하며 그 때문에 수차례 서로 싸워서 영업의 방해가 됨으로 조선에 데리고 돌아왔다. 피고의 누나가 김해군 대저면에 거주했기 때문에 그 부근에 집을 구입해서 그곳에 살았다. 피고는 내지에 가서 의연히 영업을 했는데 1921년 8월 우연히 병을 얻어 조선에 돌아와서 누나에게 처의 소행을 물어보던 중 누나는 조○재가 예수교를 믿어서 다른 남자와 예배당의 활동사진을 보러 여러 차례 부산에 갔음으로 헤어지라고 했다. 피고는 한 번도 그 현행을 목격하지 않았기 때문에 감히 말을 할 수 없다고 하고 부산의 감옥 미결감에 있은 즉 금년 9월 25일에 새로 들어온 유○홍이 그전 김○권과 30여 일간 같은 방에 있게 됨에 따라 그 사람에게 김○권의 말을 듣고서 김○권이 자신은 여학생을 데리고 내지에 가려하는 사고 때문에 드디어 내지에 가서 주소와 씨명을 속이고 살았는데 정○철은 그것을 알고 자기가 정○철의 처와 관계했다는 원망에서 조선에 와서 일을 폭로했으므로 김○권, 문○훈이 부산에서 체포되어 자신은 예심법정에서 정○철을 빠뜨리고 또 재판소 유치장에서 조○재는 7번 방에 있고 자신은 6번 방에 있었는데 자신은 조○재에게 정○철이 내지에 갔을 때 조○재에게 여행증명서를 맡겨서 보관하고 있다고 해서 너는 무죄가 될 것이다라고 말하고 문○훈은 구해질 것이라고 하고 그것을 전할 이유는 없다고 했다.

이는 분명히 그 증거가 되며 또 주○이의 말에 의하면 김○권과 문○훈이 부산여관에서 양인 모두 그 주소 씨명을 속이고 여행증명서를 위조하여 자기에게도 그 한 장을 주었다. 6월 6일 아침에 배에서 모지(門司)에 도항하면 야하(八幡)에는 사덕리의 사람이 다수 살고 있으므로 누구인가가 맞으러 올 것이다 라고 하고 만약 마중을 하지 않으면 모지시 수정(水町) 김덕삼에게 체재할 수 있다고 했다.

또 김○권이 야하에서 피고에게 금 20엔을 주었다고 하나 부당한 것이다. 또 조선에서 피고에게 금 5엔을 주었다고 말한 것도 사실은 피고가 조선으로 돌아올 것으로 조선통화 5엔을 바꿔준 것이라고 함으로써 피고는 그것을 어디까지나 바꾸러 간 것이라고 한다.

주○이는 피고가 주○이에게 40, 50엔의 손해를 부담을 지웠다면 그것을 지불해야 해서 서면을 보냈다고 했다. 피고는 4월 8일 야하에서 김○권, 문○훈, 양○룡, 주○이 등과 헤어져 그 밤에 배를 타고 9일 오후 3시 김해군 대저면 사덕리의 자택에 돌아온 바 처의 말에 김○룡이 귀하를 죽이려고 매일 2, 3회씩 찾아오고 있으므로 이것에 대해 물어보자 김○룡이 오는 것을 장○교에게 제지시켜 집으로 돌아가 밤 12시까지 놀고 다음날 아침 10시에 체포 되었다면 피고는 어떠한 겨를에 이러한 서면을 보낼 수 있었는가. 이는 주○이가 김○권을 위해 위증을 한 것이 확실하다. 피고는 실로 처와 간부(姦夫)에게 빠져서 9개월의 오랜 기간 결정하지 못한 가운데 괴로운 것은 자르고 분한 마음을 이기지 못하여 고등법원장 각하는 자세하게 사실을 조사해 주실 것을 엎드려 비는 바이다.

그럼에도 주○이의 증언은 원 판결에서 채용되지 않은 바가 되면 논지 중, 동 증언은 위증이 되는 점은 이로부터 채용하기 어렵고 무릇 법원은 사실을 다시 심리하는 직권을 가지지 않았으므로 당 법원에 사실조사를 요구하는 것도 역시 채용할 이유가 없다. 기타 논지는 피고 1개의 사실로 되는 바를 발하고 원심의 직권에 속하는 사실인정을 하는 것은 어렵지 않아 돌려보낼 이유가 없다. 논지를 취해도 상고 이유가 없다. 위의 설명과 같이 본 건 상고는 이유 없음으로 형사소송법 제285조에 따라 조문과 같이 판결한다. 판결은 고등법원 형사부 소속 조선총독부판사 와타나베(渡辺暢), 이시가와(石川正), 요코다(横田俊夫), 모리다(森田秀治郎), 마스나가(增永正一)가 했다.

해 제

고등법원 판결문을 통해서는 범죄사실과 그 따지는 내용을 알기가 힘들고 단지 유추할 수 있을 따름이다. 피고는 아내와 그 간통남이 서로 간통하여 괴로운 마음에 일을 저질렀다고 호소하고 있으나 법정은 피해 여성의 증언을 위증으로 볼 수 없다는 사실에 주목하여 항소를 기각하였다.

2) 주○권 등 판결문
(1925년 예 제5768호, 大正14年豫第5768號, 경성지방법원)

수뢰, 문서위조, 유괴, 사기 등의 사건에 대한 예심종결결정서로 국가기록원에 소장되어 있으면 그 관리번호는 CJA0000296-0214이다. 사건번호는 1925년 예 제5768호(大正14年豫第5768號)이다. 그 내용을 살펴보면 다음과 같다.

피고 주○권(당 37세)의 본적은 평안남도 강동군 구지면 운룡리이고 주거지는 경성부 미근동이다. 전 서대문경찰서 고등형사였다. 피고 이○현(당 38세)의 본적은 평안남도 평양부 염점리이며 주거지는 경성부 죽첨정 2정목이다. 음식점을 경영한다. 피고 김○성(당 45세)의 본적지는 평안북도 의주군 의주면 동부리이며 현재 중국 북간도에서 요리옥을 하고 있다. 위 피고 김○성에 대한 문서위조 행사, 유괴 피고사건 및 피고 주○권에 대한 수뢰, 유괴, 피고 이○현에 대한 유괴문서위조 행사, 사기 피고사건을 병합하여 예심하고 다음과 같이 종결결정을 한다. 주문내용은 다음과 같다.

피고 주○권에 대한 수뢰 피고사건, 피고 이○현에 대한 유괴약취, 문서위조 행사, 사기 피고사건 및 피고 김○성에 대한 약취 피고사건을 경성지방법원의 공판에 부친다. 피고 주○권에 대한 유괴 피고사건 및 피고 김○성에 대한 문서위조 피고사건은 그것의 소를 면한다. 이유는 다음과 같다.

첫째. 피고 주○권은 1923년(다이쇼 12년) 10월 22일 경기도 순사의 명을 받고 서대문경찰서에 근무하여 고등형사로서 고등경찰사무를 관

장하던 중 생활이 곤궁하여 범의(犯意)를 계속 가지고 있다가

1) 1925년(다이쇼 14년) 3월 9일(음 2월 15일)경 경성부 태평통 중국인(支那人) 양경춘(楊敬春)과 동부 서소문정 중국인 이서봉(李瑞峯)을 도박 혐의자로서 서대문경찰서에 유치하고 취조를 하던 중 양경춘의 처 이씨, 이서봉의 처 이씨로부터 남편을 석방시키고 싶다는 내용의 각 청탁을 받고 양경춘, 이서봉을 석방했다. 동처 여자들이 그것을 덕으로 여겨 동월 13일(음 동월 19일)경 양경춘의 처 이씨는 금 50원, 이서봉의 처 이씨는 금 30원을 각 봉투에 넣어 피고의 위의 주택에 지참하고 그 사례로 피고에게 제공하였다. 그러자 그 뜻을 헤아려 돈을 받아 소비했다.

2) 1925년 4월 상순경 도박을 상습으로 하는 풍평(風評)이 있는 중국인 양경춘 외 14명이 피고의 집안 동생 주병환의 결혼비용을 증정한다는 명의를 적고 실제로는 도박의 검거 등에 관해 막대한 조치를 내고 싶다는 내용을 청탁하고 뇌물을 준다는 뜻을 숙지하면서 위의 자택에서 김성오의 손을 거쳐 금 24원을 받아 그 돈을 소비하였다.

3) 동월 상순경 서대문경찰서 관내에서 영업하는 부내 죽첨정 음식점 조합원 김익수 외 14명이 겉으로는 결혼비용의 증정이라 맡기고 실제로는 영업의 단속에 관해 막대한 조치를 내어달라는 내용을 청탁하고 뇌물을 준 것에 내용을 숙지하고 위의 거택에서 조합장 김익수의 손을 거쳐 금 20원을 받아 그 돈을 소비하였다.

둘째. 피고 이○현은 앞의 주소에서 모친의 명의로 음식점을 영업하던 중 범의를 계속하고,

1) 1925년 음력 4월 상순경 영리를 목적으로 전라북도 익산군 익산면 하숙옥 영업자 박성철 편으로 당시 20세인 오○이에게 자기의 첩이 되어 일가를 이루자고 거짓말을 하여 경성으로 유괴했다. 1925년 7월 23일 피고인의 집에서 경성부 병목정 대좌부 영업자 정윤옥에게 오○이를 경

상북도 군위군 부계면 한용수의 장녀 한순용(19세)이라고 사칭하고 전차금 180원으로 창기 가업을 하는 계약을 한용수 명의의 위조도장을 사용하여 행사할 것을 목적하고 동인 명의의 승낙서(증 제2호) 및 인감증명원서(증 제3호)를 위조하여 정윤옥에 일괄해서 교부 행사함에 의해 동인을 기망하고 즉시 동인으로부터 전차금 명의하에 금 180원을 수령 편취했다.

2) 피고 김○성과 공모하고 1925년 8월 25일경 피고 이○현이 고용한 작부 당시 15세의 유녀 박○득을 제국 외에 이송할 목적으로 동녀의 아버지 박영조, 어머니 김성녀에 대해 박○득을 전차금 250원으로 하여 피고 김○성 편에 다시 할 것을 강요하고 승낙 받지 못하자 박영조에게 강요해 승낙서 및 영수증에 날인하도록 하여 동인 등에게 무리하게 그것을 승낙하게 하였으며 또 박○득에게도 감언으로 희롱하고 현혹하여 부모의 보호로부터 박○득을 약취하였다.

이상의 피고 등의 각 소위는 공판에 부치기 충분할 만큼 범죄의 혐의가 충분하다. 피고 중○권의 수뢰의 행위는 형법 제197조, 피고 이○현의 유괴의 행위는 동법 제225조 문서위조의 행위는 동법 제159조 제1항, 위조문서 행사의 행위는 동법 제161조 제1항, 제159조 제1항, 사기의 행위는 동법 제246조 제1항, 약취의 행위는 동법 제226조 제1항, 피고 김○성의 약취의 행위는 동법 제226조 제1항에 각 해당하는 바 피고 주○권, 이○현의 각 행위 중에는 연속범 또는 일개의 행위로 수 개의 죄명에 해당하는 수단 결과의 관계가 있는 것 또는 병합죄에 관한 것으로 무릇 동법 제55조 제54조 제47조 제10조를 적용하여 처단해야 할 것으로 사료됨으로 형사소송법 제312조에 따라 주문 제1항 기록한 바와 같이 결정한다.

피고 주○권이 1925년 4월경 맹인조합대표자 김병수(金炳洙) 동 조합

설립의 허가의 하부(下付)에 관해 진력해달라는 내용의 청탁을 받고 하야 쌀로 현금 합계 75원을 수뢰했다.

피고 이○현이 1925년 3월경 충청남도 논산군 강경읍 내의 당시 16세의 김○초를 제국 외에 이송할 목적으로 다롄시(大連市) 핑허가(平和街) 요리옥 태일원에게 경성부 서소문정 하문한의 장녀 하상악(19세)으로 사칭하고 몸값 금 220원으로 매도했다.

피고 이○현, 김○성은 공모하고 앞의 제2의 (2)의 범행 흔적을 은폐하기 위한 목적으로 박영조의 명의를 갖다 쓰고 동인 명의의 인감증명원 승낙서 계약서 등을 위조했다.

피고 주○권, 이○현은 공모하고 1925년 4월경 영리의 목적으로 경성부 냉동 음식점 신흥숙의 고용녀 연심이라는 이름의 김○매에게 피고 주○권의 정처로 취해 동거한다는 내용으로 거짓말하고 동녀를 유괴하여 사할린(樺太) 대박(大泊) 남용양에 몸값 금 50원에 창기로 팔았다.

각 공소 사실로 공판에 부치기에 충분하므로 범죄의 혐의 없는 피고 주○권의 유괴의 행위 및 피고 김○성의 문서위조의 행위에 대해서는 형사소송법 제313조에 따라 주문 제2항에 기재한 바와 같이 결정하도록 한다.

피고 주○권의 기타 행위 및 피고 이○현의 위의 행위는 앞의 범행에 대해 연속범에 관한 것으로서 기소한다면 특히 면소의 언도를 하는 것이 아니다. 이에 주문과 같이 결정한다.

1925년 3월 31일 경성지방법원에서 조선총독부 판사 고이(五井節藏)가 판결한다.

해제

피고 주○권은 서대문경찰서 고등계 형사로서 범죄인들에게 눈감아 주는 조건으로 뇌물을 받아 사용하였다. 예심결정서 내용에 주○권이 "생활이 곤궁"했다는 사실을 이유로 들고 있는데, 이 시기 판자들이 절도나 살인, 상해 등 사건에 대해서는 피고인의 개인적 일탈에 초점을 맞추는 반면, 형사의 수뢰 사건에 대해서는 그 환경적 원인을 찾고 있다는 점에서 특징이 있다고 할 수 있다.

주○권의 유괴 혐의는 무혐의로 판단하였는데, 해당 문서 안에서는 그 근거가 불분명하다. 이○현과 김○성은 유괴를 달성하기 위하여 문서위조 행사, 사기 등을 동원하였는데, 이에 대해서는 그 범죄사실을 인정하여 본 사건을 공판에 부칠 것을 결정하였다.

3) 박○숙 등 판결문(1927년 형공 제4·5·6·7·8호, 昭和2年刑公第4·5·6·7·8號, 경성지방법원)

1927년에 검거된 박○숙 유괴단에 관한 예심종결결정서와 경성지방법원 판결문으로 국가기록원에 소장되어 있다. 관리번호는 각각 CJA0000302-0397, CJA0000305-0117이다. 예심종결결정서에는 사건번호가 기재되어 있지 않은 것이 특이하다. 경성지방법원 판결문의 사건번호는 1927년 형공 제4 · 5 · 6 · 7 · 8호(昭和2年刑公第4 · 5 · 6 · 7 · 8號)이다.

피고들의 인적 사항은 다음과 같다. 피고 박○숙(52세)은 무직이며, 본적 및 주소는 경성부 원정 3정목이다. 피고 허○(2세)는 경성부 용산출장소 소사이며 본적지는 경기도 파주군 청석면이고 거주지는 경성부 영정이다. 피고 장○선(42세)은 무직이며, 본적지는 황해도 연백군 해월면, 거주지는 경성부 황금정 5정목이다. 피고 차○일(51세)은 인사소개업을 하는 자이며, 본적은 경성부 인사동, 경성부 서사헌정에 거주하고 있다. 피고 황○천(37세)은 본적은 경기도 부천군 계양면이며, 거주지는 경성부 죽첨정 3정목이다. 피고 김○배(43세)는 무직이고 본적은 경성부 화원정, 거주지는 경성부 길야정 1정목이다. 피고 문○곤(26세)은 농업에 종사하는 자이며 본적 및 거주지는 경상북도 김천군 대덕면이다. 피고 최○옥(42세)의 본적 및 거주지는 충청남도 논산군 성동면이다. 피고 김○복(37세)는 무직이며, 본적은 경성부 죽첨정 2정목이고, 거주지는 경성부 송월면이다. 피고 정○선(31세)은 무직이고 본적은 전라남도 무안군 안좌면 구대리, 거주지는 목포부 대성면이다.

위 피고 박○숙, 허○, 장○선, 차○일, 황○천에 대한 문서위조 행사 사기 등 사건, 피고 김○배, 문○곤, 박○숙, 허○에 대한 유괴 문서위조 행사 사기 등 사건, 피고 최○옥에 대한 영리 유괴사건, 피고 김○복에 대한 유괴 문서위조 행사 사기사건, 피고 정○선에 대한 유괴사건에 대해 조선총독부 검사 모토하시(元橋曉太郎)의 간여로 병합 심리하고 드디어 다음 주문과 같이 판결한다.

피고 박○숙, 동 장○산을 각 징역 2년에, 피고 문○곤, 동 김○배를 각 징역 1년 6월에, 피고 허○, 동 차○일을 각 징역 1년에, 피고 황○천, 동 김○복을 각 징역 8월에 처한다. 이상 각 피고에 대하여 미결 구류일 옥중 90일을 위 본형에 승입(昇入)한다.

피고 최○옥, 동 정○선은 면죄이다.

피고 박○숙에 대해 압수로 1926년 압 제124호의 6, 7, 11, 10, 12의 위조문서의 위조부분을 피고 차○일, 동 박○숙에 대해 압수에 관계된 동호의 16의 위조부분을 피고 박○숙, 동 허○에 대해 압수에 관한 동호의 1, 2, 3호, 1926년 압 제1268호의 2, 위조문서를 피고 김○배, 동 박○숙, 동 허○에 대해 압수에 관한 1926년 압 제1268호의 89의 위조문서를 피고 장○선, 동 박○숙, 동 허○에 대해 압수에 관계된 1926년 압 제1256호의 1, 2, 3의 위조문서를 제출한다.

소송비용 중 증인 김덕순(金德淳), 동 한수두(韓水斗)에 지급할 부분은 피고 장○선, 증인 김창근(金昌根), 동 류정서에 지급한 부분은 피고 장○선, 동 박○숙의 부담으로 한다.

이유는 다음과 같다.

첫째 피고 박○숙은 범의를 계속하던 중,

1) 동 피고가 1923년 2월 하순경 신성조라는 자로부터 무적자인 성명 불상의 여자를 창기로 삼기 위해 취적 수속을 의뢰하여 그 수속을 하기 위한 행사를 목적으로 1923년 3월 20일경 경성부내에서 허무인(虛無人)

이금순의 명의로 동인이 경성부 산수정에 거주한 것으로 민적부상 이름이 빠지게 함으로써 보증인 연서 취적을 요청한다는 내용의 취적신고서를 작성하고 당시 경성부 거주 박경한과 김중오 양명의 서명을 함부로 사용하여 위 신고에 관한 동인 등 명의의 보증서(1926년 압 제1204호의 6 제출서)를 작성하고 다른 건에 대해 동인 등으로부터 맡아둔 인장을 이름 아래에 압찰(押擦)함으로써 그것을 위조하여 완성하고 동일 경성부 용산출장소에 제출 행사하여 경성부 용산출장소 계 서기 문경선에게 위의 허위신고를 하고 동인으로 권리의무에 관한 내용의 공정증서인 호적원본에 등록시켜 즉시 동 소에서 갖출 수 있도록 행사하였다.

2) 다음 1923년 4월 초순경 경성부 입정정 모 주점에 살고 있는 씨명불상의 여자로부터 취적신고에 관한 의뢰를 받고 행사할 목적으로 허무인 권봉선의 명의로 그녀가 경성부 암근정에 거주하여 동 소에 호적에 존재해야 함에 이름이 빠져 있었기 때문에 취적하고 싶다는 내용의 취적신고서를 작성하고 당시 동부 암근정 거주의 신근실 및 동정 거주의 이순근 양 명의 서명을 함부로 사용해서 동인 등 명의의 위 신고에 관한 보증서(동호 7 이유서)를 작성하고 동인 등으로부터 다른 사건 때문에 맡아 둔 인장을 부정하게 사용하고 각기 명의하에 압찰하여 위조를 완성했다. 4월 5일 그것을 경성부 용산출소에 제출 행사하여 동 소 계원 문경선에게 그 허위 내용의 신고를 하고 동인으로 앞에서 제시한 같은 양식의 호적 원부에 그 부실한 내용을 기재하도록 하여 그것을 구비하여 행사했다.

3) 다시 동년 4월 초순경 김○복으로부터 씨명불상의 무적의 여자의 취적 신고를 의뢰받아 행사의 목적으로 경성부내의 허무인 이정희의 명의로 그녀가 경성부 산수정에 거주하고 동서에 호적이 있어야 하는데 이름이 빠져 있다는 이유로 취적하고 싶다는 내용의 취적신고서를 작성

했다. 당시 경성부 산수정 거주 최흥봉 및 경성부 원정 4정목 거주 박창순 양 명의 서명을 함부로 사용하고 동인 등이 그것을 보증한다는 내용의 보증서(동호의 11 제출서)를 작성하여 다른 사건으로 그들이 맡긴 인장을 부정하게 사용하고 각각의 이름 아래 그것을 압찰하여 위조를 완성했다. 4월 5일 그것을 경성부 용산출장소에 제출 행사하여 동 소 계원 문경선에 게 허위의 내용을 신고하고 앞에서 제시한 것과 같은 형식의 호적 원적에 그 내용을 부실기록을 하게 하여 즉시 그것을 동 소에 구비하여 행사했다.

4) 다시 1923년 4월 하순경 신성조로부터 모 주점에 있는 무적의 씨명 불상의 여자의 취적을 의뢰받아 행사할 목적으로 경성부내 허무인 유금선의 명의로 그 녀가 경성부 원정 4정목에 출생 거주하여 동 소에 호적이 있어야 하는데 이름이 빠졌으므로 취적하고 싶다는 내용으로 허위의 취적 신고서를 작성했다. 이에 당시 경성부 산수정 거주의 최오순 및 경성부 이촌동 김종삼 양명의 서명을 함부로 사용하고 그들 명의의 위 신고에 관한 보증서(동호의 10 이유서)를 작성 첨부하여 그들로부터 다른 사건으로 맡아 둔 인장을 부정하게 사용하여 그들 명의 아래 그것을 압찰하여 위조를 완성했다. 이를 4월 25일 경성부 용산출장소에 제출 행사하고 동소 계원 문경선에게 그 허위 내용의 신고를 하고 동인으로 앞에서 제시한 같은 양식의 호적원부에 그 부실한 내용을 기재하고 즉시 그것을 동 소에 구비하여 사용했다.

5) 계속해서 1923년 5월 중순경 정모로부터 그가 창기가업에 종사할 만한 씨명 불상의 적이 없는 여자의 취적 수속의 의뢰를 받고 5월 15일경 경성부내에서 행사의 목적으로 허무인 장대복 명의로 동녀가 경성부 산수정에 출생하고 거주하여 동 소에 호적이 있어야 하는데 이름이 빠져 있음으로 취적하고 싶다는 내용의 허위취적 신고서를 작성했다. 여

기에 당시 경성부 산수정 거주의 김주현 및 경성부 원정 4정목 거주 박연천의 서명을 함부로 사용하여 그들 명의의 위의 신고에 관해 보증서(동호의 12 이유서)를 작성하고 첨부하여 그들이 맡겨두었던 그들의 인장을 부정하게 사용하여 위의 각 이름하에 압찰하고 그 위조를 완성했다. 즉시 이를 경성부 용산출장소에 제출 행사하여 동 소 계원 문경선에게 그 허위 내용을 신고하게 하여 앞에서 제시한 것과 같은 양식의 호적 원부에 그 부실한 내용을 기재하여 즉시 그것을 동 소에서 갖추어 사용하였다.

둘째, 피고 차○일은 성치명이란 자가 1925년 10월경 경성부 수은동 모 음식점에 고용되어 있는 김○선을 다른 곳에 창기로 몸을 팔아 이익을 얻을 것을 도모하고 이를 위해서는 호적등본을 요구하지만 그녀가 호적이 불명하여 피고 박○용에게 도모한 결과 위의 피고 양 명 및 성씨명은 경성부 적선동에 정예순이라는 단신녀 호주의 호적이 존재함으로 문서를 위조 행사하여 그것을 피고 차○일의 주소에 이전시켜 해당 호적등본으로 동녀를 정예순이라고 사칭하고 다른 사람을 속여 돈을 편취할 것을 공모했다. 범의를 계속하던 중 1925년 10월 13일 경성부 내에서 피고 박○용이 멋대로 정예순의 명의를 사용하고 그의 위 호적을 당시 피고 차○일의 주소로부터 경성부 황금정 5정목으로 전적한 내용의 전적계서 1통(1926년 압 제1204호의 16)을 작성하고 정예순 명의하에는 미리 준비해 놓은 동녀 명의의 인장을 압찰하여 위조했다. 같은 날 이를 경성부에 제출 행사하고 해당 담당자에게 위의 허위의 신고를 하여 그 호적 원부에 부실한 내용의 기재를 하고 즉시 그것을 동 소에 갖추어서 행사하고 역시 위의 위조 도장을 사용하여 10월 23일 정예순 명의의 호적등본 하부원을 작성 위조하고 즉일 동 청에 제출 행사하여 호적등본을 받았다. 10월 말경 성씨 명 및 피고 차○일은 경성부 황금정 5정목 유창선측에 동부 초음정 황문수에게 위 호적등본을 보이고 위 김○선을 정예순으로, 피고 차○일의 조카로 사칭하고 그를 속여 인신매매하고 돈 220원을 즉시 그로부터 수령 편취했다.

셋째, 피고 김○복은 경성부 당주동 공영호가 데리고 있던 박○용이라는 여자를 인신매매한다는 명의하에 타인을 속여 돈을 편취할 것을 도모했다. 1926년 3월경 피고 박○용에게 의뢰하여 고양군 한지면 두모리 단신호주 이선재의 호적등본을 얻어 경성부 태평통 2정목 북창여관에서 당시 타이완에서 창기 고용을 위해 와 있던 조선인 여 모에게 교부하고 위 박○용을 이선재라고 사칭하여 여 모를 속이고 그녀를 인신매매한다는 명의하에 즉시 그로부터 돈 245원을 수령 편취한 사실이 있다.

넷째, 피고 김○배는 김○개와 공모하고 충청남도 논산군 채운면 우달동의 내연의 처 김동○수를 김○개라는 자의 여동생 김○이라고 사칭하고 이를 속여 돈을 편취할 것을 기도했다. 1926년 6월 하순경 경성부 내 용산 김○배 수양모 측인 경성부 서사헌정 대좌부업자 박윤식에게 김○개가 미리 하부 받아 두고 있던 여동생 김○이의 호적등본을 동인에게 교부하고 또 김동○수를 김○개의 여동생 ○이라고 속이고 그녀를 매매한다는 명의하에 즉시 사람으로부터 돈 320원을 수령 편취했다. 다음으로 박윤식이 위 김동○수가 병이 들어 팔 방법을 찾고 있어 피고 김○배 및 김○개는 다시 위의 범의를 계속하던 중 1926년 9월 초순 경성부내 김○배 측에서 경성부 병목정 대좌부업자 홍덕표에게 위 김동○수를 김○개의 여동생 김○이라고 속이고 팔려는 명의하에 홍덕표로부터 즉시 돈 370원을 수령 편취한 일이 있다.

다섯째, 피고 문○곤이 1926년 7월 초순경 경상남도 거창군 웅양면 죽림리 정재문의 박○임이 일본(內地)에 거주하고 있는 남편을 방문하려 외출하려고 할 때 도중에 김천군 대덕면 관기리 거주 이○임에게 돈을 빌려 그것을 받으려고 김천역에 내리는 것을 보고 동녀를 유괴하여 매각하여 이익을 얻을 것을 기도했다. 동녀에게 이○임을 만난다고 속여 그녀를 위 관기리 거주의 피고의 누나 문성녀 측에 데리고 가서 다시 부산에 동행해야 한다고 속이고 동월 중순경 경성부 앵정정 2정목 김원근 측에 꾀어 데려와서 유괴를 달성했다.

여섯째, 피고 문○곤은 외 2명과 공모하고 위 유괴해온 박○임을 김○개의 여동생 ○이라고 사칭하고 타인을 속여 돈을 편취할 것을 기도했다. 피고 박○용에게 의뢰하여 김○이의 호적등본 및 김○개의 인감증명을 얻어 전기 김원근 측에서 1926년 7월 중순경 경성부 서사헌정 대좌부업자 주정자, 대리인 주사업에게 교부하고 동녀를 김○개의 여동생 김○이라고 속여 김○이 매매의 명의하에 즉시 동인으로부터 금 320원을 수령 편취한 일이 있다.

일곱째, 피고 박○용은 김○개로부터 개인의 호적등본 하부신청 의뢰를 받고 당시 비용을 함께 부담지기 위해 1926년 7월 15일경 당시 경성부 용산 출장소 소사 허○를 설득하고 그 행사의 목적으로 위 호적등본을 위조하도록 공모했다. 피고 박○용은 여기에 기재해야 할 사항 일절을 써서 그것을 피고 허○에게 넘겨 피고 허○는 같은 날 경성부 출장소 내에서 경성부윤 우마노 세이이치(馬野精一)의 기명 및 인식을 기재한 호적등본용지를 부정하게 사용하고 그것에 위 박○용이 써둔 문서의 기재사항을 기입하여 각기의 요청 부분에 동 출장소에서 갖춘 경성부윤의 직인을 몰래 찍고 경성부윤 명의로 인증한 호적등본(1926년 압 제1268호의 3) 1통을 작성 위조하여 피고 박○용에게 교부하고 피고는 그것을 김○개에게 교부하여 행사하였다.

여덟째, 피고 김○배, 피고 박○숙 및 피고 허○ 3명은 행사의 목적으로 피고 김○배가 고용한 박족유라는 호적 불명의 여자를 다른 곳에 창기로 팔기 위해 필요한 호적등본 및 인감증명서를 위조할 것을 공모하고 범의계속 중 1926년 8월 23일 전게와 마찬가지 수단을 사용하여 경성부윤의 기명직인을 부정하게 사용하고 경성부 용산출장소에서 경성부윤 명의로 박연항의 인감증명서 및 호적등본 1통(1926년 압 제1268호의 8, 9)을 작성 위조하였다.

아홉 번째, 1) 피고 장○선은 이○태라는 자로부터 이○심을 창기로 다른 곳에 매각할 방법을 상담 받았다. 이를 위해 필요한 호적등본이 없었기 때문에 미리 알고 있던 피고 박○숙에게 위 이○심의 호적등본의 위조방책을 의뢰 교사했다. 피고 박○숙은 그 결과 당시 경성부 용산출장소 소사였던 피고 허○를 설득하고 이에 동 피고 양 명은 행사의 목적으로 위 이○심의 호적등본을 위조할 것을 공모 결의했다. 피고 박○숙은 이○심의 호적등본에 기재할 일절의 사항을 써 두고 경성부윤 우마노 세이이치(馬野精一)의 기명 및 원본과 다르지 않다는 내용의 위조기재가 있는 호적등본 용지를 부정하게 사용하여 위 피고 박○숙이 써 준 필요한 사항을 이에 기입하고 동 기관이 구비한 경성부윤의 직인을 도용하여 경성부윤 명의의 인증이 있는 이○심의 호적등본(1926년 압 제1258호의 3)의 위조를 완성하여 박○숙에게 교부하고 동 피고는 그를 피고 장○선에게 교부했다.

2) 피고 장○선 및 이○태는 위 피고 박○숙 등이 위조한 이○심의 호적등본을 행사하여 다른 곳을 속여 돈을 편취할 것을 공모했다. 1926년 7월 말경 피고 장○선집에서 인천부 부도정 대좌부업자 이창호에게 이○심을 보이고 또 위조한 동녀의 호적등본을 교부행사하였다. 이○심을 이와 같은 단신호주로서 피고 장○선의 이종 사촌의 딸로서 몸을 파는 자라고 속이고 그녀의 몸 팔이의 명의하에 즉시 동인으로부터 230원을

수령 편취했다.

3) 피고 장○선 및 이○태는 위 이○심을 이창호에게 팔았지만 이창호가 그녀를 ㅁ소사의 나쁜 버릇이 있다고 전기 위조의 호적등본과 함께 돌려보냈기 때문에 다시 해당 위조 호적등본을 행사하고 타인을 속여 돈을 편취하기 위해 평양부 육로리 박양순의 집에 가서 동인 및 류정서, 한영두 등의 중개에 따라 해당 위조등본을 평양부 칠성문 외 대좌부업자 조성학에게 교부 행사했다. 이○심을 해당 호적과 같은 자로 속여서 금 250원으로 몸을 파는 계약을 하고 계약금 명의하에 즉시 돈 200원을 수령 편취했다.

4) 피고 장○선은 맹○분이라는 여자를 고용하고 그를 다른 곳에 팔려고 하였다. 그러나 그녀의 호적이 분명하지 않아서 피고 박○숙에게 물어본 결과 위 피고 두 명은 경성부 원정 3정목 정복임의 단신 여 호주의 호적이 있음으로 정복임의 호적등본을 입수하고 맹○분을 정복임으로 작칭(作稱)하고 위 호적등본을 첨부하여 타인을 속여 돈을 편취할 것을 기도했다. 1926년 8월 20일 피고 박○숙은 경성부 용산출장소에 출부하여 위 정복임의 호적등본의 하부를 받고 피고 장○선은 위 등본을 소지하고 맹○분을 동반하여 동년 9월 상순 평양부 육로리 박양순 집에 가서 박양순 및 유정서라는 자를 개입시켜 동월 15일경 동 칠성문 외 거주 대좌부업자 김성기에게 위 호적등본을 교부하고 맹○분을 위 호적등본과 같이 정복임으로 작칭하고 김성기를 속여 맹○분을 금 200원에 몸을 팔기로 계약을 했는데 곧 사실이 발각되어 돈 편취의 목적을 이루지 못하였다.

5) 피고 장○선은 경성부 마포동 박종정 집의 고용녀인 최○여를 매수하여 다른 곳에 창기로 전매하고 이익을 얻으려고 했다. 최○여의 호적이 불명하여 1926년 8월 하순경 피고 박○숙에게 사정을 알아보아 동

녀의 호적등본 및 인감증명의 위조 작성 방법을 의뢰 교사했다. 그 결과 동 피고는 다시 피고 허○와 함께 동 등본 및 임감증명을 위조할 것을 동모 결의했다. 1926년 8월 30일 행사의 목적으로 그 즈음 전기 이○심의 호적등본 위조와 같은 방법으로 경성부윤이 인증하는 호적 최○익의 장녀 최○여의 호적등본 및 동 부윤이 증명하는 최○익의 인감증명서 각 1통(1926년 압제1258호의 1,2)을 작성 위조하고 그것을 피고 장○선에게 교부하였다.

6) 피고 장○선은 위 위조등본 및 인감증명을 가지고 위 최○여를 데리고 1926년 9월 상순 평양부 내 앞의 박양순 집에 가서 박양순 및 유정서를 개입하도록 하여 1926년 9월 12일경 동부 내의 김승모란 자에게 위 위조등본 및 인감증명서를 일괄 사용 행사하고 앞에서와 마찬가지로 김승모를 속여 최○여의 몸을 판다는 명의하에 즉시 동인으로부터 금 280원을 수령 편취하였다.

7) 피고 장○선은 전기 이○심을 조성학이 다시 그녀가 의심을 살만한 나쁜 버릇이 있다면서 앞에서 위조한 이○심의 호적등본과 함께 돌려보냈으므로 평양부내에서 1926년 9월 16일 앞의 박양순, 유정서, 한영두 등을 개입시켜 진남포부 비석리 거주 대좌부업자 김덕순의 대리인인 그의 어머니에게 위 위조호적 등본을 교부 행사했다. 또한 이○심은 피고의 친척으로 호적과 같이 틀림없는 자이므로 후일 사정이 있으면 자기가 인수하겠다고 김덕순 어머니를 속이고 이○심을 창기로 금 280원에 몸을 파는 계약을 하고 계약금 명의로 즉시 금 120원을 수령 편취했다.

열 번째, 피고 박○숙은 다른 날 사용하기 위해 이금순이라는 여자의 단신호주의 호적이 고양군 한지면 신당리에 있는 것을 알고 1925년 1월 6일 경성부 내에서 위 이금순의 명의를 도용했다. 이금순 명의의 위조 도장을 사용하고 이금순이 위 본적에서 경성부 관동으로 전적하는 것과 같이 허칭하여 그 내용의 전적계 1통(1926년 압 제1204호의 15)을 작성 위조하고 즉일 그것을 경성부에 제출 행사하여 담당 계원에게 위와 같이 허위의 신고를 하고 담당 계원으로 하여금 호적 원적에 그 내용을 부실 기재하게 하여 즉시 동 장소에 구비하여 두고 행사하였다.

열한 번째, 피고 황○천은 1926년 9월경 김성녀라는 자와 동녀가 고용하고 있는 이○선이라는 자를 다른 곳에 창기로 팔려고 하였다. 그러나 창기로 하기에는 호적등본이 필요한 바 그녀의 호적이 불분명하므로 피고 박○숙에게 호적등본 작성 방법을 상담했다. 그 후 피고 박○숙은 미리 전적해 두고 있었던 전기 이금순인 여자의 단신호주가 있는 것을 알려주어 피고 황○천은 조속히 박○숙에게 호적등본의 입수방법을 의뢰하여 입수하고 위 김성녀와 공모하여 이○선을 위 이금선이라고 작칭했다. 다른 곳에 속이고 돈을 편취할 것을 기도하고 9월 중 경성부 ㅁ남동 김성녀 집에서 동부 신정 대좌부업자 마츠시마(松島) 모에게 이○순을 이금순이라고 작칭하고 이금순 명의로 호적등본을 교부행사하고 마츠시마를 속여 이○순의 몸을 파는 명의하에 같은 달 중 마츠시마로부터 금 220엔을 수령 편취했다.

열두 번째, 피고 박○숙은 안문홍이라는 자로부터 1926년 9월 초순 경성부 내림정 주사범집에 있는 김○동이라고 칭하는 26세의 여자를 다른 곳에 창기로 팔려고 하였다. 그러나 김○동이 호적이 없는 자여서 그녀와 비슷한 나이의 여자라면 그 호적등본 입수방법의 알선을 의뢰받고 미리 경성부 원정 3정목에 여 단신 호주 김정순의 호적이 있는 것을 알고 있어서 등본을 작성할만한 것을 인수했다. 그 당시 부내 염원동 김봉규로부터 둘째딸 ○난을 창기로 시키고자 하였으나 그녀가 1910년(메이지43년) 7월 15일생으로 연령이 부족하여 그 정정 의뢰를 받고 또 작년 김○복으로부터 박○순이라는 자의 호적 전적 및 그 등본 하부 방법을 의뢰받아 전적 수속을 하려고 해도 비용이 없어서 1926년 9월 10일 피고 허○에게 호적등본의 위조방법을 상담했다. 허○가 상담을 승낙하여 피고 양 명은 공모하고 9월 10일 경성부 용산출장소에서 행사의 목적으로 범의를 계속하며 경성부윤 우마노(馬野精一)의 기명 및 사본과 다름없다는 인증기재가 있는 호적등본 용지를 부정으로 사용하고 그 둘째딸 ○난의 등본(1926년 압 증 1204호의 2), 여자 단신호주 김정순의 호적등본(동속의 1) 각 1통을 작성하여 두고 경성부윤의 기명하에 동 출장소가 구비한 부윤의 직인을 각 날인하고 순차로 위 3통의 호적등본의 위조를 완성하였다.

피고 장○선의 공문서 위조 그 행사 및 사기 피고 박○숙의 일곱째, 여덟째, 아홉째의 1), 5), 열두 번째의 공문서 위조 및 아홉째의 4), 사기미수 열한 번째의 사기 피고 허○의 일곱째, 여덟째, 아홉째의 1), 5) 열두 번째의 공문서 위조는 나란히 계속의 범의를 보인 것이다.

증거에 비추어 피고 박○숙의 판시 첫째의 사실은 동 피고가 당 법정에서 그 내용을 자인함에, 판시 첫째의 1), 2), 3), 4), 5)의 위조문서의 내용에 순차로 부합하는 내용의 1926년 압 제1204호의 8, 7, 11, 10, 12의 내용의 종합하여 그것을 인정한다.

피고 박○숙, 피고 차○일의 판시한 둘째의 사실은, 피고 차○일이 당 법정에서 범죄사실을 전혀 부인했지만 피고 박○숙이 당 법정에서 자신은 경성부 적선동에 정예순이라는 단신 여 호주의 호적이 있다는 것을 알고서 차○순, 성○명과 문서를 위조 행사하여 동녀를 피고 차○일의 주소에 이전시켜 해당 호적등본으로 음식점에서 일하고 있는 모 여자를 정예순라고 속이고 다른 곳에 팔아 돈을 편취할 것을 공모하고 판시일, 판시한 정예순 명의의 호적을 위조하여 그것을 판시와 같이 행사하고 호적 원적에 부실 기재를 하였다. 또한 정예순 명의의 호적등본을 하부

받아 위조하여 판시와 같이 행사한 위에 동인의 호적등본의 하부를 받아 그것을 차○일에게 교부한 후 차○일로부터 해당 여자를 자신의 조카로 속이고 220원에 팔았다는 내용의 자백이 있다.

피고 박○숙의 제3회 예심조서 중 차○일은 자신이 건넨 호적등본을 첨부하고 김○일을 정예순으로 사칭하고 황문수에게 220원에 매각하고 자신은 그 돈 중에서 15원의 분배를 받았다는 내용의 공술 기재가 있다.

증인 황문수의 예심조서 중 자신은 1925년 10월 중 정예순이라는 자를 몸값 220원으로 고용했는데 그 계약을 할 때에는 차○일, 정예순, 성○명 등이 입회하고 차○일은 그 여자를 자신의 고향 조카라고 말하고 호적등본을 보여주어 그것을 믿고 고용했다는 내용의 공술 기재에 판시한 위조의 전적계의 내용에 부합하는 1926년 압 제1204호의 16의 현재를 종합하여 그것을 인정할 수 있다.

피고 김○복의 판시한 둘째의 사실은 피고는 당 공정에서 위의 범죄사실을 부인했지만 동 피고에 대한 제2회 예심조서 중 판시에 부합하는 공술 기재에 따라 그것을 인정한다.

피고 김○배의 판시한 넷째 사실은 동 피고는 당 공정에서 위의 범죄사실을 부인했지만 피고 김○개에 대한 예심조서 중 김○배는 나에게 김동○수를 너의 동생 ○이로서 팔고 그 호적등본을 빌려주어 너는 ○이의 형으로서 앞과 대조하여 달라고 말하여 나는 하부를 받아 두고 1926년 압 제1268호의 12의 ○이의 호적등본을 김○배에게 교부한 바 1926년 6월 23일 동인의 수양모의 집에서 ○이를 박원식에게 대면시켜 몸을 팔 것을 상담하고 박윤식에게 몸값 320원을 수령했다. 그 후 박원식이 ○이를 돌려보낸다고 해서 동년 9월 초순 홍덕표에게 호적등본을 첨부하여 ○이를 370원으로 매각했다는 내용의 공술 기재가 있다.

증인 박원식에 대한 예심조서 중 1926년 6월 23일경 김○이를 전차금

320원으로 창기로 고용했다. 계약할 때는 김○배, 김○개 및 그 여자도 있었다. 그 여자는 김○이 18세로서 김○개의 동생이라고 하고 김○배 편으로 동인은 전차금 ○개의 동생과 틀림없다고 하여 그것을 믿고 김○개에게 ○이의 호적등본을 받고 계약을 했다. 몸값 320원을 김○개 및 ○이에게 건네주고 여자를 고용하였던 바 여자는 병이 들어 있었기 때문에 김○개에게 돌려보냈다는 내용의 공술 기재가 있다.

증인 홍덕표에 대한 예심조서 중 1926년 9월 초순경 김○배라는 자가 함께 김○개의 동생 김○이 18세가 되는 여자가 있는데 고용하라고 했다. 9월 6일 여자의 형이라고 칭하는 김○개, 김○배 및 본인의 입회하에 전차금 370원으로 고용하는 계약을 했다. 그때 김○개가 여자는 나의 동생이 틀림없다고 하여 즉시 몸값 370원을 건넸다. 그 후 김○개에게 여자의 호적등본을 받았다는 내용의 공술 기재가 있다. 판시한 호적등본에 부합하는 1926년 압 제1268호의 12의 현재를 종합하여 그것을 인정한다.

피고 문○곤의 판시 다섯 번째 및 여섯 번째 사실은 동 피고는 당 법정에서 위의 범죄사실을 부인했지만 증인 박○임에 대한 예심조서 중 1926년 음 6월 6일 나는 일본에 있는 남편 정○문을 방문하기 위해 가려고 했는데 그 길 도중에 대적면 관기리 이○임에게 빌릴 돈이 있어서 그것을 받기 위해 들렀는 바 문○곤과 마주쳐서 그가 사정을 듣고 문○곤이 이○임을 만나러 간다고 하고 나를 집에 데려갔다. 그러나 이○임에게 가지 않고 문○곤은 그 사이에 만났다고 하며 자기 누나의 집에 데려가서 며칠 있으면 이○임과 만나게 해주겠다고 했다. 나는 부산에 간다고 했지만 문○곤은 나를 부산에 끌고 가려고 기차에 태우고 남대문에서 차에 태움으로 문○곤은 나를 집에 데려가서 그곳에 4일간 두고 김○개, 이○태 등이 와서 문○곤과 상담하였다. 4일째 날에 사람이 와서 나에게 창기가 되지 않겠는가 하고 말하고 220원을 문○곤, 이○태에게 건네고 그들은 나를 서사헌정의 대좌부 영업을 하는 집에 데리고 갔다는 내용의 공술 기재가 있다.

피고 김○개에 대한 예심조서 중 1926년 7월 중순경 이○태, 문○곤 두 사람이 김원근에게 박○임이라는 여자를 나의 동생 ○이라고 사칭하고 박○임에게 받은 호적등본(1926년 압 제1268호의 3)을 첨부하여 주정자의 대리인 주사범이라는 자에게 위의 여자를 전차금 320원으로 팔아 넘기고 그 여자는 문○곤이 만나서 유인해 왔다는 내용의 공술 기재가 있다.

판시한 호적등본에 일치하는 1926년 압 제1268호의 3의 현재를 종합하여 그것을 인정한다.

피고 박○숙 및 피고 허○의 판시한 일곱 번째의 사실은 피고 박○숙 및 허○이 당 공정에서 위와 동일한 내용 자백에, 판시한 위조의 김○개의 호적등본의 내용에 일치하는 1926년 압 제1268호의 2의 증거를 종합하여 그것을 인정할 수 있다.

피고 김○배, 피고 박○숙, 피고 허○의 판시한 여덟 번째 사실은 피고 김○배가 당 법정에서 위 범죄사실을 부인하고 피고 허○는 당 법정에서 김○배와 공모했다는 점을 제외하고는 기타 범죄사실을 인정했다.

피고 박○숙은 당 법정에서 위 범죄사실을 전부 인정함으로써 인정에 해당한다.

판시한 위조의 박연향의 호적등본 및 인감증명의 내용에 일치하는 1926년 압 제1268호의 89의 현재를 종합할 때 위 사실을 인정할 수 있다.

피고 장○선, 피고 박○숙, 피고 허○의 판시한 아홉 번째의 1)은 피고 장○선은 당 법정에서 위 사실을 부인했지만 피고 박○숙, 피고 허○가 당 법정에서 각기 내용의 자인함에 판시한 위조에 관한 이○심의 호적등본의 내용에 일치하는 1926년 압 제1258호의 3의 현재를 종합하여 그것을 인정할 수 있다.

피고 장○선의 판시한 아홉 번째의 2)3)의 사실은 동 피고가 당 법정에서 이○심의 호적등본이 위조한 것을 알지 못했다는 내용으로 변호하고 그 외 사실은 그것을 인정하여 자인했다.

피고 박○숙이 당 법정에서 피고 장○선에게 의뢰하여 판시한 이○심의 호적등본을 위조하고 그것을 피고 장○선에게 교부했다는 내용의 공술 및 사법경찰관 사무취급의 증인 이창호의 심문조서 중 판시한 아홉 번째의 2에 조응하는 사기□서 원본 및 공술 기재를 종합하여 그것을 인정한다.

피고 장○선, 동 허○의 판시한 아홉 번째의 4)의 사실은, 피고 박○숙이 당 법정에서 위 범죄사실 중 후단 사기의 점을 제외하고 기타 사실을 자인했다. 피고 장○선이 당 법정에서 공술한 위 4)의 사실과 동일한 내용을 종합하여 인정한다.

피고 장○선, 피고 박○숙의 판시한 아홉 번째의 5) 및 피고 장○선의 아홉 번째의 6)의 사실은, 피고 장○선이 당 법정에서 위 5)의 사실을 부인하고 6)의 사실 중 판시한 최○여의 호적등본 및 최○익의 인감증명이 위조된 것을 알지 못했다는 내용의 변호를 한 외에는 기타 사실을 자인함으로써 자인했다. 피고 박○숙이 당 법정에서 위 5)에 대응하는 자백 및 판시 위조한 최○여의 호적등본 및 최○익의 인감증명의 내용에 일치하는 1926년 압 제1258호 12의 각 현재를 종합하여 인정한다.

피고 박○숙의 판시 열 번째의 사실은 피고가 당 법정에서 그 내용을 자인함에 판시 위조한 전적계에 일치하는 1926년 압 제1204호의 15의 현재를 종합하여 인정한다.

피고 박○숙, 피고 황○천의 판시한 열한 번째의 사실은 피고 황○천이 당 법정에서 위 사실을 부인했지만 피고 박○숙이 당 법정에서 그 내용을 자인함에 따라 그것을 인정한다.

피고 박○숙, 피고 허○의 판시 열두 번째의 사실은 동 피고 두 명이 당 법정에서 각기 내용의 자인했으므로 판시 위조한 ○난, 김○숙, 박○순의 각 호적등본의 내용에 합치하는 1926년 압 제1204호의 1, 2, 3의 각 현재를 종합하여 인정하기에 충분하다.

피고 박○숙, 피고 차○일, 피고 김○배, 피고 장○선, 피고 허○의 각 판시한 범의 계속의 점은 짧은 기간에 동일한 종료의 행위를 반복 누행한 흔적에 비추어 인정한다.

이상을 종합하여 판시한 범행은 그것을 충분히 증명할 수 있다.

법률에 비추어 피고 박○숙의 첫째 사문서위조의 점은 형법 제159조 제1항, 제55조에, 그 행사의 점은 동법 제161조 제1항, 제59조 제1항, 제55조에, 호적 원부 부실 기재를 행한 점은 동법 제157조 제1항, 제55조에, 그것을 교부받아 행사한 점은 동법 제158조 제1항, 제157조 제1항, 제55조에, 각 해당하는 바 이상은 순차 수단의 결과에 관계함으로써 동법 제54조 제1항 후단 제10조에 따라 가장 무거운 위조사문서 행사죄의 형으로 정한다.

피고 차○일, 피고 박○숙의 두 번째 사문서 위조의 점은 형법 제159호 제1항에, 제55조에 그 행사의 점은 동법 제161조 제1항, 제159조 제1항, 제55조에, 호적 원부에 부실기재를 행한 점은 동법 제159조 제1항에 그것을 교부받아 행사한 점은 동법 제158조 제1항, 제157조 제1항에, 사기의 점은 동법 제246조 제1항에 해당하는 바, 이상은 순차 수간의 결과에 관계함으로써 동법 제54조 제1항 후단 제10조에 따라 가장 무거운 사기의 형에 따르고 이어 피고 차○일의 대해서는 그 소정형기의 범위 내에서 주문과 같이 양을 정하여 처단한다.

피고 김○태의 두 번째 사기의 점은 형법 제246조 제1항에 해당함으로 그 소정형기 범위 내에서 주문과 같이 양을 정하여 처단한다.

피고 김○배의 네 번째 사기의 점은 형법 제248조 제1항, 제55조 제8, 공문서 위조의 점은 제195조 제1항에 각각 해당하는 바 이상 병합죄에 해당함으로 동법 제47조에 따라 정하고 공문서위조죄의 형에 처해 소정의 가중을 하여 형기 범위 내에서 주문과 같이 형을 가중하여 처단한다.

피고 문○곤의 다섯 번째 영리 유괴의 점은 형법 제225조에, 여섯째 사기의 점은 동법 제248조 제1항에 각각 해당하는 바 이상 병합죄에 해당함으로 동법 제47조 제10조에 따라 정하고 영리 유괴죄의 형에 처해 소정의 가중을 하여 형기범위 내에서 처단한다.

피고 박○숙, 피고 허○의 일곱 번째, 여덟 번째 공문서 위조의 점은 형법 제155조 제1항에, 피고 박○숙의 일곱 번째 위조공문서 행사의 점은 동법 제158조 제1항, 제155조 제1항에, 피고 장○선, 피고 박○숙, 피고 허○의 아홉 번째 1), 5)의 공문서 위조의 점은 모두 형법 제155조 제1항에, 피고 장○선의 아홉 번째 2), 3), 6), 7)의 위조 공문서의 행사는 각 동법 제155조 제1항, 제158조 제1항에 그 사기는 각 동법 제246조 제1항에 피고 박○숙, 피고 장○선의 아홉 번째 4) 사기미수의 점은 동법 제248조 제1항, 제250조에 각 해당하는 바, 피고 장○선의 이상 공문서 위조 그 행사 및 사기는 각 연속범에 해당하고 아홉 번째 6)의 위조공문서의 행사는 일 행위ㅁ죄명에 따라 일치하고 또 공문서의 위조, 함께 행사 사기와의 사이에는 순차 수단 결과의 관계로 동법 제54조 제1항 제10조 제1에 따라 가장 무거운 위조공문서행사죄의 형에 따라 그 소정의 형기범위 내에서 주문과 같이 형량을 정해 처단한다.

피고 박○숙의 열 번째 사문서 위조의 점은 형법 제159조 제1항에, 그 행사의 점은 동법 제181조 제1항, 제159조 제1항에, 호적 원부에 부실 기재를 한 점은 동법 제157조 제1항에 해당하고 행사한 점은 동법 제158조 제1항 제157조 제1항에 각 해당한다. 이상은 순차 수단 결과에 관계함으로 동법 제54조 제1항 후단 제10조에 따라 가장 무거운 위조사문서 행사의 형에 따른다.

피고 박○숙, 피고 황○천의 열한 번째 사기는 형법 제248조 제1항에 해당함으로 피고 황○천에 대해서는 그 소정 형기범위 내에서 주문과 같이 양을 정해 처단한다.

피고 박○숙, 피고 허○의 열 두 번째 공문서 위조는 각 형법 제155조 제1항에 해당하여 처단한다.

피고 박○숙의 판시 여덟 번째, 아홉 번째의 1), 5), 열두 번째의 공문서의 위조 및 아홉째의 4) 사기미수, 열한 번째의 사기는 각각 모두 연속범에 해당하고 피고 박○숙의 공문서 위조와 그 행사는 모두 수단 결과에 관계함으로 동법 제54조 제1항, 제55조, 제10조에 따라 가장 무거운 위조 공문서 행사죄의 형에 처하고 소정의 가중을 하여 형기범위 내에서 주문의 형으로 양을 정하여 처단한다.

피고 허○의 일곱 번째, 여덟 번째, 아홉 번째의 1), 5), 열두 번째의 공문서 위조는 연속범에 해당함으로 형법 제55조를 적용하고 그 소정형기범위 내에서 주문의 형의 양을 정하여 처단한다. 이상 각 피고에 대해 형법 제21조에 따라 미결구류일수 중 90일을 각각 본 형에 산입한다.

또한 특기한 위조 또는 도장은 모두 범죄행위로부터 생긴 물건이므로 또한 범인 이외의 자에 속하지 않음으로 형법 제19조에 따라 동 위조 또는 도장 중 피고 박○숙에 대하여는 1926년 압 제1204호의 6, 7, 11, 10, 12 및 15의 위조부분을, 피고 차○일, 피고 박○숙에 대해서는 동호의 16의 위조 부분을, 피고 박○숙, 피고 허○에 대해서는 동 호의 1, 2, 3 및 1926년 압 제1268호의 3을, 피고 김○배, 피고 박○숙, 피고 허○에 대해서는 1926년 압 제1288호의 8, 9를, 피고 장○선, 피고 박○숙, 피고 허○에 대해서는 1926년 압 제1258호의 1, 2, 3을 모두 압수한다.

소송비용 중 증인 김덕순, 동 한수두에 지급할 부분은 형사소송법 제237조에 따라 피고 장○선에, 증인 김창근, 증인 유정서에 지급할 부분은 동법 제228조에 따라 피고 장○선, 피고 박○숙이 연대 부담하도록 한다.

피고 최○옥에 대해서 동 피고는 □□□인 자로 공모하고 부녀를 유괴해서 이익을 얻을 것을 기대하고 1926년 5월경 충청남도 방면에 김○희라는 여자에게 경성에서 고무회사 여공으로 돈을 벌 수 있다고 속이고 경성에 유인하여 그 여자를 창기로서 팔아 이익을 취하려고 했지만 그 여자가 응하지 않았기 때문에 그 목적을 이루지 못했다. 다시 범의를 계속하던 중 5월 중 충청남도 논산군 채운면 화정리 우달동의 내연의 처 김동○수(당 17세)에게 김○배의 처로 경성에서 동거할 수 있다고 하고 동 장소에서 그 여자를 경성부 내로 데려옴으로써 유괴를 이루었다는 공소사실과, 피고 정○선에 대해서 피고가 경성부 대□동 거주의 ○용삼과 공모하고 영리의 목적으로 1926년 7월 10일경 전라남도 무안군 장전면 김병선 집에 고용되어 있는 전라남도 해남군 화원면 이○심에 대해서 이○심은 당년 19세의 미성년으로 동녀를 주인 김병선에게 사서 경성에서 함께 술집(酒屋) 영업을 하고 있던 자에게 동년 7월 16일경 그 여자를 경성부내에 유치하여 그 유괴를 달성하고 7월 말경 그 여자를 이○태라는 자에게 140원에 팔아넘긴 일이 있다는 공소사실은 모두 그것을 인정할만한 증명이 없음으로 형사소송법 제362조에 따라 무죄를 언도한다.

이에 주문과 같이 판결한다. 본 판결은 1927년(쇼와 2년) 5월 5일 경성지방법원 형사부에서 재판장 조선총독부 판사 미타(三田村富彌), 조선총독부 판사 와키데츠(脇鐵一), 조선총독부 판사 나카지마(中嶋仁)의 주관하에 이루어졌다.

이에 앞서 1926년 12월 28일 해당 사건에 대한 예심이 결정되었다. 이 날 본 사건 관계 피고인으로서 언급된 사람은 모두 13명인데, 이날 예심 결과를 통해 그 혐의가 없어진 사람은 다음의 세 명이다. 본적 및 주거 경성부 청엽정 2정목에 두고 본래 경성부 서기였으나 현재는 휴직 중인 피고 문○선(47세), 본적을 경기도 고양군 연희면에 두고 경기도 고양군 연희면에 거주하는 피고 정○식(36세, 무직), 본적을 경성부 대도정에 두고 경상남도 진주군 도동면에 거주하며 노동에 종사하는 피고 김○승(24세)이다. 예심의 내용은 1심 공판의 내용과 거의 일치 하나 위의 세 명은 증거가 없다는 이유로 면소되었다.

해 제

예심종결결정서에는 13명의 피고인에 대해 14개의 범죄사실을 논하고 있는 것에 반하여 1심 판결문에서는 10명의 피고에 대하여 10개의 범죄사실을 심리하고 각각 선고하고 있다. 이들은 오로지 여성을 인신매매하여 이득을 취할 목적으로 유괴, 문서위조 행사, 사기 등 행위를 저질렀는데, 이들이 이렇게 조직적이고 체계적으로 유괴조직을 꾸리고 인신매매를 실행한 것은 당시 공창제하에 형성된 인신매매 매커니즘의 구조와 관계가 깊다.

부녀유인 9명, 검사국에

종로경찰서에 검거된 10여 명의 부녀유인단은 그동안 엄밀한 취조를 마치고 작 28일에 단장 박재숙(朴齋肅, 52)외 8명이 검사국으로 송치되었는데 그

중에 경성부 호적계 서기 문경선(文敬善, 47)도 섞여 있으며 그들의 독수는 전선적으로 뻗치어 대정 13년 4월경부터 금년 9월까지 양가 여자 수십여 명을 유인하여 경성부 민적에 허위호적을 올려가지고 부내 병목정, 평양 진정 유곽 등을 위시하여 지나인과 연락하여 가지고 멀린 대련(大連), 봉천 등지로 창기로 팔아먹었는데 그중에는 양반집 가정의 처자로 악독한 수단에 걸린 사람도 4,5명이 된다는데 이번에 넘어간 범인의 주소 씨 명은 다음과 같다더라.

▲부내 원정 3정목 23 박재숙(52) ▲연백군 해월면 삼리 장춘선(42) ▲정읍군 정읍면 수석리 신영팔(40) ▲부내 인사동 25 차순일(50) ▲부천군 계양면 장기리 12 황경천(36) ▲개성군 송도면 이천만(28) ▲부내 청엽정 3정목 경성부 서기 문경선(47) ▲부내 서사헌정 38 조인태(45) ▲부내 영정 2 경성부 소사 허호(22) (『매일신보』, 1926.9.29)

전율할 부녀유인단, 종로서에 속속 검거, 평양에서 피해자 데려다가 미인을 증인으로 범인 검거

3일 아침에 평양경찰서 형사 두 명이 남원군 주천면 장안리 출생 박연옥(18)외 한 명의 어여쁜 여자를 데리고 부내에 출장하여 와서 그 여자를 종로서에 맡기고 일변으로 종로서원의 응원을 받아가지고 부내 각 처로 대외활동을 개시하여 청년 두 명을 검거 조사하는 중인데 그 사건의 내용을 들은즉 본지에 이미 보도한 바 박재숙외 10여 명의 부녀유인단 사건의 연루자들인데 그 일파 9명을 9월 28일에 종로서에서 검사국으로 송치한 뒤에도 각처에서 그 사건의 연루자가 속속 검거되며 다라서 피해를 당한 여자도 다수히 발견되는 중인 바 이번 평양에서 데려온 여자 두 명도 그 사건의 피해자이며 검거된 자는 그 유인단의 연루자로 그 무리가 차차 얼마나 더 검거될는지 차차 더욱 확대되는 중이라더라. (『매일신보』, 1926.10.4)

처녀유인한 자들, 전부 유죄로 판결, 일단 10명에게 징역 선고

대정12년 3월 하순부터 14년 10월까지 전후 20여회에 시골에서 천사같이 길리운 남의집 고운 처녀를 꾀어다가 경성부 용산 출장소 급사로 있는 허호(23)와 공모하여 가지고 경성부에 거짓 민적등본을 만들고 인감증명을 위조하여 전후 16명을 신정을 위시하여 시내 각처 색주가로 팔아먹은 범죄사건은 작년에 종로서에 체포되어 이래 경성지방법원 검사국과 예심을 거쳐서 23일 경성지방법원 2호 법정에서 삼전촌(三田村) 재판장의 손을호 공판에 개정하여 밤이 깊도록 심리하였는데 피고의 주소 성명과 입회하였던 元橋의 구형은 아래와 같더라.

▲부내 원정 3정목 220 2년 박재숙(52) ▲부내 황금정 5정목 119 2년 장춘선(42) ▲부내 서사헌정 51 1년 차순일(41) ▲부내 죽첨정 3정목 144 황계천 37) ▲부내 길야정 1정목 129 1년반 김성배(43) ▲경남 진주군 도동면 하대리 同上 김동개(24) ▲김천군 대덕면 관규리 同上 문목곤(26) ▲논산군 성동면 1년 최태옥(43) ▲시내 죽첨정 2정목 176 10개월 김성복(38) ▲목포 대성동 124 10개월 정재선(31) (『매일신보』, 1927.2.25)

부녀를 유인튼 자, 검사가 각각 징역을 구형

농촌이나 혹은 기타 여러 곳의 무지한 부녀자들을 교묘한 수단으로 유인하여 호적위조 혹은 기타의 여러 가지 수단 방법으로 인육시(人肉市)에 팔아먹어 10여 명의 어린 여자들을 불행한 구렁에 떨어뜨린 대규모의 부녀유인단 박재숙 외 9명에 대한 영리 유괴, 사기, 문서위조 행사 사건은 얼마전 경성지방법원에서 공판을 열고 검사 구형까지 있어 일단 결심되었으나 재판소 당국으로부터 그만 것으로는 증거가 불충분하다 하여 공판을 재개하기로하고 이래 신중히 심리하여 오다가 재작 26일 오후에 동법원에서 공판을 재개하고 삼전촌(三田村) 재판장으로부터 사실 심리가 있은 후 입회 검사로부터 ▲박재숙 장춘선 각 징역 2년 ▲김성배 문목곤 각 1년반 ▲허호 차순일 최원옥 정재선 각 1년 ▲황계천 김성복 각 10개월 등의 구형이 있고 판결된 언도는 금월 30일에 하기로 한 후에 폐정하였다더라. (『매일신보』, 1927.4.28)

1927년 5월 최대 2년형을 확정짓고 복역을 했던 박재숙 등은 출옥 후 다시 유괴단을 조직하여 유괴, 사기, 공사문서 위조 등을 이용한 인신매매를 해오다가 1936년 다시 검거되었다. 1927년 검거되기 전에 연계되어 있던 인사소개업자 신성조와 계속 연락했으며, 장춘선 등도 여전히 연루되어 있었다. 이 시기에 인신매매 사건에 대한 형벌이 솜방망이 처벌에 불과했다는 사실과 인신매매를 통한 이익이 상당했음을 엿보게 한다. 여전히 경찰과 검찰의 대응과 조사도 눈에 띄게 사건에 간여되어 있는 사람을 중심으로 처벌하는 데 한정되어 있다. 다음의 신문 기사 내용들은 1936년에 다시 검거된 뒤 드러난 이들의 범행 수법과 공권력의 대응이 10여년과 그다지 달라지지 않았음을 보여준다.

유령인간 명의사용, 신안(新案)의 취적 사기, 의사대서인 등 15명을 검거.
부녀유괴단과도 상통

놀랄만한 신안의 취직 사기단 15명이 부내 종로서에 검거되었다. 그들은 부외 신당리 236번지의 53호에 거주하는 박재숙(62)을 비롯하여 15명으로 조직되었는데 그들은 작년 8월 중순경에 부내 화천정 71번지 조춘성씨의 집에서 기생 노릇을 하는 장소저(19)가 사생아로 되어 민적이 없는 것을 기화로 하여 호적에 올려주겠다 하고 전혀 허무인(虛無人)의 이름을 만들어 그의 명의로 사망계를 하여 경성부청을 교묘히 속여서 호적을 만들어가지고 그 호적에 적당히 자식 혹은 손자 등의 관계를 붙여서 호적 한 장에 대해서 15원 내지 20원가량을 받고 팔아먹었는데 이 피해를 입은 사람은 기생을 비롯하여 민적에 오르지 못한 안잠자기 등 9명이나 되는 바 그들 일당에는 사망진단서를 맡아 해주는 부내 장교정 모처에 의원을 둔 최영진(67, 가명) 등 두 명의 의사와 대서업을 하는 부내 누상동에 거주하는 장민환(58, 가명) 등이 섞이었으며 그들은 별항 신성조를 수법으로 한 부녀유괴단과도 일맥상통하였다 하며 취조도 일단락을 지어 5일 아침에는 송국하기로 되었다. (『조선중앙일보』, 1936.3.5)

피폐농촌에 마수 뻗쳐, 30여 명 유인한 성신사 관계자 25명 송국, 종로서 취조 마치고

부내 장사동 인사소개업 성신사를 중심으로 한 부녀유인단 사건은 부내 종로서에서 월여전부터 검거 취조를 계속 중이든 바 4일 오전 11시 반경 그 관계자 25명 중 10명은 구속 15명은 불구속으로 일건 서류와 함께 경성지방법원으로 송치하였는데 그 피해여자는 이미 판명된 것만 30여 명에 달하는 바 그 조서만 1,340페이지에 이르게 되었다. 그 관계자는

- ▲ 구속= 김동수(42), 빅복순(35, 여), 이종옥(40), 이임수(35), 신성조(48), 권문조(37), 유순오(51), 최영춘(48), 김수갑(49), 권인옥(45)
- ▲ 불구속= 이만기(45), 장의수(46), 홍연구(40), 오영복(35), 추태춘(40), 김광희(30), 임헌행(40), 최헌영(47), 박재숙(53), 김영준 정준익 이화봉(52) 장춘선(52)

등으로 재작년 가을부터 전조선 각지의 한수재와 냉해 등으로 농촌이 피폐한 틈을 타서 마수를 뻗치고 순진한 농촌부녀자 등을 감언이설로 유인하여 민적과 면장 등의 인장까지 교묘히 위조하여 한 사람에게 100원 내지 500원씩에 창기와 작부로 팔아 먹은 것인데 그 피해자 중 경주군 출생의 이두순(20)외 8명은 목하 화광교원에 보호 중이며 대부분은 고향으로 돌려보냈다고 한다. (『매일신보』, 1936.3.5)

농촌부녀 노리든 유괴마 등 수(遂) 기소, 그중 6명만은 기소 중지

부내 장사동 인사소개업 성신사를 중심으로 한 부녀유인단 사건은 부내 종로서에서 월여전부터 검거 취조를 계속 중이든 바 4일 오전 11시 반경 그 관계자 25명 중 10명은 구속 15명은 불구속으로 일건 서류와 함께 경성지방법원으로 송치하였는데 그 피해여자는 이미 판명된 것만 30여 명에 달하는 바 그 조서만 1,340페이지에 이르게 되었다. 그 관계자는

- ▲ 구속= 김동수(42), 박복순(35, 여), 이종옥(40), 이임수(35), 신성조(48), 권문조(37), 유순오(51), 최영춘(48), 김수갑(49), 권인옥(45)
- ▲ 불구속= 이만기(45), 장의수(46), 홍연구(40), 오영복(35), 추태춘(40), 김

광희(30), 임헌행(40), 최헌영(47), 박재숙(53), 김영준 정준익 이화봉(52) 장춘선(52)

등으로 재작년 가을부터 전조선 각지의 한수재와 냉해 등으로 농촌이 피폐한 틈을 타서 마수를 뻗치고 순진한 농촌부녀자 등을 감언이설로 유인하여 민적과 면장 등의 인장까지 교묘히 위조하여 한 사람에게 100원 내지 500원씩에 창기와 작부로 팔아 먹은 것인데 그 피해자 중 경주군 출생의 이두순(20)외 8명은 목하 화광교원에 보호 중이며 대부분은 고향으로 돌려보냈다고 한다. (『조선중앙일보』, 1936.3.17)

처녀를 약탈 당하는 농촌, 유괴마의 독수, 30여 농촌 처녀를 인육시장에, 16 피고 공판 출정

경성을 중심 무대로 남선(南鮮) 지방의 대구, 광주에 연락원을 두어 가지고 철모르는 소녀들을 꾀여다가 작부로 팔아먹기 시작하여 재작년 12월과 31일에는 경주읍 이두순(李斗順, 20)을 유괴하여다가 피고인 이임수(李林秀)에게 작부로 팔아먹은 김복순을 비롯하여 안동 사는 장분애(17), 청양 임금련(17), 곡성 박금례(朴金禮, 20), 광주 김길순(20) 등 30여 명을 금의와 육식으로 대접한다고 꾀어다가는 막대한 이익을 보고 팔아먹다가 종로경찰서에 일망타진으로 검거돼 있던 사건 피고 11명에 대한 영리 유괴 공문서위조 등 행사공증증서 부실기재 행사 등의 피고사건은 14일 경성지방법원에서 小林 재판장 주심 지보전(志保田) 검사 간여 밑에 제1회 공판이 개정되었는데 당일 출정한 피고는 아래와 같다.

▲ 김복순(金福順, 36세) 경북 달성군 ▲ 이종옥(李鍾玉, 45세) 대구부 남산정, ▲ 이임수(李林秀, 36세) 경남 거창군 ▲ 권원조(權元祚, 38세) 경북 영천군 ▲ 김동수(金東洙, 42세) 전북 익산군 ▲ 김남수(金南洙, 36세) 광주부 ▲ 김희춘(金喜春, 42세) 전북 김제군 ▲ 장희수(張羲洙, 47) 전남 광산군 ▲ 신성조(申聖祚, 49) 경성부 서대문정 ▲ 홍구연(洪九淵, 36) 경북 군위군 ▲ 박재숙(朴載肅, 63세) 경성부 광희정 (『매일신보』, 1937.10.15)

처녀유인단 구형, 최하 10개월로 3년 징역까지, 11명 전부 체형 논고

경기 이남으로 7도를 중심으로 2년 동안에 시골처녀를 50여 명을 감언이설로 유인하여 상경케 한 후 작부와 식당여급 등으로 1명에 대하여 50원 내지 100원까지 받고 팔아먹었다는 박재숙, 김복순 등 남녀 11명에 관한 영리유괴사건의 구형공판은 4일 오전 11시에 경성지방법원 형사부 법정에서 개정되었는데 입회한 지보다(志保田) 검사는 각 피고에 대하여 준열한 논고를 하고난 후 최고 중역 3년으로부터 10개월까지의 체형을 다음과 같이 구형을 하였는데 판결언도는 오는 18일 오전에 있으리라고 한다.

▲ 박재숙(53) 징역 3년. ▲이순옥(45) 징역 2년 9월 ▲김동수(42) 징역 2년. ▲김희춘(42) 징역 2년 ▲이임수(46) ▲권원조(36) ▲신성조(49) ▲홍구연(36) 각 징역 1년 9월 ▲김복순(36) ▲김남수(36) 각 징역 1년 ▲장의수(47) 징역 9월 (『동아일보』, 1937.11.5.)

6

제국 외 이송 유괴사건

1) 박○칙 판결문
(1922년 형공 제765호, 大正11年刑控第765號, 대구복심법원)

1922년 10월 27일 대구복심법원에서 영리 유괴죄와 국외이송 유괴죄로 재판받은 판결문이다. 연속하는 행위가 동일 죄명에 저촉될 때에는 하나의 죄로 보아 처벌한다는 형법 제55조에 따라 국외이송 유괴죄로 처벌받고 징역 3년을 언도받은 사건이다. 국가기록원 소장 판결문 관리번호 CJA0000767-0040에 해당하는 자료이다. 1922년 8월 29일 대구지방법원에서 재판한 제1심 판결문은 찾지 못하였다. 추후 자료를 찾아 연동하여 살펴볼 필요가 있다.

대구복심법원은 피고의 공소 신청을 받아 조선총독부 검사 이와기(岩城義三郎) 간여로 심리하고 피고의 공소를 기각하였다. 본적을 경북 대구부 봉산정에 둔 피고는 현재 경기도 경성부 죽첨정에 거주하고 있다. 직업은 즙기상(汁器商), 곧 국 그릇 장사로 나와 있지만, 실제로 주력했던 일은 여성 인신매매로 보인다. 피고의 나이는 49세이다. 대구 복심법원 판결문의 내용은 다음과 같다.

피고는 영리를 목적으로 부녀를 유괴하려고 계속 범의(犯意)를 가지고,

첫 번째, 경상북도 달성군 공산면 백안동 지○숙의 처 김○이가 ○숙으로부터 도주하여 박○근이라는 자와 부부가 되기로 약속하고 동인에게 끌려서 1921년 음력 8월 14일경 경성부 도염동 피고의 처인 박○선에게 와 있는 것을 기화로 그 즈음 박○근이 부재한 틈을 타서 김○이에 대해서 박○근은 술주정이 있고 술을 마시면 처를 때리는 난폭한 행

동을 하는 자이다. 그 사람의 처가 되는 것보다는 오히려 요리점에 고용되는 것이 낫다고 감언을 하여 김○이가 잘못 믿도록(誤信) 하였다. 그 즈음 창기를 고용하기 위하여 경성부에 체재 중이었던 평양부 진정 대좌부 영업자인 김지수에게 김○이를 창기로 삼도록 하고 몸값 금 340엔을 받아 그녀를 인도하고 평양부에 연행하도록 인도하였다. 김○이는 오히려 김지수에게 있는 것을 싫어했기 때문에 며칠 후 김지수가 그녀를 평양부에서 경성부에 데리고 돌아오게 되었다. 피고는 그때 중국(支那) 펑톈성(奉天省) 푸순(撫順)에 살고 있는 와타나베(渡邊政九郎)가 작부를 고용하기 위해 경성부에 와 있는 것을 기화로 다시 김○이를 제국 외인 푸순으로 이송할 목적으로 그녀에게 와타나베의 고용녀(雇女)가 될 것을 권해 김○이가 그것을 승낙했다. 8월 29일 경성부 황금정 남명여관(南明旅館)에서 와타나베로 하여금 동녀를 작부로 삼게 하고 몸값 금 340엔에 매도했다. 와타나베는 그 당시 김○이를 푸순에 데리고 가서 이송했다.

두 번째, 1921년 음력 11월 중 당시 대구부 본정 1정목에 거주하고 있는 이종찬 및 그의 처 모와 공모하고 이종찬 부처는 동부 시장정 김○수의 처 정○남(당시 16세)에게 대구에서 미숙한 생활을 하는 것보다 경성에 가는 것이 안락한 생활을 할 수 있다고 감언으로 유혹하여 정○남은 그 말에 따라 남편 ○수에게 무단히 경성에 갈 것을 결의하였다. 피고는 11월 22, 23일경 비밀히 사정을 알고 그 둘째아들 박○욱에게 동녀를 대구에서 경성부 도염동 김○자라는 피고의 처 집에 연행하도록 하였다. 경성부 평동 음식점 신성녀(申姓女)에게 작부로서 전차금 160엔을 받고 인도하여 유괴하기에 이르렀다.

위의 사실은 당 재판정에 항소한 피고 자신이 1921년 음력 8월경 경성부 도염동 처 박○선과 있는 중 박○근이 김○이를 데리고 와서 10일

맡아두기만 하고 동녀를 채명진의 주선으로 평양부 진정 대좌부업자인 김지수가 전차금 340엔으로 창기로서 연행하겠다고 교섭하였다. 이 교섭은 경성부 도염동 김희자에게 박성근, 사광찬(舍光贊), 채명진, 김지수 및 나 5명이 입회하여 행한 것이다. 나는 그때 박○근에게 금 210엔을 받기로 해서 김○이가 평양에 가게 되어서 2, 3일 후 김지수에게 끌려 경성부 황금정 남명여관에 체재하고 김지수가 나에게 먼저 건네 준 몸값을 반환해달라고 하여 나는 그 당시 중국 펑톈성 푸순에 살고 있는 와타나베가 작부를 고용하기 위해 경성에 와 있어서 그녀를 푸순에 이송할 목적으로 그녀에게 와타나베의 고용녀가 되는 것을 권하여 그녀가 승낙함으로써 8월 29일 와타나베에게 작부로서 몸값 금 340엔을 받고 팔았다. 그 돈을 받아 김지수에게 지불하고 이어서 와타나베와 위의 계약을 하기 위한 장소가 앞서 쓴 황금정 남명여관인 것이다. 그 당시 자신은 어릴 때 이름이(幼名)이 박상석으로 보증인으로서 연명하여 제시해드린 증거 제2, 3호는 그 계약서이다.

또 자신은 영리의 목적으로 1921년 음력 12월 중 당시 대구부 본정 1정목에 거주하는 이종찬 및 동인의 처와 공모하고 이종찬 부부가 대구부 시장정 김남수의 내연의 처 정○남(당시 16세)에 대해 대구에서 미숙한 생활을 하는 것보다 경성에 가면 안락한 생활을 할 수 있다는 내용으로 말하고 그녀는 남편 남수에게 무단히 경성에 올 것을 결의했다고 하는 것을 12월 23일경 비밀리에 사정을 알고 나의 둘째 아들 박○욱에게 그녀를 대구부에서 경성부 도염동 김희자에게 데리고 가도록 했다는 것은 다른 내용이 없다. 더욱이 12월 22일경 이종찬이 자신에게 그녀를 경성에 연행해서 술집에 주선해 주라고 해서 그녀를 일단 만났는데 얼굴이 혹심이 생길 수 있는 정도여도 나이가 어린 바 그를 승낙하고 금 60엔을 이종찬에게 건네고 위의 ○남을 둘째 아들 박성욱이 경성에 데리고 오게 해서 10일정도 지나 경성부 평동 음식점 신성녀에게 작부로 금 160엔으로 매도한 것은 다른 내용이 없다. 신성녀와 계약한 장소는 위의 김희자의 방이다. 제시한 증거 제6호는 돈의 영수증이라는 내용의 공술이다.

원심 공판 시말서 중 증인 김○이의 공술 내용은 자신은 1921년 음력 8월 중 남편 지○숙으로부터 학대를 당했기 때문에 도망쳐서 대구부 수정(竪町) 박모 측에 거주 중 경성의 박○근이라 하는 자와 부부를 약속했기 때문에 동월 14, 15일경 박○근과 함께 경성 남대문 역에서 하차한 바이다. 박○칙 및 동인의 처가 마중을 와서 2, 3일 후 박○근은 황해도 방면에 채권을 징수하기 위해 출발하고 얼마 안 돼 돌아왔는데 그 부재 중에 박○칙은 나에 대해 박○근은 자신의 사촌인 종제인데 술주정이 있어서 술을 마시면 처를 때리는 난폭한 자이다. 당신은 그와 동거하면 불리하고 또 가정을 지탱하기에 꽤 나이가 어리다고 말하였다. 그때 박○근은 나에게 매우 나쁜 말을 했기 때문에 나는 ○칙의 말과 같이 ○근과 동거하면 불리하다고 생각하고 ○칙에게 어떻게 하면 좋을까 하고 말하자 그는 평양에 가서 요리옥에서 음식을 팔면 상당한 수입이 있다고 했다. 평양에 어떻게 가냐고 묻자 내가 승낙하면 ○칙이 알선하여 그 즈음 평양에서 와 있는 김지수에게 데리고 가서 동 지역에 갈 수 있는데 그때 김지수가 금 340엔을 나와 ○칙이 있는 자리에서 주어서 ○칙이 그 돈을 받아두었다고 말하였다. 나는 그 돈을 받아 ○칙에게 주고 그는 나에게 기모노 한 벌을 장만해 주었다. 나는 평양에서 작부 일을 하는 것을 승낙하고 가기로 하였으나 평양에 갔을 때 김지수가 박○칙에게 나의 민적등본을 보내달라고 부탁하였는데 7월 정도에도 보내주지 않았기 때문에 그 사이 나는 김지수 집의 방 하나에 갇혀서 외출도 할 수 없어서 울고 지냈다. 김지수는 나에게 경성에 가는 정도는 데리고 가서 박○칙에게 민적등본을 구해달라고 하든지 전차금을 돌려달라고 하든지 하고 나를 경성에 데리고 와서 나 한 사람을 어디인가의 여관에 두었다. 그날 저녁 박○칙은 김지수가 위의 전차금의 반환을 요구하는 것을 보고 나에게 옆방을 가리키고 그 방에 와타나베라는 내지인이 와 있는데 펑톈의 요리옥에서 요리를 팔 여자를 찾고 있는 바, 그에게 요리를 파는 여자로서 고용되어 가서 전차금을 받고, 김지수에 대한 전차금을 지불할 수 있는 것처럼 권하므로 나는 그것을 승낙하고 와타나베와 함께 가게 됐다. 그곳은 펑톈 푸순이라고 했고 경성에서 와타나베는 나와 ○칙이 있는 자리에서 금 340엔을 내어 ○칙은 그 돈을 달라고 함으로써 나는 그 돈을 받아 ○칙에게 건넸는데 위 돈 중 내가 사용한 것은 조금도 없다는 내용의 기재가 있다.

재펑톈 일본총영사관 대리의 증인 와타나베(渡辺政九郎)에 대한 심문조서에 자신은 1921년 9월 27일경 경성에서 박재길이란 자를 작부로서 고용하려고 했지만 그 박재길은 실은 김○이라고 하는 자인 연유로 후에 푸순경찰서에서 문지(聞知)하여 나는 작년 9월경 경성에 가서 조선인 작부 한 명을 고용하려고 경성 수표정의 옥호(屋號) 불상의 여관(宿屋)에 잠시 거주하고 있었던 바 박○칙이 위의 박재길을 데리고 와서 작부로 고용해 달라고 부탁하며 묻는 바 4년간 340엔의 약속으로 고용하기로 같은 여관에서 금 340엔을 박○칙의 면전에서 재길에게 교부하고 다음날 그녀를 데리고 출발해서 푸순에 돌아왔다는 내용의 공술 기재가 있다.

증인 김지수에 대한 예심조서에, 나는 1921년 음력 8월 20일경 창기를 고용하기 위해 경성의 창기조합에 가서 채명진의 안내로 박○칙을 통해 여자 한 명을 몸값 330엔에 4년간 기한으로 데리고 온 바 2, 3일 후 밤 10시경 여자가 소재 불명되어 찾으니 정거장에 가 있던 바, 그녀를 힐문하니 평양은 싫어서 경성에 가서 박○칙으로부터 330엔을 돌려받을 생각이라고 말했다. 그 다음날 박○칙이 있는 곳으로 가서 사정을 말하자 그는 그 여자를 팔아서 돌려준다고 한 바 다음날 관철동 남명여관에 왔다고 한 바 다음날 동 여관에 가서 내지인 1명과 박○칙과 그 여자가 있었다. 박○칙은 이 내지인에게 여자를 팔았는데 여자는 내지인과 푸순에 간다고 말을 해서 나는 이때 박○칙으로부터 금 330엔을 돌려받았다는 내용의 공술 기재가 있다.

동법 경찰관 사무취급의 증인 정○남에 대한 심문조서에서,

작년 음력 12월 18일경 대구부 본정 1정목 이종찬의 처가 나에게 집을 보지 말고 와달라고 말하여 2, 3일 가 있자 그때 종찬 부부는 대구에 있으면서 미숙한 생활을 하는 것보다 경성에 가면 안락하게 생활할 수 있으므로 가겠냐고 여러 번 권유해서 드디어 가고 싶은 마음이 들어 승낙했다. 음력 12월 23일 이종찬의 부부에게 끌려서 정거장에 가니 박○칙의 둘째 아들 박○욱이 동 장소에 와 있어서 그에게 끌려서 경성에 왔다. ○욱은 도염동 음식점 김희자에게 나를 맡겨 두었는데 10일 정도 지난 후에 박○칙이 대구에서 와서 내가 대구를 떠났을 때 이종찬에게 돈을 건넸고 또 기차삯 및 식료 등 160엔을 썼으니 그 돈을 갚으라고 말하여 나는 곤란했다. 그때 경성부 평동 음식점 영업 신성녀가 와서 자신의 아래로 와서 일하면 160엔의 돈을 빌려준다고 하였다. 여기서 그치지 않고 나는 신성녀로부터 160엔을 빌려 박○칙에게 주고 그 여자에게 끌려서 그 집에 가서 일하게 되었다는 내용의 공술 기재가 있다.

참고인 박○욱에 대한 예심조서에, 작년 음력 12월 23일경 아버지가 나에게 여자 한 사람을 경성부 도염동 김희자라고 하는 아버지의 첩에게 데리고 가 두라고 하는 일이 있어서 데리고 갔는데 그 여자는 16, 17세 정도 연배였다는 내용의 공술 기재가 있다.

증인 신성녀에 대한 예심조서에, 작년 음력 정월 10일(1922년 음 정월) 경성부 도염동 음식점 김순자 집에 술을 팔 여자 1명이 있다는 것을 듣고 그 집에 가서 문의해보니 박○칙이 있는 대구에서 정○남을 끌고 온다고 말하며 언제라도 걱정하지 말고 고용할 수 있다고 말했기 때문에 160엔으로 고용하려던 때에 내가 그 여자에게 위의 돈을 건네자 그 여자는 그것을 받은 즉시 박○칙에게 건넸다는 내용의 공술 기재가 있다.

증인 김남수에 대한 예심조서에, 나는 처 ○남이 경성에 가 있는 것을 알고 경성에 가서 ○남을 만나니 그녀는 이종찬의 부부 및 박○칙에게 유괴당한 것으로 판명되어서 대구에 돌아와서 ○칙에게 교섭하여 그는 나에게 경성 등에 갈 비용으로 동 100엔을 달라고 했다. 자신을 고소하지 말라는 내용의 공술 기재를 아울러 살피고 그것을 인정한다.

법률에 따라 피고의 소행 중 영리 유괴의 점은 형법 제225호에, 제국 밖으로 이송할 목적으로 사람을 매매한 점은 동법 제226조 제2항 제1항에 해당하는 바, 이상은 연속범으로서 동법 제55조를 적용하여 인신매매의 죄로서 그 소정 형기범위 내에서 피고를 징역 3년에 처하고 미결구류일수 50일은 동법 제21조에 의하려 본형에 산입하고 압수물건은 몰수한다. 형사소송법 제202조에 따라 이를 차출인에 환부하고 공소재판 비용은 동법 제201조 제1항에 따라 피고인에게 부담시켜야 한다.

그리고 위와 같은 취지로 나온 원 판결은 당연하므로 피고의 항소는 이유 없고 동법 제261조 제1항에 근거하여 주문과 같이 판결한다.

판결 날짜는 1922년 10월 27일 대구복심법원 형사 제1부 소속 판사 나가시마 유조(永島雄藏),[21] 마츠시다(松下直英),[22] 이명섭(李明燮)[23]이

[21] 1881년 6월 10일 출생, 야마나시현(山梨縣 南都留郡 瑞穗村 大字新倉) 출신이다. 1902년 7월 메이지(明治)법률학교를 졸업하고 판검사 및 변호사 시험에 합격했다. 1905년 야마가타(山形)지방재판소 판사로 임명되었고 1911년 4월 조선총독부 판사

판결하고 서기 이한기(李漢基)가 기록했다.

해 제

본 사건의 피고 박○칙은 1921년 5월과 6월 대구복심법원과 고등법원에서 있었던 최○도의 영리 유괴사건에도 연관된 자이다. 복심법원 판결문에 의하면 최○도는 김○수와 공모하고 경상북도 청도군 대성면 고수동 요리점 코오자이 타카(香西たか)네 작부 김○련, 김○이 두 사람을 꼬드겨서 데리고 나와 작부로 다른 데 팔아넘기고 이익을 얻으려고 김○수로 하여금 두 사람에게 좋은 남편감을 소개해주겠다고 속여 집을 나오도록 권유함으로써 1920년 11월 21일 밤중에 두 사람을 타카네로부터 부근의 철도건널목 가까이로 데리고 나와 피고인이 거기서 김○수로

로서 함흥지방재판소 판사가 되었다. 1916년 6월 경성복심법원 판사로 전임하였으며 다음해인 1917년 5월에 경성지방법원 판사가 되었다가 1922년 대구복심법원 판사로 자리를 옮겼다. 김마리아, 한용운 사건, 대동단 사건 등 조선민족운동 관계사건 등을 담당하였다.

22) 후쿠오카현(福岡縣) 출신이다. 1911년 3월 8일 목포 재판소 판사가 된 뒤 진주재판소를 거쳐 1916년 12월에 대구지방법원으로 옮기고 1920년 9월 대구복심법원 판사가 되었다.

23) 1887년 12월 28일 경기도 가평에서 태어났다. 1906년 법관양성소를 졸업하고 1912년 3월 경성전수학교를 졸업했다. 졸업한 해 6월 광주지방법원 목포지청 서기과 서기 겸 통역생으로 법조계에 입문했다. 1914년 1월 조선총독부 판사로 특별임용되어 평양지방법원 영변지청 판사에 임명되었다. 1917년 1월 평양지방법원 신의주지청 판사로 전보되었다가 1919년 10월 공주지방법원 청주지청 판사로 다시 전임되었다. 1919년 12월 사법관료로서 3·1운동 관련사건 처리 등에 관여한 공로를 인정받아 상여금을 받았다. 1921년 3월 대구복심법원 판사로 옮겨 1924년 12월까지 재직하는 동안 국내외에서 전개된 각종 항일운동 관련 재판에 20여 차례 참여했다. 뒤에 이궁명섭(李宮明燮)으로 창씨개명하였다. 해방 후 1945년 10월 미군정청에 의해 경성공소원 수석판사(원장)에 임명되었으며 1947년 1월 서울고등심리원 원장으로 재직했다. 1948년 11월 퇴직하였으며 같은 해 12월 서울에서 변호사를 개업하였다. 1950년 7월 6·25전쟁 당시 납북되었다(친일인명사전편찬위원회, 『친일인명사사전3』, 민족문제연구소, 2010).

부터 두 사람을 넘겨받아 다음날 22일경 이들을 데리고 대구부 야마쥬제사회사(山十製糸会社) 공장 부근의 어떤 집까지 데리고 와서 두 사람을 피고인 등의 실질적 지배하에 두었다. 이상의 사실에 대하여 증인 김○옥련은 예심조서에서, 자신이 1920년 음력 2월경 충청도 대전에서 고향인 창녕으로 돌아갈 생각으로 대구역까지 와서 거기서 내렸는데 마침 역 앞에서 면식이 있는 최○도가 자기 집에 와서 자라고 말해 그 집에 갔다. 그 사람이 자신에게 남편이 있느냐고 물어 과부라고 말하자 그렇다면 좋은 남편을 찾아줄 테니까 잠시 자신의 집에서 묵으라고 말해 거절했으나 그 사람이 자신을 붙잡고 집으로 돌아가게 해주지 않아 어쩔 수 없이 그대로 그 집에 있다가 밥값도 늘어나서 출발할 수 없게 되었다. 그 사이에 최○도는 자신에게 청도의 요리점에서 작부로 일해 밥값 등을 갚으라고 말해 어쩔 수 없이 이를 승낙하였다. 음력 5월 중에 김○수가 와서 최○도의 부탁으로 청도의 코오자이 집에서 3년간의 약속으로 작부로 일하기로 되었다면서 220원을 자신에게 주었는데 그 돈은 최경도가 식비 등으로 전부 내놓으라고 해서 그에게 주고 김○수와 함께 코오자이의 집으로 갔다. 김○이도 한 달 뒤에 최○도, 김○수의 알선으로 코오자이 네 작부로 들어와 함께 일하고 있었는데 1920년 음력 10월 10일 밤 김영수가 와서 자신과 ○이에게 좋은 남편감이 있는데 시집을 가면 어떠냐, 도와주겠다고 말해 두 사람은 시집가기를 원하지만 코오자이에게 미리 빌린 돈을 갚지 않으면 자유롭지 못하다고 대답했다. 그 달 12일 밤 김○수는 빌린 돈 정도야 남편이 내어주면 되니까 상관없다며 자기 말대로 하라고 해서 그 말을 믿고 그 집을 나올 것을 승낙했는데 그 다음날 13일 김○수가 집 밖에서 자신들을 불러 옷가지를 들고 나오라고 말해 옷가지를 들고 집 밖으로 나와 코오자이에게는 말하지 않고 무단으로 그 동네 철도 건널목 쪽으로 가니 거기에 최○도가 기다리고 있었다. 김○수는 자신들에게 최○도와 함께 대구에 가 있으라고 말하고 최○도도 날 따라오라고 해서 그 사람과 함께 걸어서 대구에 와 야마쥬구미(山十組)제사공장 부근의 어떤 집에서 숙박하고 있었는데 이틀쯤 지나자 김○수도 와서 최○도와 뭔가를 협의하더니 약 15일쯤 지나서 최○도와 그 아들 그리고 김○수 등이 모여서 협의를 하는데 그때 김○수가 말하기를 자신들을 최○도가 평양에 작부로 팔기로 했으니 알고 있으라고 해서 자신들은 크게 놀라 절대로 가지 않겠다고 말했으나 김○수는 최○도가 팔기로 하고 말을 듣지 않으니 어쩔 수 없다고 했다. 그러는 사이에 최○도의 아들이 계약서 같은 것을 찢자 최○도는 청도에 알릴 테니 마음대로 해라, 나는 모른다고 말하고 가버렸는데 이야기들을 하는 모양새를 보니 최○도가 평양에 판다고 하는데 김○수는 자신들이 동의하지 않는 이상 할 수가 없다고 말해 협의가 이루어지지 않은 것으로 보였다. 그날 밤 코오자이 타카의 남편 토쿠다(德田)가 와서 자신들을 데리고 되돌아갔다는 취지의 진술 기재가 있다.

증인 김○이는 예심조서에서, 1920년 중에 김○수 및 최○도의 알선으로 청도의 코오자이 타카의 집에 전차금(前借金) 100여 원인가에 2년간 일해주기로 약속하고 작부가 되었다. 김○련은 자기보다 한 달쯤 먼저 코오자이 네 작부가 되어 있었는데 그해 음력 10월 10일경 김○수가 자신에게 대구 쪽에서 좋은 남편감을 찾아줄 테니 가겠는가고 말해 자신은 남편을 얻기를 바라지만 코오자이 네로부터 미리 빌린 돈도 있고 계약기간이 안 끝났으니 다른 데 갈 수가 없다고 거절했다. 그러나 그 사람은 그 다음날 밤에도 또 그 다음날 밤에도 자신과 김○련에게 앞에서와 똑같이 권유해 빌린 돈은 어차피 좋은 남편을 만나면 나중에 그 남편이 갚아주면 되니까 걱정할 것 없다. 내가 말하는 대로 밤에 코오자이 몰래 나가자, 조만간 데리러 올 테니 준비를 하고 있으라고 끈질기게 권하는 바람에 자신들도 그를 믿고 승낙하고 옷가지를 챙겨두고 있었더니 그 무렵 어느 날 한밤중에 김○수가 불러서 ○련과 둘이 옷 보따리를 가지고 집을 나와 김○수를 따라 부근 철도 건널목 건너까지 가자 최○도가 기다리고 있었다. 김○수는 자신들에게 최○도와 대구에 가 있으라고 말하고 최○도는 자신들을 데리고 도보로 거기를 떠나 경산읍에서 1박하고 이튿날 밤 출발하여 걸어서 한밤중에 대구에 도착하였다. 최○도는 자신들을 야마쥬구미(山十組) 부근 모처에 자게하고 자기 집으로 가더니 사흘째 되는 날 김○수가 와서 최○도와 뭔가 협의를 하였는데 자신들이 거기서 열흘 가까이 지난 어느 날 최○도와 그 아들 그리고 김○수가 오더니 최○도는 평양사람을 데리고 와서 뭔가 협의를 한 끝에 자신들에게 평양에 작부로 가면 어떻겠느냐고 말하였다. 자신들은 김○수에게서 대구 방면에서 좋은 남편을 소개시켜주겠다고 해서 왔는데 다른 데로 몸을 파는 거라면 가지 않겠다고 대답하였다. 그러자 최○도 부자와 김○수는 뭔가 협의를 하더니 최○도가 자신들에게 평양에서 작부로 돈을 벌라고 강하게 권하므로 자신은 무서워져서 평양이든지 어디든지 팔아달라고 말했으나 김○련이 몸을 팔러 가지는 않겠다고 거절하였기 때문에 최○도, 김○수 등은 뭔가 말다툼을 한 끝에 최○도의 아들은 화를 내며 가지고 있던 계약서 같은 것을 찢어버리고 최○도는 마음대로 하라고 말하고는 가버렸다. 김○수는 좋은 남편감을 찾아주겠다고 했으나 대구에 와보니 그다지 좋아 보이는 남자가 있는 것도 아니고 해서 그 사람도 최○도와 같이 자신들을 어딘가에 팔기로 마음을 먹었던 것으로 보였다는 취지의 진술이 증거로 있다.

증인 코오자이 타카는 예심조서에서 자신은 판시 장소에 거주하며 요리집을 운영하고 있는데 김○이, 김○련은 1920년 8, 9월경 김○수의 소개로 자신의 집에서 작부로 고용했으며 그 소개에는 최○도도 관련이 있었던 것 같으며 그해 11월 22일 아침에 자신이 김○이, 김○련 등의 방에 가서 두 사람이 없는 것을 이상히 여겨 옷가지를 찾아보니 하나도 없어서 도망갔다는 생각이 들어서 김○수에게 물었으나 전혀 모른다고 했다. 사람을 팔방으로 보내서 찾던 중 그 해 12월 2, 3일경 대구의 아는 사람으로부터 두 사람이 대구에 있다고 알려줘서 자신의 남편 토쿠다(德田柳太郎)가 대구에 가서 두 사람을 데리고 돌아왔다는 취지의 진술 기재가 있다.

피고인의 김○이, 김○련에 대한 판시한 바와 같은 유괴행위는 각각 형법 제225조[24]에 해당하나 하나의 행위이므로 동 제54조 제1항, 제10조에 의해 무거운, 김○이에 대한 유괴의 형에 따라 피고인을 징역 2년에 처하고 공소에 관한 소송비용은 형사소송법 제201조 제1항, 형법시행법 제67조에 따라 피고인을 공범인 원심 공동피고인 김○수와 연대부담토록 한다.

원판결은 위와 부합하므로 피고인의 항소는 합당한 이유가 없으므로 형사소송법 제261조 제1항을 적용하여 판결한다고 하였다.

다음은 고등법원 판결문의 상고이유이다. 피고인 최○도는 이번 유괴죄로 제1심 대구지방법원에서 징역 2년에 처하는 판결을 받고 불복하여 항소한 결과 제2심 대구복심법원에서 항소를 기각하는 판결을 받았으나 자신으로서는 전혀 본 건에 관계없는 일이므로 다시 상고를 신청한다고 하였다.

최○도에 따르면 본 건의 진상은 작년 음력 7월 중 청도읍내 일본인 요리점에 고용되어 있던 김○수가 대구부 길정(吉町) 자택에 갔을 때

24) 형법 제225조 영리, 외설 또는 결혼을 목적으로 사람을 약취 또는 유괴한 자는 1년 이상 10년 이하의 징역에 처한다.

거기서 박○칙, 송○길, 김○수 세 사람이 협의하여 김○란이라는 여성을 금 100원에 김○수가 일하고 있는 청도 일본인 요리집에서 일하도록 시키고 하고 또 그 무렵 김○수는 대구부 봉산정 윤 모와도 협의하여 김○이라는 여성을 앞의 예와 같이 금 100원에 일하도록 했다. 그런데 자신은 그 무렵 대금청구를 위해 청도에 가서 모 음식점에 묵고 있던 중 이전부터 알고 지냈던 김○수가 앞에서 말한 두 여성을 데리고 와서 이 두 사람을 대구 자택까지 동행해달라고 해서 그 부탁에 응해 대구 김○수의 집까지 동행해주었다. 그러나 청도읍내 일본인 요리집에서는 상기 두 사람이 행방불명이라고 해서 그들을 찾으러 대구에 왔을 때 박○칙의 아들 박○욱이 그 여자는 자신이 다른 데 숨겨두었다고 말해 고소를 당하였으나 들리는 바에 의하면 상기 두 여자는 자신이 데리고 갔을 때 김○수가 청도로부터 다른 곳에 숨기려 한 것이나 자신은 전혀 본 건과 무관하므로 증인 신청을 해서 사실을 밝히려고 한 것인데 불행하게도 받아들여지지 않는 판결을 받은 것이니 이상의 사정을 통찰하여 분명한 판단을 해줄 것을 요청하는 것이라고 되어 있다.

이에 대해 재판부는, 하지만 원심은 원판결에 기재되어 있는 바와 같이 증거에 의해 피고인이 김○수와 공모하여 영리를 목적으로 김○련, 김○이를 유괴한 행위가 있음을 인정하고 당해 법조를 적용하여 처벌한 것이니 피고인에게 범죄를 행한 사실이 없음을 진정하고 원판결을 비난하는 것은 결국 원심의 직권에 속하는 사실 인정을 비난하는 것이 되므로 이 논지는 상고하기에 적합한 이유가 되지 못한다고 하였다. 이상 설명한 바와 같이 본 건 상고는 합당한 이유가 없으므로 형사소송법 제285조에 의거 주문과 같이 판결하였다.

위의 사건처럼 박○칙과 그의 아들은 1920년이 발생하여 1921년에 법정에 섰던 유괴사건과도 관련이 있었다. 박○칙 등은 대구와 경성에 근거지를 두고 여성을 속여 인신매매하는 자들이다. 그럼에도 불구하고 경찰과 검찰은 사건에 직접 관계된 자들만 조사하고 있다. 유괴조직이 얽힌 인신매매 사건의 특성상 여성을 인신매매하는데 연루된 브로커, 소개업자들은 네트워크를 형성하고 유지하면서 유괴로 인한 이득을 취하는데, 공권력은 이 사실에 눈을 감고 있다.

인신매매에 관련한 범죄이지만 이 시기 일본 형법에는 인신매매죄가 없었다. 식민지 시기 인신매매에 관한 처벌은 형법 제255조 약취유괴죄와 제226조 국외이송목적의 약취유괴죄에 의해 다뤄졌다. 제255조의 내용은 "영리, 외설 또는 결혼을 목적으로 사람을 약취 또는 유괴하는 자는 1년 이상 10년 이하의 징역에 처한다"이다. 제226조는 "제국 외로 이송할 목적으로 사람을 약취 또는 유괴하는 자는 2년 이상의 유기징역에 처한다. 제국 외로 이송할 목적으로 사람을 매매하고, 또 유괴된 자(被拐取者) 혹은 팔린 자(被賣者)를 제국 외로 이송한 자 역시 같다"고 되어 있다.

약취 및 유괴 행위에 대해서는 1년 이상 10년 이하(제국 외로 이송했을 시는 2년 이상)의 징역에 처한다는 것이다. 약취, 유괴라는 것은 보호받고 있는 상태에서 사람을 끌어내어 자기 또는 제3자의 사실적 지배하에 두는 것이다. '약취'와 '유괴'의 구별은, '약취'는 폭행 또는 협박을 수단으로 하는 경우이고, '유괴'는 기망(欺罔: 속임수) 또는 유혹을 수단으로 하는 경우를 말한다. … 유괴죄에서 '기망'이라는 것은 허위의 사실을 가지고 상대방을 착오에 빠뜨리는 것을 말하고, '유혹'은 기망의 정도까지는 아니지만 감언으로 상대방을 움직여서 그 판단을 잘 못하게 하는 것을 말하게 하는 것이 다수설이다.[25]

25) 前田朗,「国外移送目的誘拐罪の共同正犯－隠されていた大審院判決－」,『季刊 戦争

해당 판결문에서 피고인은 조선인 여성 두 사람을 속여(기망하여) 영리를 목적으로 유괴하고 중국 펑톈성 지역에서 요리옥 영업을 하는 일본인 업자에게 피해 여성을 팔고 그 몸값을 모두 자신이 취득하였다. 판사는 이를 영리 유괴죄와 국외이송 유괴죄에 해당하는 죄로 보고, 형법 제55조에 따라 국외이송 유괴죄로 다루어 징역 3년이라는 비교적 무거운 처벌을 하였다. 이는 1심 판결 내용과 똑같은 것인데, 해당 복심법원 판결문에서는 그 항소 이유를 찾아볼 수 없어 안타깝다.

한편 판결문의 내용을 자세히 살펴보면 피고의 범죄는 단독범죄가 아니다. 피해여성들을 돈을 사서 펑톈성 요리옥으로 데리고 갔던 와타나베(渡邊政九郎), 피고인과 공모했던 이종찬 및 그의 처, 그리고 또 다른 공범자 김희자, 채명진 등이 동 사건에 연루되어 있음을 볼 수 있다. 이들로부터 여성을 매매한 대좌부(貸座敷) 및 요리옥 업자 또한 범죄에 관계되었을 가능성이 있다. 국외이송 유괴죄를 판결할 때에는 유괴의 실행행위를 분담하지 않아도 유괴나 이송에 모의를 한 자도 '공동정범'으로서 처벌의 대상이 된다.[26] 그러나 본 사건에서는 피고인 외에 범죄자로 다뤄진 사람이 없어 보인다. 피고인의 유괴 계획 및 그 실행에 참여한 김지수, 박○욱 등도 법정에서 '증인'으로서 출두했을 뿐이다. 두 차례에 걸쳐 조선인 여성을 사갔던 일본인 요리옥 업자 와타나베 또한 '증인'으로 참여했다. 그나마 재봉천 일본총영사관을 대리로 내세웠다. 범죄를 저지른 자의 범위가 이와 같이 설정된 사정에 대해 추적할 필요가 있을 것이다. 여성의 매매 장소로 경성 황금정의 남명여관이 활용되고 있는 부분도 눈여겨볼 부분이다. 남명여관의 주인이 여성 인신매매

責任硏究』 19-4, 1998.

26) 前田朗, 위의 글.

에 관계됐을 가능성이 있기 때문이다.

본 재판에서는 형사소송법 제201조와 제202조 제261조 제1항이 언급되고 있다. 형사소송법 제201조는 피고인이 유죄로 된 때는 재판소의 직권으로써 공소에 관한 소송비용의 전부 또는 일부분을 부담함이 가할 언도할 수 있다는 것이고 형사소송법 제202조는 피고인이 유죄로 된 여부를 물문하고 몰수에 관계치 아니한 차압물은 소유자의 청구가 없을지라도 이를 환부하는 언도를 할 수 있다는 것이다. 형사소송법은 1880년 법률 제96호에 의해 제정되었다가 1889년 법률 제73호, 1908년 법률 제29호, 법률 제61호에 의해 개정되었다. 이후 1922년 독일제국 형사소송법을 도입하여 새로운 형사소송법이 제정되었다. 구시대에는 사법행정권이 사법성에 장악되어 있어 국가, 사회질서의 유지를 위해 재판수행이 주목적으로 인권적 측면의 배려가 결여되어 있었다. 따라서 본 재판에서는 구 형사소송법이 거의 마지막으로 적용되었다고 볼 수 있다.

2) 고○섭 판결문 (1924년 형공 제285호, 大正13年刑控第285號, 대구복심법원)

국외유괴 피고사건에 관한 대구복심법원 판결문으로 사건번호는 1924년 형공 제285호(大正13年刑控第285號)이다. 국가기록원에 소장되어 있으며 관리번호는 CJA0000787-0030이다.

본적을 함경남도 덕원군 풍상면 마전리에 두고 평안남도 안주군 안주면에 살고 있는 고○섭(무직, 44세)과 본적을 경상북도 안동군 풍산면에 두고 경상북도 대구부 전정에 살고 있는 함○이는 1924년 6월 24일 대구지방법원에서 언도를 받은 유죄판결에 대하여 항소했다. 이에 따라 대구복심법원은 조선총독부 검사 나가노(中野俊助)가 간여하고 심리하여 다음과 같이 판결했다. 피고인 고○섭을 징역 2년에, 피고인 함○이를 징역 1년에 처한다.

그 이유는 다음과 같다.

첫 번째, 피고인 고○섭은 부녀를 유괴하여 중국(支那) 하얼빈(哈爾賓)에 이송하고자 하였다. 그 목적하에 부녀를 물색하려고 앞에 쓴 주거지를 출발해서 1924년 4월 14일(음력 3월 11일) 경상북도 대구부 달성정 신○철의 집에서 머물렀다. 4월 대구부 남산정 이윤기를 통해 경상북도 영일군 포항에서 일을 하러 나와 있던 월선이라는 여자, 김○생(22세)에게 자신과 함께 평안남도 평양에 가면 매우 좋은 집에 연을 맺어 보내주겠다는 내용으로 교묘하게 감언이설을 하여 그 여자를 유혹하고 잘못 믿게 한 결과 동행을 승낙받았다. 그날 ○생을 신○철의 집으로 함께 데리고 가서 유괴하였다.

두 번째, 피고인 두 명은 부녀를 유괴하여 제국 밖으로 이송할 것을 공모하였다. 그 목적하에 동월 29일경 대구부 전정 김○쇠의 집에서 경상북도 문경군 용암면 김○옥의 처 윤○이에게 평양에 가면 남편에게 의지하지 않고도 살 수 있다. 만약 뜻이 이루어지지 않으면 어느 곳이라도 상당한 곳에 주선해 보내줄 테니 걱정할 일 없다고 하여 윤○이를 기만한 끝에 동행을 납득시켰다. 그날 윤○이를 신○철 집으로 끌고 가서 유괴한 것으로 피고인 고○섭의 소행은 범의계속(犯意繼續)을 내보인 것이라고 할 수 있다.

증빙에 따라서 피고인 고○섭이 1924년 4월 14일 거주지에서 대구부에 와서 대구부 달성정 신○철 집에서 머물렀다. 동일 판시한 김○기 집에 가서 김○생(22세)에게 누군가의 처로 의지하지 않을 수 있다고 말하고 동행을 권유했다. 김○생의 승낙을 얻어 같은 날 신○철 집으로 끌고 온 것이다.

더불어 피고인 양 명이 동년 4월 29일경(음 25일경) 판시한 김○쇠의 집에 가서 윤○이에게 남편에게 의지하지 말아야한다고 말하고 그날 윤○이를 신○철 집으로 끌고 돌아온 것은 피고인 고○섭이 당 법정에서 그 내용을 공술하여 명백하다.

피고인 고○섭은 자기의 친구로부터 처의 주선을 의뢰받아 적당한 부녀를 물색하기 위해 대구에 온 것이고, 전기 김○생 및 윤○이 양 명을 신○철 집에 끌고 간 것도 실은 친구의 처를 구해줄 목적으로 그 여자들에게도 그 내용을 말하여 그 승낙을 얻은 것이지, 추호도 그 여자들을 유괴하여 천업부(賤業婦)로서 국외에 팔려고 하는 의사가 있었던 것은 아니라고 변명하고 있다.

피고인 함○이는 피고인 고○섭이 부녀를 유괴하려는 뜻을 알지 못하였으므로 판시한 바와 같은 목적으로 동 피고인과 전혀 유괴를 공모하지 않았다는 내용으로 해명하였다.

원판 공판조서의 공술기록에 의하면, 피고인 고○섭은 일찍이 그 형으로, 동 피고인의 주소지에 거주하면서 요리점 및 창기주선업을 하는 고용순 집의 가업을 보조하면서 지낸 것이 명백하다. 동 피고인이 당 법정에서 고용순이 자기가 대구에 와서 신○철 집에 체재 중 자신에게 보낸 편지와 자백한 증거 제1호의 문서, 특히 그중 "너도 아는 바와 같이 어제 하얼빈으로부터 2명의 영업자를 구하러 와서 네가 오는 것을 기다리고 있는 은하원(殷河元)도 영업자 1명을 구하러 와서 있다. 가능한 한 빨리 돌아오라"는 내용의 기록 및 사법경찰관 사무취급 중의 피의자 고○섭 신문조서 중, 형으로부터 나에게 받은 편지 물품과 또는 창기가 되는 여자라는 의미의 은하원(殷河元)은 북간도 용정촌(龍井村)에서 요리옥 영업을 하는 자이다. 또 창수와 상의해서 채권자를 끌고 오라는 것은 창기가 되는 여자를 끌고 오라는 의미라는 내용의 공술 기록을 조합하고 참작하면 피고인 고○섭 및 그 형 고용순은 일찍이 하얼빈에서 천업부가 될 부녀를 매입하려 온 자라고 알 수 있다. 피고인 고○섭은 형과 서로 도모하여 이 매주(買主)에게 매도할 위의 부녀를 물색하기 위해 단독으로 판시한 대구에 온 것을 알 수 있다. 따라서 피고인 고○섭 자신은 이전부터 피고인 함○이와 아는 사이로 대구에 온 후 수 차례 동인과 만나 여자를 맡길 집을 의뢰하고 증 제1호의 편지를 신○철 집으로 받았을 때 같은 집에 함께 살고 있는 함○이에게도 그 편지를 보이고 동인의 안내로 김○쇠 집의 윤○이라는 여자를 보러갔다는 내용의 당 법정에서 공술 원심 공판 조서 중 피고인 함○이의 공술로서 자신은 고○섭으로부터 여자의 주선을 의뢰받고 동인과 함께 여자가 사는 김○쇠 집에 가서 나는 여자의 연령이 20세 이하고 용모가 좋지 않으면 중국에서 창기가 될 수 없다고 말하여 여자가 승낙했다고 말했다. 고○

섭은 여자를 신○철 집에 끌고 돌아왔다는 내용의 기록과 함께 검사의 피의자 함○이 심문조서 중 증 제1호의 편지를 본 적이 있고 고○섭은 자신의 형 집에 창기를 구하러 왔다고 하고 있기 때문에 이때 누군가가 마땅히 여자를 끌고 가면 전차금을 높게 얻을 수 있다고 말하고 있는 내용의 공술기록에 의하면 피고인 함○이는 피고인 고○섭의 부녀를 유괴할 뜻을 알았고 서로 함께 판시한 바와 같은 목적하에 부녀를 유괴할 것을 모의했다는 것을 알 수 있다.

앞서 원심공판 조서에 의하면 피고인 고○섭은 이윤기에게 김○생의 식료금 30원을 미리 지불한 외에 사경삼외의 1인에게 소개료로서 15원을 지불한 것은 또한 고○섭과 김○생 사이에 계약서로서 증 제2호를 보면 명백하다. 피고인 함○이는 당 법정에서 고○섭이 윤○이에게 준 20원 가운데 술값으로 3원을 빌려 받았다는 내용을 공술했을 뿐만 아니라 사법경찰관의 증인 김○생 및 윤○이 각 심문조서에 그들은 각자 판시한 바와 같이 권유를 받아 그것을 승낙했다는 내용의 각 공술기록이 있다는 것이다. 이러한 것과 앞에서 게재한 피고인 고○섭의 공술을 종합하면 피고인 등의 각 판시 권유의 범행을 인정하는 증빙이 충분히 되기 고로 피고인 등의 변명을 배척하고 판시사실을 인정하여 피고인 고○섭의 의사계속의 점은 단기간에 동종 행위를 반복해서 여러 번 해왔던 사실의 흔적에 비추어 명백하다.

법에 따라 피고인 등의 소행은 각 형법 제226조 제1항에 대항하여 피고인 고○섭의 소행은 연속범이 되는 고로 동 제55조를 적용하여 하나의 죄로 그 형기 범위 내에 그 피고인을 징역 2년에 처한다.

피고인 함○이는 범죄의 뜻을 알고 있었으므로 동 제66조 제71조 제68조 제3호에 의해 법정의 감경을 하여 형기 범위 내에서 동 피고인을 징역 1년에 처하도록 한다.

1924년 8월 22일 대구복심법원 형사부 소속 재판장 조선총독부 판사 기토(喜頭兵一), 조선총독부 판사 사쿠라다(櫻田良助), 조선총독부 판사 오오야마(小山生)가 판결한다.

해 제

피고 두 명은 부녀를 유괴하여 제국 밖, 곧 중국으로 이송하여 이득을 볼 목적으로 유괴를 하였다. 국외이송 유괴죄로 형법 제226조에 해당한다. 해당 법은 ①제국 밖으로 이송할 목적으로 사람을 약취 또는 육회한 자는 2년 이상의 유기징역에 처한다. ②제국 밖으로 이송할 목적으로 사람을 매매하거나 또는 유괴되거나 매매된 자를 제국 밖으로 이송한 자도 같다. 단, 여기서 언급하고 있는 형법 제226조는 (일본)제국 밖으로 이송할 목적의 유괴에 관한 조항이고 그 밖의 영리, 외설 또는 결혼을 목적으로 한 유괴는 동법 제225조가 규정하고 있으며 그 내용은 영리, 외설 또는 결혼을 목적으로 사람을 약취 또는 유괴한 자는 1년 이상 10년 이하의 징역에 처한다는 것이다. 형법 제226조는 2년 이상의 유기징역이 처해지도록 규정되었는데, 이에 따라 고○섭은 징역 2년에 처해진다. 함○이는 공모자로서 형법 제66조 제71조 제68조 제3호에 의해 법정의 감경을 하여 형기 범위 내에서 징역 1년에 처하였다. 피고인 고○섭은 요리점 및 창기주선업을 하는 형 고용순의 일을 도우면서 피해자를 중국 하얼빈의 요리점에 주선하려다가 국외이송 유괴죄로 검거되었다. 그렇다면 형 고용순 또한 자신의 직업이었던 '창기주선업'의 방식에서 크게 이탈된 방식이 아니었던 것으로 보인다. 그럼에도 불구하고 고용순은 피의 혐의에서 벗어나고 피고 고○섭만 최하 형벌인 징역 2년을 받았다.

7

1912년(大正12年)

칙령 제403호 위반 피고사건

양주홍 판결문
(1923년 형공 제446호, 大正12年刑公第446號, 전주지방법원)

1923년 10월 23일 전주지방법원에서 열린 1심 판결문으로 사건번호는 1923년 형공 제446호(大正12年刑公第446號)이다. 국가기록원에 소장되어 있으며 관리번호는 CJA0001769-0048이다. 피고 양주홍(梁柱烘)은 농업에 종사하는 22세 남자로 본적 및 주소를 전라북도 김제군 용지면 남정리에 두고 있다. 1923년 칙령 제403호 위반 피고사건으로 조선총독부 검사 사카이(酒井赳夫)의 간여로 심리하고 판결했다. 검사는 피고 양주홍을 벌금 30원에 처하고 벌금을 완납하지 못할 때는 30일간 노역장에 유치할 것을 주문하였다.

사건의 내용은 다음과 같다.

피고는 1923년 9월 23일 전라북도 전주군 조천면 동산리의 이발점 이덕문(李德文)의 가게 앞에서 전주군 이서면 갈서리의 이흥술(李興述) 앞으로 온 "도쿄 지방은 대설 재해와 함께 큰 화재가 일어나 다수의 가옥이 무너지고 불타 없어졌다. 사람도 역시 5분의 4는 소실되었다. 교통은 두절되고 수도는 단절되었다. 식량이 부족하여 피난민은 모두 도로 옆에 오두막을 지어 잠시 생명을 보존하고 있다. 밤에는 전기가 없어서 외출하면 일본인 조선인 모두 살해당할 염려가 있어서 외출하는 자가 없다"는 부분을 읽고 계속해서 위 이흥술 및 전주군 조촌면 화전리의 하타(羽田野五郎) 사에몬(左衛門), 기타 성명불상의 조선인 여러 명에게 사람의 마음을 어지럽힐 목적으로 "도쿄에 사는 조선인은 조선독립운동을 하였기 때문에 모두 총살당하였다. 또 내지인이 속속 조선으로 피난을 오고 있다. 이러면 종래 일본인이 조선의 토지를 8할 정도 빼앗았는데 이제는 전부 빼앗을 것이다. 그러므로 조선인인 자는 이러한 때에 독립운동을 일으켜서 일본인의 조선 내 피난을 저지하지 않으면 안 된다 운운"이라고 유언비어를 한 것이다.

법에 비추어 피고의 행동은 1923년 칙령 제403호에 해당함으로 벌금형을 택하여 피고를 벌금 30원에 처한다. 만약 벌금을 완납하지 못할 때는 형법 제18조에 따라 30일간 노역장에 유치한다. 판결은 전주지방법원 고시오(越尾鎮男) 판사 주재로 이뤄졌다.

해 제

전북 김제에서 농사에 종사하고 있는 22세의 피고는 전주의 이발소 앞에서 그 동네 지인에게 온 편지를 읽어주었는데, 그 편지 내용이 문제가 되었다. 편지 내용은 "도쿄 지방은 대설 재해와 함께 큰 화재가 일어나 다수의 가옥이 무너지고 불타 없어졌다. 사람도 역시 5분의 4는 소실되었다. 교통은 두절되고 수도는 단절되었다. 식량이 부족하여 피난민은 모두 도로 옆에 오두막을 지어 잠시 생명을 보존하고 있다. 밤에는 전기가 없어서 외출하면 일본인 조선인 모두 살해당할 염려가 있어서 외출하는 자가 없다. 도쿄에 사는 조선인은 조선독립운동을 하였기 때문에 모두 총살당하였다. 또 내지인이 속속 조선으로 피난을 오고 있다. 이러면 종래 일본인이 조선의 토지를 8할 정도 빼앗았는데 이제는 전부 빼앗을 것이다. 그러므로 조선인인 자는 이러한 때에 독립운동을 일으켜서 일본인의 조선 내 피난을 저지하지 않으면 안 된다"라는 것이었다.

아마도 글을 제대로 읽지 못하는 편지를 받은 사람이 글을 읽을 수 있는 피고인에게 편지 대독을 부탁하여 피고인이 편지를 읽게 된 듯하다. 이에 대해 일본 당국은 피고인은 1923년(다이쇼 12년) 칙령 제403호로 처벌하였다. 이 법령은 간토대지진 후의 사회 혼란을 다스리고 치안을 유지하겠다고 일본정부가 공포한 법이었다.

피고인이 읽은 편지는 대지진은 혼란과 민족차별에 대한 공포 속에서 조선독립을 그 극복방안의 하나로 생각했던 당대 조선인들의 마음을 읽게 한다. 이에 대해 일본 당국은 치안을 어지럽힌다는 명분으로 처벌하기에 몰두했다. 1923년 칙령 제403호는 1925년 4월 치안유지법의 제정으로 폐지되었다.

8

모르히네, 코카인 및 그 염류 취체 위반사건

석○원 판결문
(1924년 형공 제57호, 大正13年刑控第57號, 대구복심법원)

1924년 3월 27일 대구복심법원에서 다루어진 모르히네, 코카인 및 그 염류의 단속에 관한 건 위반사건으로 사건번호는 1924년 형공 제57호(大正13年刑控第57號)이다. 국가기록원에 소장된 문서로 그 관리번호는 CJA0000782-0002이다.

경상북도 경산군 자인면 서부동에 거주하며 농업에 종사하는 석○원(35세)은 모르히네, 코카인 및 그 염류의 단속에 관한 건 위반 피고사건으로 1924년 1월 28일 대구지방법원에서 언도한 유죄판결에 대해 항소신청을 하였다. 대구복심법원은 심리를 위해 합식(合式)의 호출을 하였음에도 불구하고 피고는 정당한 이유 없이 다 번의 공판기일에 출두하지 않았으므로 이에 당 법원은 조선총독부 검사 켄토(千賀順市)의 간여로 형사소송법 제404조, 제401조 제1항에 따라 피고의 진술을 듣지 않고 다시 판결을 다음과 같이 한다.

피고를 벌금 1백 원에 처한다. 또 위 벌금을 완납할 능력을 없을 때에는 피고를 1백일 간 노역장에 유치하며 압수품 중 코카인 2분(分) 및 모르히네 1분은 몰수한다.

그 이유는 다음과 같다. 피고는 의사, 약제사 약종상 및 제약자가 아님에도 불구하고 관할 경찰서의 인정을 받아 1923년 9월 24일부터 동년 10월 7일에 이르는 사이에 의사계속으로 전후 3회에 걸쳐 주사의 위단(爲檀)에 경상북도 경산군 자인면 동부동 김○률 및 동면 옥천동 은○선 등에서 모르히네 및 코카인 등을 소지했다.

위의 사실은 원심 공판 조서 중 피고가 판시한 동일 취지의 공술 기재에 비추어 이를 인정한다.

법에 비추어 피고의 소위는 모르히네, 코카인 및 그 염류의 단속에 관한 건 제6조에 제항을 위반한 것으로 뒤 취체령 제12조 제2호 형법 제51조에 따라 소정 형 중 벌금형을 선정하고 피고를 벌금 1백 원에 처하며 또한 위 벌금을 완납할 수 없을 때에는 형법 제18조에 따라 1백 일간 피고를 노역장에 유치하고 주문 특기한 압수물건은 본 건 범죄 조물로서 피고의 소유가 되며 동법 제19조를 적용하고 그것을 몰수하는 것으로 한다. 이에 주문과 같이 판결한다. 대구복심법원 형사 제2부 소속 조선총독부 판사 마에자와(前澤成美), 기무라(木村四郎), 이명섭이 판결하였다.

해 제

피고가 대구지방법원에서 언도된 판결에 불만을 품고 항소를 했음에도 불구하고 재심 재판에 수차례 출두하지 않았다는 기록이 특기할 만하다. 피고는 의사, 약제사, 약종상 및 제약자가 아님에도 불구하고 관할 경찰서의 인정을 받아 1923년 9월 24일부터 동년 10월 7일에 이르는 사이에 의사계속으로 전후 3회에 걸쳐 모르히네 및 코카인 등을 소지했으므로 벌금 100원에 처해진다. 이 판결문의 내용만으로는 피고가 마약의 중독자인지, 마약의 판매자인지 불분명하다. 그러나 벌금형에 처해진 것으로 보아 후자 쪽에 가까운 것으로 보인다.

9

묘지 화장장·매장 및 화장취체규칙 위반사건

1) 김○순 판결문
(1923년 형공 제170호, 大正12年刑公第170號, 경성지방법원)

묘지 화장장 · 매장 및 화장취체규칙 위반 피고사건으로 1923년 3월 24일 경성지방법원에서 사건번호 1923년 형공 제170호(大正12年刑公第170號)로 공판이 진행되었다. 이 판결문은 국가기록원에 소장되어 있으며 관리번호는 CJA0000255-0066이다.

경기도 가평군 외서면 상천리에 사는 37세 김○순는 조선총독부 검사 사카이(酒井赳夫) 간여로 징역 1년 6월에 처해지는 판결을 받았다.

피고는 첫째, 5년 전 남편과 사별한 이래 노령의 시어머니 및 세 아이를 자기의 손으로 부양하며 지내왔는데 1922년 음력 3월경부터 이웃집 차○원과 사통한 결과 임신하여 동년 12월 22일 오후 7시경 자택 변소에서 생남아를 분만한 바 세간에 수치스러워 자택 온돌방 안에서 화로의 재를 해당 영아의 입안에 막고 손으로 그 코와 입을 눌러 아이를 질식사에 이르게 했다.

둘째, 동일 오후 8시경 해당 사체를 피고 집의 뜰 앞 퇴비 중에 유기하였다.

이상의 사실은, 1) 피고가 당 공정에서 판시한 영아는 피고가 살해한 것이 아니고 사산되었다고 변호한 외에 판시와 동일한 내용의 공술이 있다.

2) 검사가 피고에 대한 심문조서 중 판시와 같은 내용의 공술 기재가 있다.

3) 공의 이갑기(李甲基)의 사체 검안 중 해당 사체의 입 안에 다령의

석탄재를 발견한 상황으로 추정된 것은 분만 당시 부근의 석탄재를 입안에 삽입하여 질식사한 것으로 의심되지만 자세하지는 않다는 내용의 기재가 있다.

이를 종합하여 인정하기에 충분히 증거가 된다.

법률에 비추어 피고의 판시한 첫째의 소행은 형법 제199조에, 판시 둘째의 소행은 동법 제190조에 각 해당함으로 전자에 대하여는 소정의 3년 이상의 징역형을 선택하고 처단하는 바 윗 사람은 형법 제45조의 병합죄에 관계됨으로 동법 제47조에 따라 무거운 살인죄로 정하는 형에 법정의 가중을 하고 정상을 참작하여 동법 제66조, 제71조, 제68조를 적용하고 참작 감경을 하여 형기범위 내에서 피고를 징역 1년 6월에 처한다. 경성지방법원 형사부 조선총독부 판사 노무라(野村調太郎), 사와키(澤木國衛), 다카하시(高橋隆二)가 담당하였다.

해 제

과부인 피고가 아이를 낳아 질식사시킨 후 집 앞의 퇴비에 아이를 유기하였는데, 살인이나 사체유기죄가 아니라 묘지 화장장 · 매장 및 화장취체규칙 위반죄로 처벌되었다.

형법 제199조는 "사람을 죽인 자는 사형 또는 무기 혹은 3년 이상의 징역에 처한다"는 살인에 관한 죄이고 형법 제190조는 "사체, 유골, 유발 또는 관내에 둔 물건을 손괴, 유기 또는 영득(領得)한 사람은 3년 이하의 징역에 처한다"는 것이다.

묘지 화장장 · 매장 및 화장취체규칙(墓地火葬場埋葬及火葬取締規則)은 조선총독부가 1912년에 발포한 것으로 사설 묘지를 금지하여 공동묘지에만 시신을 묻게 하고 이전까지 한국사회에서 금지되어 있던 화장을 합법화하는 것을 주요내용으로 했다.[27] 따라서 이 사건에 이 법령 위반을 내세웠을 때에는 그에 대한 근거가 있어야 한다. 그러나 판결문 안에서 그 근거를 찾아보기는 쉽지 않다. 피고인이 사체를 퇴비에 유기한 사실에 대하여 해당 법령을 적용했는가 짐작할 따름이다. 영아 살해의 여성 피고인은 정상참작을 통해 감경을 받는 사례를 쉽게 찾아볼 수 있는데 해당 사건 또한 감경을 받은 것을 볼 수 있다.

27) 정일영, 「1910년대 묘지 통제에 담긴 일제 식민지배의 논리」, 『한국민족운동사연구』 80, 한국민족운동사학회, 2014, 79쪽.

2) 김○태 판결문 (1924년 형공 제898호, 大正13年刑公第898號, 경성지방법원)

묘지 화장장·매장 및 화장취체규칙 위반 피고사건 경성지방법원 판결문으로 사건번호는 1924년 형공 제898호(大正12年刑公第170號)이다. 국가기록원에 소장되어 있는 문서로 관리번호는 CJA0000285-0097이다.

경기도 고양군 숭인면 전농리에 살면서 식육행상을 하고 있는 김○태(33세)는 묘지 화장장·매장 및 화장취체규칙 위반 피고사건으로 벌금 20원에 처하였다. 만약 위 벌금을 완납할 수 없을 때는 10일간 노역장에서 구류한다.

그 범죄사실은 다음과 같다.

피고는 1924년 6월 4일 처 이성녀가 남아를 분만하고 해당 남아가 동월 6일 오후 9시경에 사망했음에도 불구하고 동일 밤 사후 24시간을 경과하지 않고 당해 면장의 면허증을 받아서 고양군 숭인면 전농리 동양척식주식회사 출장소 안의 산인 묘지 이외의 땅에 해당 사체를 매장하였다.

그 적용 법조는 묘지, 화장장, 매장 급 화장 취체규칙 제11조 제24조 제1호 제12조, 제24조 제1호, 제22조에 형법 제54조 제1항 전단 제10조(벌금형 선택), 제18조 제2항 제4항이며, 피고인은 이 명령의 등본을 송달하는 날로부터 7일 내에 정식재판을 신청할 수 있다.

1924년 10월 30일 경성지방법원 소속 조선총독부 판사 백윤화(白允和)가 판결하였다.

해 제

피고는 아들이 출생하여 이틀 뒤 사망하자 묘지 이외의 땅에 시신을 매장하여 재판에 회부되었다. 재판은 약식재판으로 진행되었으며, 피고인은 그 내용을 받는 날로부터 7일 이내에 정식재판을 신청할 수 있었다. 태어난 지 이틀 만에 사망한 자신의 아들을 묘지가 아닌 땅에 매장했다는 죄목으로 벌금 20원에 처해진 사건이다.

10

방화사건

1) 전○태 판결문 (1924년 형공 제1002호, 大正13年刑公第1002號, 경성지방법원)

방화사건에 대한 경성지방법원 판결문으로 사건번호는 1924년 형공 제1002호(大正13年刑公第1002號)이다. 국가기록원 소장 문서로 관리번호는 CJA0000284-0101이다. 피고는 경성부 동래정에 살면서 무직인 전○태(22세)이다.

위 사람에 대한 방화 피고사건에 대해 조선총독부 검사 김용찬(金溶瓚)의 간여로 심리하고 징역 5년에 처한다. 그 이유는 다음과 같다.

피고인은 1923년 음력 12월 중 경성부 봉래정 3정목 문○근의 장녀 문○난과 결혼식을 올린 이래 경성부 합동에 동거하고 있었던 바 1924년 음력 정월 중 빚 때문에 그 집을 타인에게 넘겨줄 수밖에 없게 되어 ○난과 함께 문○근 집에서 살게 되었다. 1923년 음력 4월경부터 ○난이 병이 들어 피고와 잠자리를 다르게 하고 있는 것에 불만이 들어 다음 달 하순 동부 봉래정에 일가를 구비하고 이전해서 동거하는 것을 요구하였지만 응하지 않는 것에 분노한 나머지 동녀를 폭행하고 부상을 입혀서 ○난의 부친 문○근에게 고소를 당하기에 이르렀다. 결국 처벌은 면했어도 양자의 감정은 날로 사이가 벌어진 관계로 자주 재미없는 일이 있었음에도 불구하고 ○난과의 동거를 단념할 수 없어 여러 번 아내에게 동거를 강요했는데 드디어 1923년 9월경에 서대문경찰서에 설유를 의뢰하고 ○난에게 동거를 재촉했다. 그녀가 여전히 그에 응하지 않고 오히려 피고인에 대해서 폭언을 함에 따라 결국 ○근 부부가 피고를 싫어하고 ○난과의 이별을 시도하려고 생각하고 깊이 ○근 등의 처치를 분개한 결과 그가 살고 있는 집에 방화하여 태움으로써 그 원한을 풀고자 비밀리에 그 기회를 살피고 있었다. 1923년 9월 14일 밤 외출의 도중 그것을 생각하고 실행을 하고자 결의하고 그날 밤 드디어 원근이 사는 집에 맞닿아 있던 축사의 지붕 안에 성냥을 사용해서 방화함으로 인하여 해당 축사 및 ○근 등이 현재 주거로 사용하고 있는 가옥 일부인 온돌 한 칸, 창고, 부엌 및 기타를 태웠다.

심리에 따라 피고인 및 변호인 등은 본 건 피고인이 화재가 있던 밤 ○난에게 면회를 하자고 문○근의 집에 왔을 때 가끔 사용을 해왔던 그 집의 방을 넘어 있는 초에 점화를 하여 그것을 사용한 후 해당 초를 다 사용하고 그 집에 둔 것을 잊어버린 일은 있어도 방화한 것은 아니라고 변호 주장을 하고 있지만 판시 일시에 판시 문○근의 집 및 집에 딸린 축사(畜舍)가 불에 타버린 사실 및 그 불 탄 정도가 판시와 같다는 것은 사법 경찰관 사무취급이 검증조서에 기재한 내용 및 그것을 첨부된 도면 및 증인 문○근에 대한 예심심문조서의 공술 기재에 따라 명료하다. 피고인이 판시와 같이 문○근의 집을 태워버릴 목적으로 판시한 일시에 판시와 같은 방법으로 판시 축사에 방화한 사실, 방화된 축사가 판시한 문○근의 집에 연이어 있어 해당 축사에 방화하면 필연 문○근의 집에 옮겨 붙을 것을 인식하고 있었던 사실 및 판시한 문○근의 주택 전소의 원인이 피고인이 한 방화 때문에 있다는 것은 사법경찰관이 피고인에 대한 제2회 심문조서 중 자신은 문○근의 집에 대해 한을 풀기 위해 동인의 집에 방화하여 불태우고자 했고 그 기회를 살피고 있다가 1924년 9월 14일 밤 그것을 실행할 것을 결의하고 문○근의 집에 갔는데 사는 집에 직접 방화하면 즉시 발견될 것을 염려해서 다음으로 사는 집에 이어진 축사에 방화하여 사는 집에 옮겨 붙일 방법을 채용하고 해당 축사의 지붕 안에 성냥으로 방화했다는 내용의 공술 기재가 있다.

사법경찰관의 피고인에 대한 제1회 심문조서 중 자신은 성냥으로 방화하고 그것을 보고난 후 집으로 돌아갔다는 내용의 공술 기재가 있다.

증인 조○준에 대한 예심심문조서 중 자신은 문○근이 사는 집의 일부를 빌려서 살고 있는데 1924년 9월 14일 밤 친구와 함께 부근 음식점에 있었을 때 화재가 있는 것을 알고 즉시 집으로 돌아왔다. 문○근의 집 창고 안에 있었던 축사에서 발화가 일어나 창고, 부엌, 온돌 등에 옮겨 붙어 피고인은 상의를 벗고 자신의 거실 앞에서 지키고 있었다는 내용의 공술 기재가 있다.

증인 문○근에 대한 예심심문조서의 자백이 사는 집과 축사와 연이어 있었다는 내용의 공술 기재가 있다.

이를 종합해서 인정할 수 있으므로 피고인이 본 건 방화를 하기에 이르는 동기가 판시와 같다는 것은 사법경찰관이 피고인에 대한 제1회 심문조서의 공술 기재 및 증인 문○근에 대한 예심심문조서의 공술 기재에 따라 명백함으로 위 피고인 및 변호인의 변호 주장을 배척하고 판시 사실을 인정한다.

법률에 비추어 피고인에 소행은 형법 제108조에 해당함으로 그 소정의 형 중에서 유기징역형을 선택하고 피고인을 징역 5년에 처하는 것으로 한다.

1925년 1월 27일 경성지방법원 형사부 소속 재판장 조선총독부 판사 미야모토(宮本元), 조선총독부 판사 와키데츠(脇鐵一), 조선총독부 판사 이주인(伊集院文吾)이 판결한다.

해 제

피고는 잠자리 등의 문제로 부부갈등이 있던 중 아내가 친정으로 가서 돌아오지 않는데 앙심을 품고 처갓집에 방화하고 징역 5년을 언도 받았다. 형법 제108조는 불을 냈을 때에 사람이 거주하거나 또는 사람이 현재하는 건조물, 기차, 전차, 함선 또는 광갱(鑛坑)을 불에 태워 훼손하는 자는 사형 또는 무기 또는 5년 이상의 징역에 처한다는 것이다. 따라서 위의 사건은 사람이 거주하거나 사용하는 건조물이라는 조건에 비추어 가장 가벼운 징역 5년에 처해진 사건임을 알 수 있다. 방화 목적 자체의 정당성에 대해서는 법정에서 취급하지 않는 것이 특이하다. 부부관계를 거부한 아내나 그러한 아내를 비호하며 사위의 요구를 들어주지 않는 장인의 행동에 대해서 피고인의 요구나 방화가 얼마나 부당했는지 대해서는 판결문 안에서 찾아볼 수 없다. 방화로 인한 재산 손실이라는 측면에 주목하여 해당 처벌형 중 가장 가벼운 형을 내리고 있는 것이다.

2) 신○무 판결문
(1924년 형공 제826호, 大正13年刑公第826號, 광주지방법원)

방화사건에 대한 광주지방법원 판결문으로 사건번호는 1924년 형공 제826호(大正13年刑公第826號)이다. 국가기록원에 보관되어 문서로 그 관리번호는 CJA0001970-0107이다.

전라남도 고흥군 봉래면에 사는 신○무(당 28세)의 방화 피고사건에 대해 당 법원은 조선총독부 검사 요코다(横田義太郎)의 간여로 심리하고 피고인을 징역 2년에 처한다. 단 3년간 그 형의 집행을 유예하고 공소 소송비는 전부 피고인의 부담으로 한다. 그 이유는 다음과 같다.

피고인은 16세경부터 목포 앵정 등에서 창기 가업을 하고 남선(南鮮) 각지를 유랑하던 중 1923년 9월경 전라남도 고흥군 봉래면 조○섭의 첩이 되어 동면 신금리에 일가를 이루고 동거하고 있었다. 피고는 천성이 단순해서 술을 먹고 취하면 전후 분별없이 난폭 사나워졌기 때문에 1924년 11월 중순 즈음에는 여자의 아름다움을 자랑하는 자신의 머리카락을 근본으로부터 잘라버리고 투신하는 등 미친 짓을 연출하여 남편 조○섭의 애정도 점차 식은 결과 드디어 그와 이별하고 1924년 11월 22일경 상당한 여비를 주고 부산으로 옮겨 갔다.

피고는 위 조○섭에게 미련이 있어서 그로부터 허락도 받지 않고 1923년 12월 3일 오후 10시경 부산에서 다시 돌아와서 그전에 살던 집이었으나 당시 빈집으로 되어 있던 마을 조○섭 소유의 가옥에 들어가서 그 즈음 고흥군 봉래면 사무소 숙직실에 머물고 있던 위 조○섭을 맞으려고 간절하게 요청했다. 재가를 앞두고 있는 것처럼 사람을 보내어 초

대해도 조○섭은 여기에 응하지 않았다. 다시 피고가 그를 직접 맞으러 가도 소용이 없었기 때문에 소주 약 1합(合)여를 마시고 조○섭의 너무 박정한 것에 분개하며 자기의 앞날을 비관했다. 피고는 짜증을 내고 위 조○섭에 대한 앙갚음으로 조○섭 소유의 가옥에 불을 질러 조○섭을 놀라게 하기로 결의하고 12월 4일 오전 2시경 동 빈집 취사장에서 남아 있는 솔잎에 성냥으로 불을 붙여 불이 나게 했다. 그 집 취사장 벽의 벽지에서 그 취사장 처마 끝의 초가지붕으로 불이 옮겨 붙자 피고는 크게 낭패하여 큰 일이 일어날까 무서워 "불이야 불이야" 연호하고 급하게 마을 사람들에게 알렸다. 그 소리에 놀란 부민 수십 명은 즉시 현장에 달려와서 진화에 노력한 결과 동 지붕을 덮은 지붕 대부분을 검게 태우고 소훼(燒燬)의 목적을 이루지 못하였다.

이상의 판시 사실은 담당 판사의 증인 조○섭에 대한 조서 중 판시에 조응하는 사실이 있는 내용의 공술 기재가 있다.

담당 판사의 증인 우명선에 대한 조서 중 증인이 잠을 자고 있던 중 피고가 방 밖에서 불이 났다고 하면서 어서 꺼달라고 큰소리로 말했기 때문에 증인은 동네 사람들과 공동으로 진화에 노력했다는 내용의 공술 기재가 있다.

담당 판사의 증인 전길천에 대한 조서 중 닭이 한번 울었을 즈음 부근 일대에서 "불이야 불이야"라는 소리에 깨어나서 현장에 달려가서 보니 이미 그때는 진화한 후였다, 벽지가 조금, 솔잎에 조금 정도, 추녀 아래 장대 정도 부분을 태운 정도의 것이었다는 공술 기재가 있다.

사법경찰관 직무취급이 작성한 피고에 대한 제2회 조서 중, 피고가 그 장소에 있었고 불에 탄 취사장에 있던 솔잎에 불을 붙였다는 내용의 공술 기재 및 동 직무취급의 피고에 대한 제3회 조서 중 남자의 박정을 원망하고 나도 남자에게 앙갚음하려고 방화했다는 내용의 공술 기재를 종합해서 방화를 인정할 증거로 충분하다.

법률에 비추어 피고인의 소행은 형법 제112조, 형법 제109조 제1항에 해당함으로 동조 소정의 형기 범위 내에서 피고인을 징역 2년에 처하는 바 피고인은 생각이 얕고 일개 천부(賤婦)가 된 것에 더해 성질이 원래 짜증을 갖고 있는 결과 미련 있는 그 애부(愛夫) 조○섭과 이별하고 그 재가를 간원하고 멀리 부산에서 위 조○섭을 방문했는데도 조○섭의 냉정함에 처하자 분노와 비판에 미친 피고가 건조물을 태울 목적을 시도하고 오히려 애부에 대한 앙갚음에 발작적 짜증의 성질을 발휘하여 판시한 범행에 이르게 되었지만 피고인이 스스로 급하게 소리를 지르고 도움을 요청한 결과 큰불로는 이르지 않고 미수로 끝났을 뿐만 아니라 다행히 그 피해정도도 겨우 몇 개 정도다. 피고는 검거되고 빠르게 그 잘못을 후회하고 회개의 마음을 보였으므로 정상으로부터 형법 제25조에 따라 3년간 그 형의 집행을 유예하고 공 소송비용은 형사소송법 제237조 제1항에 따라 전부 피고인의 부담으로 한다. 이에 주문과 같이 판결한다.

1925년 5월 29일 광주지방법원 형사부 재판장 조선총독부 판사 우치야마(內山十平), 조선총독부 판사 이시가와(石川莊四郞), 조선총독부 판사 송화식(宋和植)이 판결한다.

해 제

피고인은 창기 출신으로서 조○섭의 첩이 되었는데 술만 마시면 난폭하고 주장이 심했다. 이에 조○섭이 이별을 고하자 고향으로 돌아갔다가 다시 재결합을 요청하려 돌아왔는데 조○섭이 응해주지 않았다. 이에 분노하여 방화를 하였으므로 징역 2년에 처하되, 그 집행을 2년 유예하게 되었다. 피고인의 방화 행위는 형법 제112조, 형법 제109조 제1항에 해당했다. 형법 제109조 제1항은 발을 지를 때에 사람이 주거로 사용하지 않거나 사람이 현재하지 않는 건조물, 함선 또는 광갱(鑛坑)을 태워 훼손하는 자는 2년 이상의 유기징역에 처한다는 것이다. 형법 제112조는 그 미수죄도 처벌한다는 것이다. 피고가 미수임에도 불구하고 방화죄에 해당하는 2년형을 받은 것은 꽤 엄중한 처벌을 받은 것이다. 다만 피고는 불이 번지지 않도록 수습했을 뿐만 아니라 반성의 태도를 보이고 있다는 이유로 집행유예에 처해졌다. 이와 관련된 법조문은 형법 제25조이다. 이에 따르면 이전에 금고 이상의 형에 처한 적이 없는 자, 전에 금고 이상의 형에 처해진 적이 있어도 그 집행이 끝났거나 또는 그 집행의 면제를 얻은 날부터 7년 이내에 금고 이상의 형에 처해진 적이 없는 자, 2년 이하의 징역 또는 금고의 언도를 받았을 때에는 정상에 따라 재판확정 날로부터 1년 이상 5년 이하의 기간 내에 그 집행을 유예할 수 있다는 것이다.

3) 소에다 판결문 (1925년 형공 제265호, 大正14年刑控第265號, 경성복심법원)

방화사건에 대한 경성지방법원과 경성복심법원의 판결문으로 사건번호는 각각 1925년 형공 제454호(大正14年刑公第454號), 1925년 형공 제265호(大正14年刑控第265號)이다. 국가기록원에 소장되어 있으며, 그 관리번호는 CJA0000280-0015이다.

본적을 나가사키현(長崎県 南高來郡 西鄕村 字杉山峯)에 두고 경성부 본정 2정목에 거주하며 음식점 영업을 하는 소에다 헤이지로(添田兵次郎, 당 39세)가 피고이다. 이 사람에 대한 방화 피고사건에 대해 당 법원은 조선총독부 검사 이와시로(岩城義三郎)의 간여하에 심리 하여 다음과 같이 판결하였다.

피고인을 징역 10년에 처한다. 압수물 중 면2포(증 제1호, 제2호)는 그것을 몰수한다. 소송비용은 전부 피고인의 부담으로 한다.

그 이유는 다음과 같다.

피고인은 1923년 5월 노다(野田應治)라는 자가 소유한 것의 일부인 위의 거주지 소재 목조 기와의 계단 가옥을 임차하고 이이다(飯田勇)이라는 자로부터 음식점 영업의 양도를 받아온 이래 동 지역에서 영업을 했다. 해당 가옥 내에 있는 자기 소유의 가재도구 일절의 동산에 대해 치요다(千代田) 화재보험주식회사에 대해 5천 원, 공동(共同)화재보험주식회사에 대해 금 2천 원의 각 동산 화재보험에 가입하고 있던 바 평소 가난한 집에 태어나 어려서 양친을 잃고 혼자 어린 동생들을 데리고 구차하게 생활을 하며 일찍이 고초를 겪은 자로서 성격이 우울하고 다

감하였으므로 1925년 1월 4일 비로소 앞에 쓴 본적지에 귀향해서 조카마에다 치즈(前田チヅ)가 자기의 경력을 매우 닮게 된 경우 기타 은의(恩義)있는 친족이 쇠퇴한 가운 등을 목격하고 아픈 감정을 깊이 느껴 그의 구제 회복을 희망하고 있었다. 또 일면 위 영업상태가 당초와 같이 호황 되지 않고 점차 그 수익이 감소하는 경향이 되어 동월 14일 귀성한 후 피차 깊이 생각할 결과 오히려 위의 보험금을 사취하고 그것으로 일가 고향에 돌아가기로 하고 이에 경성부내에서 가장 번화하고 또 가장 인가가 밀집한 위의 주거지의 앞에 기록한 주택을 불태울 것을 기도하고 동월 26, 27일경 석유 1두(斗)가 들은 한 통을 구매해 두고 동년 2월 5일 오후 7시경 자기의 가족 및 고용인의 거주에 사용하는 위 거주지 계산의 서북쪽에 위치한 마츠이(松井定治) 및 그 가족 고용인이 주거로 사용하는 인가의 여자 하인실과 벽 1중(重)으로 접한 다다미 4조반실의 북측 큰 벽장 안에 있는 이불 약 2매 분의 낡은 솜 및 요 1매 분의 낡은 솜에 위의 석유 약 반량을 뿌리고 잔여 석유는 뚜껑 없이 1두가 들어갈 수 있는 간장통 빈 통에 넣고 그 옆에 둔 후 해당 요를 위 큰 벽장 동쪽으로 접하게 하고, 작은 벽장의 천정 속에 올린 후 불을 붙이고 또 불을 내어 확실하게 한 후 다음 6일 오전 4시경 집 입구의 사이를 살피고 성냥을 그어 그것을 위 대압입(大押入) 내의 낡은 솜에 내버려 둠으로 방화로 인해 동 벽장의 네 귀퉁이의 기둥 및 천정대 및 그 바로 위의 지붕을 중심으로 해서 전기 4조반과 마츠이 측과 같이 통한 지붕 약 4평을 불태워버렸다.

따라서 피고인이 판시한 5일 오후 7시경 판시한 거택에서 판시한 바와 같이 석유, 낡은 솜 등으로 준비하여 두고 판시한 6일 오전 4시경 성냥을 그어 그것을 준비하여 두고 판시한 큰 벽장 안의 낡은 솜에 내버려 두어 방화하여 그 때문에 동 벽장의 판시한 부분 및 판시한 지붕 약

4평이 불탔다는 것은 피고인의 당 법정에서 자기는 이웃집 마츠이 측과 벽 1중(重)으로 접하여 판시한 큰 벽장 안의 판시한 이불 2매 분 정도의 낡은 솜에 석유를 뿌리고 또 요 1매 분의 낡은 솜에도 석유를 뿌려 판시한 작은 벽장의 천장 안에 위에 두었지만 석유 1두가 들어간 통의 반분 정도를 낡은 솜에 뿌려 낡은 솜은 가장 먼저 석유를 흡수해버린 때문에 잔여의 석유를 판시한 간장통 빈 통에 넣고 큰 벽장 안 낡은 솜에 두어 자연히 불이 옮겨지게 하여 두고 판시한 6일 낡은 솜에 성냥 한 개비로 불을 붙여 갑작스런 불로 연기가 일어나 화염이 천정을 닿았다는 내용의 공술이 있다.

피고인에 대한 제1회 검사 심문조서 중의 자신은 판시한 5일 오후 7시경 판시한 큰 벽장의 상단에 있는 낡은 솜에 석유를 뿌려두고 같은 밤 집에 들어가 취침한 후 다음날 6일 오전 1시 반경 침대에서 자느라 나오지 않았다. 오전 5시 시계가 울려서 조용히 일어나 성냥 한 개비를 가지고 판시한 4조반의 방에 가서 판시한 큰 벽장의 문을 열고 성냥 한 개비를 그어 위 낡은 솜에 불을 붙였는데 비상한 불의 기세로 점점 타게 되어 드디어 위의 큰 벽장의 윗부분 지붕, 그에 접하는 4조반의 지붕의 일부 및 이웃집 마츠이의 지붕의 일부가 소실했다는 내용의 공술 기재가 있다.

증인 마츠이에 대한 검사의 심문 조서 중 자신집의 2층은 피고인집의 2층과 흙벽으로 경계를 이루고 그 피고인 측의 벽장 안에 해당 부분에 여자 하인이 자는 방이 있었다. 동인이 판시한 6일 오전 4시반경 화재라고 신고하여 일어나서 스스로를 조사해도 이상한 점이 없어 피고인 측으로부터 연기가 빈번히 들어왔기 때문에 우리 집에 접한 그 집의 4조 반의 방을 살피니 연기가 가득차고 천정까지 채우고 있어 드디어 피고인집의 지붕과 접속하는 우리 집의 지붕에 불이 이어져 그 일부를 소실했다는 내용의 공술 기재 및 검사의 검증조서 중 판시 불탄 부분과 동일한 내용의 기재를 서로 조회하고 살펴보면 명료하게 판시한 바와 같은 방화의 동기 및 불이 난 인식의 점은 피고인이 당 공정에서 피고인의 거택의 임차 영업의 양도를 받아 화재보험에 가입하고 귀향할 때의 감동 희망 및 영업 상황에 관한 공술 및 피고인에 대한 제1회 검사심문조서 중의 피고인이 귀향 후에 깊이 생각하고 보험금 사취의 목적 및 석유 1두가 든 1통의 매입에 관한 공술 기재를 종합하면 그것을 인정하기에 충분하다. 따라서 피고인 및 변호인은 당 공정에서 피고인이 위 화재는 무의식의 상태, 적어도 심신미약의 상태에서 행한 것이라는 내용을 주장하고 있어도 앞에서 제시한 인정한 같이 피고인이 판시한 동기로부터 방화의 목적으로 석유를 사용하려는 마음으로 판시한 5일 밤 그것으로 판시한 바와 같이 질서적으로 주도면밀하게 계획하고 계속해서 판시한 6일 오전 4시경에 그 목적을 수행하기 위해 판시한 바와 같이 방화했다는 사실 및 피고인의 당 공정에서 한 공술 및 피고인에 대한 제1회 검사심문조서의 공술 기재를 종합해서 인정할 만하고, 피고인이 판시한 방화의 방법 및 방화 전후 상황을 상세하게 기억하고 있는 사실에 비추어보면 피고인은 방화 당시 무의식 상태는 물론 심신미약의 상태에도 있지 않았다는 것을 생각하기 어렵지 않으므로 해당 주장은 그것을 배척한다.

그런 즉 판시한 사실은 그 증명을 충분히 하고 있다.

법률에 비추어 피고인의 판시행동은 형법 제108조에 해당함으로 동조 소정의 유기징역형을 선택하고 그 형기범위 내에서 중형 처단하고 주문 기재한 압수물은 본 건 범죄행위에 함께한 물품으로 피고인 이외의 사람에게 속하지 않으므로 동법 제19조에 의해 그것을 몰수해야 한다. 소송비용은 형사소송법 제237조 제1항에 따라 피고인으로 전부 그것을 부담하도록 한다.

1925년 6월 18일 경성지방법원 형사부 소속 재판장 조선총독부 판사 미야모토(宮本元), 조선총독부 판사 와키데츠(脇鐵一), 조선총독부 판사 사사키(佐佐木日出男)가 판결한다.

윗사람에 대한 방화 피고사건에 대해 1925년 6월 18일 경성지방법원에서 언도한 유죄판결에 대해 피고인으로부터 적법한 항소를 신청 받았으므로 당 법원은 조선총독부 검사 사카이(笠井健太郎)의 간여하에 다시 심리를 하여 다음과 같이 판결한다.

피고인을 징역 7년에 처한다. 압수물 중 면2포(증 제1호, 제2호)는 그것을 몰수한다. 소송비용은 전부 피고인의 부담으로 한다.

그 이유는 다음과 같다.

범죄 사실은 석유를 구매하고 동월 26, 27일경을 동월 14, 15일경으로 정정한다. 기타는 원판결의 판시한 사실과 동일함으로 전부 그것을 인용한다.

증거에 따라 피고인이 판시한 5일 오후 7시경 판시한 거택에서 판시한 바와 같이 석유, 낡은 솜 등으로 방화를 준비하여 두고 판시한 6일 오전 4시경 판시 방법으로 판시한 장소에 방화하여 이 때문에 판시한 바와 같이 불이 났다는 것의 증거설명은 위 사실에 대하여 원 판결의 증거설명과 동일함으로 그것을 인용하여 판시와 같이 피고인의 거택의 임차영업을 양도받아 방화보험에 가입, 피고인이 태어난 고향으로 돌아갈 때 감동희망과 영업의 상황이 방화의 동기이다.

1925년 1월 24, 25일경 위 석유를 매입한 사실은 피고인이 당 공정에서 공술한 내용으로 명백하다. 변호인은 본 건 방화의 사실은 아직 완전히 이루지 않았다는 내용의 변호를 했어도 앞에서 보인 인정과 같이 불이 난 사실이 있는 이상 위 변호는 그것을 배척한다. 또 변호인은 위 방화는 피고인이 심신미약의 상태에서 행한 것이라는 내용의 항변을 하고 있어도 전기 인정한 바와 같이 피고인이 판시한 동기로부터 방화의 목적으로 판시한 바와 같이 주도면밀하게 준비를 계획하고 드디어 판시한 6일 오전 4시경 그 목적을 수행했다는 판시한 바와 같이 방화를 했다는 사실 및 당 공정에서 피고인의 공술, 원심 공판 조서의 피고인의 공술 기재, 피고인에 대한 검사의 제1회 심문조서의 공술 기재를 종합해서 인정할 수 있고 피고인이 판시한 방화의 방법 및 방화 전후의 상황을 상세하게 기억하고 있을 뿐만 아니라 그 공술이 질서정연한 사실에 비추어보면 피고인이 조금도 심신미약의 상태가 아니라고는 것을 추측하기 어렵지 않으므로 위 항변 역시 그것을 배척한다. 판시한 범죄사실은 그 증명이 된 것이다.

법률에 비추어 피고인의 판시 방화의 행동은 형법 제108조에 해당함으로 동조 소정의 유기징역형을 채택하고 그 형기 범위 내에서 피고인을 주문 제시한 형으로 처단한다. 압수에 관한 면(증 제1, 2호)는 본 건 범죄의 공용물건으로 피고인 이외의 사람에게 속하지 아니함으로 동법 제19조 제1항 제2호 제1항에 의해 그것을 몰수해야 한다. 소송비용은 형사소송법 제237조 제1항에 따라 피고인으로 전부 그것을 부담하도록 한다.

이에 동법 제401조 제1항에 의해 주문과 같이 판결하고 피고인의 공소는 그 이유가 있다.

경성복심법원 형사부 재판장 조선총독부 판사 마츠히로(末廣淸吉), 조선총독부 판사 미야모토(宮元庄藏), 조선총독부 판사 사토(佑藤誠一)가 판결한다.

해제

경성에서 음식점 영업을 하는 소에다(添田兵次郎)는 경영이 어려워 화재보험을 타기 위해 자기 집에 방화를 하여 원심에서 징역 10년형을 받았으나 항소하여 다시 징역 7년형으로 감형되었다. 화재보험금을 노린 자기 집 방화임이 분명히 드러나고 피고인이 주장하는 것처럼 심신미약 상태가 아니었다는 사실이 재차 확인되었는데도, 2심에서 형량이 경감된 것은 상식적으로 이해하기 어렵다. 피고인의 범행에 대해서는 당시 신문에서 보도된 바 있다. 먼저 시기가 앞선 『매일신보』 기사는, 이상한 화재(怪火) 세 건에 관한 것으로 피고인 집의 화재는 그중에 하나였다. 이어서 8일 후에 피고인의 화재의 실상을 보도하는 『동아일보』 기사가 있었다.

시내 3처에 괴화(怪火), 모두 방화의 혐의가 있다고

작 6일 아침에 부내에 괴상한 화재가 세 곳에나 있었다. 6일 오전 4시 7분에 부내 남미창정 58번지 안수홍(安壽洪)의 집에서 불이 일어나서 두 채 3호를 태우고 소방대의 노력으로 동 37번지 음식점 첨전병참랑(添田兵次郎)의 집에서 불이 일어나서 그 집 2층 약간을 태우고 즉시 진화하였고 동일 오전 9시에는 부내 경운동 여자고등보통학교 부속 보통학교의 석탄을 쌓아둔 곳에서 불이 일어나서 석탄 약간을 태우고 즉시 진화하였는데 이제 곧 화재의 출화원인에 대하여는 한 곳도 자세한 사실을 알 수 없는 중 방화한 혐의가 있음으로 각 소관 경찰에서 엄밀 조사 중인데 본정 첨전의 집 화재 난 그 집에 소환으로 있는 7, 8세가량 된 조선계집 아해가 방화한 혐의가 있다 하여 사법주임이 친히 불러다가 취조한다더라(『매일신보』, 1925.2.7).

자가(自家)에 방화, 보험금이 탐나 욕심쟁이 일본인

지난 6일 오전 4시반경에 본정 1정목 40번지에 살며 음식점 영업을 경영하는 첨전병차랑(添田兵次郎, 39)은 제 집 이층에 소음과 잡물품에 석유를 붓고 불을 놓았음으로 그 집과 이웃에 살던 과자점이 반소되어 손해가 300원 가량이나 되었다는 바 그 방화한 원인 즉 첨전은 전기 장소에서 영업을 하여 가는 중이나 많은 식구에 살기가 어려워 항상 별다른 수단을 꿈꾸고 지내든 중 이전에 자기 집에 있는 상품 기타의 동산을 약 7천원에 화재 보험하여 두었던 바 요사이 더욱 생활이 어려움에 그 보험금 7천원을 사기하려는 뜻으로 그 집에 일부러 불을 놓아 태운 것이라는데 그 자는 본래 장기현(長崎縣) 출생으로 이전에 헌병대 말 부리는 일을 하고 지내든 자라 하며 방화죄로 본정 서에 체포 취조 중이라더라(『동아일보』, 1925.2.15).

『매일신보』 1925년 2월 7일의 기사를 보면, 피고인의 심부름꾼으로 있는 7, 8세가량의 조선인 여자 아이가 방화혐의로 경찰서에서 취조당한 내용을 확인할 수 있다. 피고인은 자신의 어려운 형편과 심신미약을 주장하면서 자신이 고용하고 있는 7, 8세가량의 아이에게 혐의를 씌우고 있는 것이다. 그러나 이러한 상황에 대해서는 법정에서 다뤄지지 않았다. 피고인이 체포된 후 『동아일보』는 "욕심쟁이 일본인"이라는 이름으로 이 사건을 전했다. 더불어 이 기사 내용을 통해서 피고인이 헌병대의 말을 관리하는 사람으로서 조선에 들어와 일을 하던 사람이었음을 확인할 수 있다.

4) 길○남 판결문 (1925년 형공 제319호, 大正14年刑控第319號, 경성복심법원)

방화 피고사건으로 경성지방법원과 경성복심법원 판결문이다. 사건번호는 각각 1925년 형공 제192호(大正14年刑公第192號), 1925년 형공 제319호(大正14年刑控第319號)이다. 국가기록원 소장 자료로 관리번호는 CJA0000280-0016이다.

경기도 광주군 경안면에 사는 길○남(20세)의 방화 피고사건에 대해 조선총독부 검사 사토미(里見寬二)의 간여하에 심리하고 피고인을 징역 7년에 처한다. 소송비용은 전부 피고인의 부담으로 한다. 그 이유는 다음과 같다.

첫째, 피고인은 1922년 음력 5월경 당시 경기도 광주군 중부면 대금업 석○균의 장남 석○농(당시 15세)의 내연의 처가 된 이래 그 집에서 ○농과 동거해 오던 바 피고인은 ○농이 정신발육이 충분치 못해서 자연히 그 사람과 친하지 않고 점점 그 집을 멀리하여 위 주소지의 실가에 돌아가고자 하던 참에 석○균의 일가 모두가 현재 살고 있는 전기 가옥을 불태우면 어쩌면 위 희망을 이룰 수 있는 기회를 얻을 것이라고 하여 이에 그 집을 방화하여 그것을 불태울 것을 결의했다.

1) 1924년 음력 6월 중 정오경 위 석○균이 자기의 차남 석○성의 처 김○현의 방 안에 있는 장롱 위에 쌓아두고 있는 방석(蒲團)에 성냥으로 점화했다.

2) 동일 오후 3시경 그 집 석○균의 어머니 김성녀의 방안에 있는 김○현의 의류에 전과 마찬가지로 성냥으로 점화했다.

3) 동일 오후 8시경에 똑같이 김성녀의 방안에 있는 김○현의 장롱 안의 의류에 전과 같이 성냥으로 점화했다.

4) 그 다음날 오후 6시경 위 김성녀 방의 가까이에 있는 동 서까래에 물건 놓는 곳에 솔잎 약 20포를 쌓아두고 앞과 마찬가지로 성냥으로 점화했다.

5) 그 다음날 오전 7시경 같은 집 안 방 물건을 넣어둔 곳 안에 있는 김○현의 의류에 전과 마찬가지로 성냥으로 점화했다.

6) 동년 음력 9월 중 오전 8시경 전기 김○현 방 안에 있는 김성녀의 침구에 전과 마찬가지로 성냥으로 점화했다.

7) 동일 정오경 그 집 석○균의 처 이성녀의 방 안 장롱 위에 쌓아놓은 방석에 점화했다.

8) 그 다음날 정오경 전기 이성녀의 방 안 장롱 안의 의류에 전과 마찬가지로 성냥으로 점화했다.

9) 그즈음 그 집 피고인의 방안 의류상자 안의 석○균의 의류에 전과 마찬가지로 성냥으로 점화했다.

이로써 각 방화한 것도 전기 4)의 경우 병화는 동 솔잎포 중 5포를 불을 내어 가옥에 불을 옮기도록 동 물건을 둔 옥상 안의 나무 및 추녀의 나무를 불태워 밖은 어느 것이라도 점화한 후 즉시 집에 들어와 발견, 불을 꺼서 겨우 점화 물건의 일부를 태우는 데 멈추었고 주택을 태우려는 목적을 이루지 못했다.

둘째, 피고인은 그 후 경기도 광주군 경안면의 실가 길○순이 귀가하자 피고인이 그 이웃집인 대서업 김정호에게 가서 그의 장녀 김아지의 백포(白布)를 오인하고 자택에 가지고 돌아갔다. 그 위에 백포를 자기의 것으로 하려고 생각하고 부근의 농사꾼 강영주의 여동생 강아지에게 버선의 재봉을 의뢰하고 미리 두고 왔다. 피고인은 위 김아지가 강아지에 대하여 해당 백포는 자기의 것이라는 내용을 말하는 것을 듣고 피고인은 그것이 진부를 김아지에게 따지고 자기는 오히려 해당 백포를 절취당했다고 말을 했다. 피고인은 은밀히 김아지를 분하게 여김과 동시에 김아지에게 수치심을 준 것은 반은 강아지에게 그 책임이 있다고 하여 오히려 그녀들의 현재 살고 있는 각 가옥에 또는 그 옆에 붙어 있는 건물을 불을 내어 한을 풀려고 결의했다.

1) 동년 12월 28일 오후 8시경 김정호 측이 취사장 옆에서 퇴적을 한 낙엽을 태움으로 점화하여 방화하고 동 취사장 위의 지붕을 이은 짚의 일부를 불태웠다.

2) 다음날인 29일 오후 8시경 전기 강영주 측 취사장 외편 서까래 아래에 둔 짚더미에 전과 마찬가지로 불을 내어 방화하였으나 즉시 그 집 식구들에게 발견되어 겨우 해방 짚의 근본 일부를 태우고 멈추어 해당 주택을 태우려는 목적을 달성하지 못했다.

3) 다음날인 30일 오후 8시경 전기 김정호 주택에 붙어 있는 별동의 변소의 초가지붕에 전과 마찬가지로 불을 내어 점화함으로써 방화하여 해당 초가지붕의 대부분을 불태웠다.

이상 방화의 소행은 의사계속(意思繼續)한 것이다. 따라서 판시 각일 장소에서 판시한 물건으로 불을 내고 판시한 물건이 판시한 정도로 탄 사실은 증인 석○균, 김정호 및 강영주에 대한 각 예심심문조서의 공술기재 및 예심판사의 검증조서의 기록(동 제2, 제5, 제6 검증 견취도 참조)을 종합하여 인정할 수 있는 바로서 피고인은 당 법정에서 판시한 각 불을 낸 사실은 있지만 피고인이 방화한 것은 아니라는 내용의 주장 모두 피고인에 대한 사법경찰관 사무취급의 심문조서 중 자신은 판시한 석○균의 거택을 불태울 목적으로 1914년 음력 6월 중 전후 5회에 걸쳐 그 집안의 의류, 솔잎 등에 성냥으로 점화하고 또 동년 음력 9월에도 전과 마찬가지로 그 집을 불태우려는 목적으로 혹은 아침에 그 집 안의 방의 방석에, 동일 정오 다시 방석에, 다음날 방의 장롱안의 옷에, 또 그 후 피고인의 방 장롱안의 의류에 각 점화했다는 내용 및 자신은 일찍이 판시한 김정호 측의 백포 일부를 가지고 돌아온 후에 발견했는데 이는 판시한 강영주의 여동생이 김정호의 처에 말하였기 때문으로 오히려 판시한 각 가옥을 불태워 양 집에 대한 한을 풀려고 판시한 날과 시에 판시한 물건을 가지고 성냥으로 점화하였다는 내용의 공술 기재가 있음에 따라 위 주장을 배척한다.

전기 인정한 사실과 종합하여 판시한 각 방화사실 안에서 판시한 행위를 여러 번 반복해서 행동하고 있는 일은 그 족적에 비추어 인정할 수 있다.

판시 사실을 법률에 비추어 그 첫 번째의 4) 및 두 번째의 1)은 각 형법 제108조에, 동 제2의 3은 동법 제109조 제1항에, 그 나머지는 각 동법 제108조 제112조에, 각각 해당하고 이상은 연속범과 관계함으로 동법 제55조 제10조를 적용하여 위 방화기수의 1죄로서 그 소정 형 중 유기징역을 선택하여 그 형기범위 내에서 피고인을 징역 7년에 처함이 가하다. 소송비용은 형사소송법 제237조 제1항에 따라 전부 피고인의 부담으로 해야 한다.

1925년 6월 30일 경성지방법원 형사부 재판장 조선총독부 판사 미야모토(宮本元), 조선총독부 판사 와키데츠(脇鐵一), 조선총독부 판사 사사키(佐佐木日出男)가 판결한다.

복심법원의 판결내용은 다음과 같다.

피고인 대한 방화 피고사건에 대해 1925년 6월 18일 경성지방법원에서 언도한 유죄판결에 대해 피고인으로부터 적법한 항소를 신청받았으므로 당 법원은 조선총독부 검사 카사이(笠井健太郎)의 간여하에 다시 심리를 하여 다음과 같이 판결한다.

피고인을 징역 7년에 처하고 소송비용은 전부 피고인의 부담으로 한다.

그 이유는 다음과 같다.

피고의 범죄사실 및 그를 인정할만한 증거는 원판결 적시와 동일함으로 여기에 인용한다. 법에 비추어 피고의 행위 중 첫 번째의 4) 및 두 번째의 1)은 각 형법 제108조에, 동 두 번째의 3)은 동법 제109조 제1항에, 그 나머지는 각 동법 제108조 제112조에, 각각 해당하고 이상은 연속범과 관계함으로 동법 제55조를 적용하여 위 방화기수의 1죄로서 그 소정 형 중 유기징역을 선택하여 그 형기범위 내에서 피고인을 징역 7년에 처하고 소송비용은 형사소송법 제237조 제1항에 따라 전부 피고인의 부담으로 해야 한다. 이에 동법 제401조 제1항에 따라 주문과 같이 판결하면 피고의 항소는 그 이유가 없다.

1925년 10월 26일 경성복심법원 형사부 재판장 조선총독부 판사 마츠히로(末廣淸吉), 조선총독부 판사 미야모토(宮元庄藏), 조선총독부 판사 유토(佑藤誠一)가 판결한다.

해 제

피고인은 연달아 자기 살림집과 친정의 이웃집에 방화를 함으로써 유죄를 인정받고 징역 7년을 언도받는다. 당시 조선사회는 이 사건에 대해 강제결혼의 폐해와 연결시키고 있었는데 그 관련 기사는 다음과 같다.

강제결혼의 불만으로 방화 상습된 미인

시집에 여섯 번 남의 집에 두 번, 결국 징역 7년에 언도되었다. 경기도 광주군 경안면 경안리 길오남이란 여자는 재작 26일에 경성복심법원에서 방화죄로 7년의 징역의 선고를 받았다는데 그는 17살 되는 때에 동군 동면 산성리 석한균의 장남 도농(15)에게 시집을 가서 살아오던 중 남편 도농은 나이가 어려서 시집살이 할 재미가 조금도 없다 하여 어떠한 수단으로든지 그 집을 면해 나올 계획을 하고 작년 6월경에 전후 여섯 번이나 집안사람 몰래 그 집에 불을 놓았으나 동리 사람에게 발견 진화되어 목적을 달치 못하고 자기 친정으로 돌아가서 있던 중 그 이웃집 김정호의 집에 놀러갔다가 김정호의 딸 김아기의 포목 두 자를 모르고 자기 집에 가져다가 자기 물건 모양으로 꾸미고 자기 친구 강아기에게 맡기어 버선을 지어달라고 부탁하였는바 강아기는 이 포목을 김아기에게 보이며 창피를 당하게 하였다 원망을 품고 그 집을 태워 없애버릴 목적으로 전기 강아기와 김아기 두 집에 불을 놓은 것이 발각되어 그같이 7년 징역을 받은 것이라더라(『동아일보』, 1925.10.28).

피고인은 본인의 의사에 반하여 누군가의 처가 되어야 했지만, 이는 정식 혼인을 거친 것도 아니었다. 따라서 판결문은 피고인이 '내연의 처'라고 표현하고 있다. 확실한 기록이 있는 것은 아니지만, 양 집안의 뜻에 따라 시집의 일하는 사람이나 아이를 낳는 사람으로서 강제로 보내진 것으로 보인다. 피고인은 시집에서 살고 싶지 않았지만, 다른 방법이 없다고 생각해서 일곱 차례나 집에 불을 질렀다. 만약 친정부모가 피고인의 뜻을 들어줄 의지가 있었거나, 들어줄 형편이었다면 방화로 연결되지는 않았을 것이다. 식민지 시기 자신의 불만과 불행을 드러내는 방식으로 방화, 살해 등의 여성범죄가 눈에 띄게 있었다는 사실은 이 시기 본인의 의사에 반하는 삶이 일상적이었던 여성의 삶의 조건과 이 여성들을 침묵시키는 사회구조를 역설적으로 드러낸다고 할 수 있다.

11

병자유기 사건

쿠사노 판결문(1925년 형상 제5호, 大正14年刑上第5號, 고등법원)

병자유기 피고사건에 관한 고등법원 판결문이다. 1925년 4월 15일 고등법원 판결문이며 사건번호는 1925년 형상 제5호(大正14年刑上第5號)이다. 국가기록원에 소장되어 있으며 관리번호는 CJA0000543-0027이다.

피고 쿠사노 구마사부로(草野熊三郎)는 후쿠오카에서 살다 조선으로 넘어온 사람으로 주소지는 함남 원산군 중정이다. 현재 무직으로 나이는 52세이다. 1925년 1월 28일 경성복심법원에서 언도받은 판결에 대하여 피고가 항소하여 조선총독부 검사 츠카하라(塚原友太郎)의 간여로 판결한 사건이다.

변호인 모토기(本木房吉)의 상고이유는 다음과 같다.

제1점은 원판결에서 피고인은 1916년(다이쇼 5년) 5월 중 나가사키현(長崎県) 미나미쿠시야마촌(南串村) 토라야(眉登良)의 에이센(永仙三郎)의 여동생인 치토(チト, 당 35세)와 결혼하여 입적수속을 하고 원산부에서 동거 중 동인이 1922년 3월경부터 폐결핵을 앓게 되자 피고는 동인을 꺼려서 동년 5월 중 치료를 하기 위해 일시 그 생가에 돌아가게 함에 동인이 다음해인 1923년 2월 25일 병을 치료할 목적으로 다시 원산에 와서 동거하기를 요구하자 피고는 당시 동인이 위의 질병으로 인해 일상생활을 하는데 필요한 동작을 하게 되면 병세가 더욱 진행되어 그 건강을 잃고 그 생명을 해칠 상태에서 피고는 동인을 보호할만한 책임이 있음에도 불구하고 그것을 거절하여 따로 별거하게 했다. 그 위에 같은 해 3월 18일 이후 의약 기타 음식물 등을 주지 않아 그 생존에 필요한 보호를 하지 않았다고 판시했다.

그렇다 하더라도 치토의 병증에 관한 의사 호시노(星野和正)의 감정서에 의하면 현재 증상이 있는 부분에 체격, 영양이 모두 중등이고, 안면에 조금 빈혈이고 얼굴 모양은 자연스럽다. 눈꺼풀의 결막 및 입술은 보통으로 빈혈이라고 할 수 없다. 혀는 조금 백태가 꼈고 인두(咽頭)에 조금 빈혈이 있다. 맥박은 72회로 가늘고 작고 유연하고 체온은 36도 9분이며 호흡수는 10회 좌우 쇄골 위 명치가 조금 함몰되어 있고 청진(聽診) 상 탁음계 및 심음에 이상이 없다. 폐부는 타진(打診)했을 때 전면 상부 첫 번째 갈비뼈 사이까지 가벼운 정도의 탁음을 보이며 간과 폐 사이에는 여섯 번째 갈비뼈 사이에 상당하는 왼쪽 전면은 이상이 없다. 오른쪽 등 면은 거의 전부 가벼운 정도의 탁음이 있고 왼쪽 등 면에는 변화가 없다. 청진상 오른쪽 반부(半部)는 전면 등 면 모두 호흡 소리가 조잡하여 중등 크기의 수포음을 다량으로 들을 수 있다. 왼쪽 반부(半部)는 현저한 변화를 인식할 수 있는데 그에 의하면 치토의 병증이 폐결핵인 것은 의심할 바 없는데 극히 양성 완만성에 속함으로 거의 보통의 건강한 사람과 동일한 동작을 할 수 있는 상태라고 할 수 있을 것이다.

또 감정서 중 발병력 역시 경과의 부분에는 문진(問診)함에 환자는 1921년 8월 중부터 때때로 기침을 느끼고 동년 10월부터 다시 경미한 열 증상이 더해져서 의사의 치료를 받고 11월중 전부 치료하고 이어 1922년 3월 감기에 걸려 다시 기침열 증상이 있어서 의사의 진료를 받고 치료하여 그 권고를 받고 동년 5월부터 내지에 전지 요양을 하여 병의 증상이 좋아져서 1923년 2월 원산부에 돌아온 이래 전신 권태 피로감 미열 왕래 식사부진 등이 있어서 금일에 이른 것도 문진은 감정인이 의학상의 지식에서 실험한 증상을 보이고 있지 않아 단순히 잠깐 정도에 말하는 바를 기술한 것에 불과하다면 처음부터 진실로 믿을 수 없고 가령 그것을 사실이라고 믿는다고 해도 치토의 병증은 양성 또 원만성의 폐결핵인 것을 부정하는 자료가 아니다. 감정서 중 감정의 부분 3)에 환자의 자활에 관해 단순히 환자의 현상만으로 판단한다면 환자는 그 자활에 필요한 동작을 할 수 있었고 무엇보다도 병정의 방면에서 생각할 때는 마음을 다한 치료와 섭양에 노력했어도 병증의 악화를 필요치 않는 예방을 할 수 있었다는 것은 보증할 수 없었다는 고로 환자가 자활의 길을 강구하면 언제나 의료를 게을리 했다고 하더라도 병증을 증진시키고 예후를 악화했을 우려가 충분함으로써 병의 치료상 장차 생존상의 견지에서 보아도 환자는 자활의 길을 영위해 갈 수 없었다고 인정할 수 있다. 감정인이 그 일상생활을 영위함에 요하는 동작이라는 말을 어떠한 의미로 해석했는지는 다소 불분명한 혐의가 없지 않아도 환자가 자활의 길을 강구했다면 운운의 말 및 전기의 각 증상에서 보면 감정인의 의미는 치토로 하여금 자기의 노동에 따라 생활의 자료를 얻는 목적으로써 혹은 업무를 하지 못하는 것은 위험의 우려가 있다고 할 수 있다.

타인의 도움을 받지 않고 본인만의 능력으로 한다면 그 생명에 대하여 위험에 대항하는 것을 할 수 없는 정도의 것의 예라면 스스로 음식을 섭취하고 스스로 눕고 일어가는 것도 불가능한 상황에 있었다는 의미에 있지 않다는 것을 알기에 어렵지 않다. 또한 치토가 시마바라(嶋原)에서 원산에 도착함은 1923년 2월 25일로써 병중 먼 길의 여행을 했음에도 불구하고 각별한 영향이 있었다고 생각되지 않고 즉일 집에 들어와서 피고를 면회 교섭하고 다음으로 위자료에 대하여 시바다(柴田藤枝)의 여러 사람과 왕복 절충하고 남편의 면전 여하를 불구하고 스스로 인사상담소에 가서 피고의 가능한 한 많은 돈의 위자료를 내도록 하고 또 시바가와(屢川澤) 변호사, 모 신문 기자 등을 방문하고 많은 민형사

사건을 제기한 것에서 부인으로서는 상당히 심신을 썼다고 생각함에 하등 병증에 변화를 보이지 않는다. 피고의 동산을 차압할 때와 같은 것은 두 차례 모두 집에 와서 그곳에 입회해서 쟁론하고 서로 욕하고 명예훼손 사건을 야기한 것은 기록 1건에 나타나고 극히 명백하다.

1924년 9월 20일에는 원산지청에, 1924년 11월 26일에는 경성복심법원에 증인으로서 법정에 나와서 하등 건강한 사람과 다를 바 없었다. 검사의 오오이시(大石兵衛)에 대한 심문조서에 의하면 치토가 백분이 질퍽질퍽하여 매음부를 보는 것 같다고 남편과 욕하였는데 이는 치토가 병자의 모습을 떨쳤다고 보기 충분하다. 치토가 1923년 3월 18일 이후 피고로부터 급여를 받았다고 했는데 그 사이 실로 만 2년이 됨에 치토는 별로 간병인을 필요로 하는 사실도 없고 자신에게도 생활상의 일절을 처리하고 재봉해서 상당한 수입을 올리고 금일에 이르러 아직 병세의 증진을 보인 일이 없어 원 판결에 치토가 질병으로 인하여 일상생활에 필요한 동작을 할 때 병세가 심해져서 그 건강을 잃고 그 생명을 해치는 상황에 있었다는 사실 인정은 중대한 사실에 대한 뚜렷한 오기라고 할 수 있을 것이다.

동 제3점은 원 판결이 치토가 일상생활을 영위함에 필요한 동작을 하는 것은 결국 그 생명을 해하는 상태에 이른 것이라고 설명해 보이는 것은 과연 어떠한 내용을 가지고 있는가. 조금 명료하지 않다고 누구도 위는 형법 제218조의 해석에서 보아도 병자가 그 생활 자료를 자급할 수 있는지 없는지에 관계없이 본인의 능력으로 그 생명에 대해 위험에 대항하는 행위를 하는 것이 불가능 하다는 것의 예라면 병자 스스로 음식을 구하는 것도 할 수 없고, 또 자유롭게 눕고 일어나는 것도 할 수 없는 것과 같은 경우를 가리키면 거의 의심할 여지가 없을 것이다. 만약 이에 반하여 원 판결의 취지가 치토는 생활 자료를 자기의 노동에 의해 획득하는 것을 할 수 없는 증상에 있음으로 이에 대해 생활에 필요한 물자를 공급할 수 없는 피고의 행위는 유기죄를 구성한다고 할 수 있다고 한다면 전부 법률의 해석을 과도하게 한 것이다. 피고에 대한 부당한 죄책을 부담시키는 위법의 판결이라고 할 수 있다.

변호인 세츠야마(切山篤太郎) 상고 취지의 제1점은, 원 판결이 그 사실 이유에 "피고는 1916년 중 나가사키현(長崎県) 미나미다카키군(南高來郡) 미나미쿠시야마쵸(南串山村) 토라메(眉登名)의 에이키치(永吉仙三郎)의 동생 치토(당 35세)와 혼인하여 입적수속을 하고 원산부에서 동거 중 동인이 1922년 3월경부터 폐결핵을 앓게 되어 피고는 동인을 싫어하여 동년 5월 중 치료를 위해 일시 그 생가에 돌아가라고 함에 동인이 다음해인 1923년 2월 25일 병의 치료를 목적으로 다시 원산에 돌아와서 동거를 요구하였는데 피고는 당시 동인이 위 질병으로 인하여 일상생활을 영위하기에 필요한 동작을 하기에는 병세가 심해지고 그 건강을 잃어 그 생명을 해하는 상태에 이르러 피고는 동인을 보호할 책임이 있는데도 불구하고 그것을 거절하고 다른 곳에 별거를 시키는 위에 동년 3월 18일 이후 의약 기타 음식물 등을 주지 않아서 그 생존에 필요한 보호를 하지 않았다는 것이다"는 판시한 형법 제218조 제1항에 문의 처단했음에도 동조에 소위 늙은이, 어린이, 불구자 또는 병자와는 동법 제217조에 소위 도움을 요할만한 자와 같은 신체정신의 불완전한 상태이기 때문에 스스로 생활을 유지함에 필요한 일상의 동작을 할 수 없는 자를 가리켜 그 생활 자료를 자급할 수 있는지 없는지 묻지 않는 것은 논할 필요가 없다.

그러함에 원 판결이 증거로서 인용하는 의사 호시노(星野和正)의 1924년 5월 13일 작성된 감정서에 "병증의 방면에서 생각할 때는 온 마음으로 치료하고 섭양하기에 힘써도 무릇 병증 악화를 반드시 예방할 수 있다는 것은 보증할 수 없기 때문에 환자가 자활의 길을 구하는 것은 항상 의료를 게을리하지 않아도 병상을 증진하고 예후를 험악하게 할 우려가 충분함으로 치료상 장차 생존상의 견지에서 보아도 환자는 자활의 길을 영위할 수 없었다고 인정된다"는 기록으로 그 취지가 있다. 그리고 동인이 생활 자료를 자급함에 필요한 동작을 할 수 없다고 함에 불구할 뿐만 아니라 오히려 그 전단에는 "환자의 현상만으로 단정하면 환자는 그 자활에 필요한 동작을 할 수 있음"이라는 기재가 있어 쿠사노 치토는 스스로 생활을 유지함에 필요한 일상의 동작을 할 수 없었던 자가 아니라는 것이 분명하다.

더욱이 이 현상에 제1심 공판 조서 및 제2심 공판 조서에서 명확했던 것과 같이 쿠사노 치토는 1924년 9월 20일 증인으로서 원산법원 지청 공판정에 출두하여 하등의 지체 없이 공술을 하고 다시 1924년 11월 26일 멀리 원산에서 경성복심법원 공판정에 출두하고 건강하에 공술을 한 사실에 비추어도 동인이 생활에 필요한 일상의 동작 이상에 동작을 할 수 있는 자라는 것을 증명할 수 있다고 할 것이다. 따라서 피고가 동인에 대해 보호를 주지 않았다고 하는 것도 이로써는 아직 유기죄를 구성함에 충분하지 않음에도 불구하고 원 판결이 이를 형법 제218조 제1항에 문의 처단한 것은 의율착오(擬律錯誤)의 위법이라고 할 수 있다. 그럼에도 형법 제218조에 소위 병자의 질병 때문에 도움을 요하는 자, 자세히 말하자면 질병으로 인해 타인의 도움을 기다리는 것 말고는 자력만으로 생활을 유지하는 것이 불가능한 상태에 있는 자를 범칭하는 것이기 때문에 단순히 음식의 섭취, 눕고 일어나는 것과 같이 직접 건강 생명의 유지에 필요한 행동을 스스로 하지 못하는 정도의 병의 상태에 있는 자뿐만 아니라 가령 이 정도에 도달해도 질병으로 인하여 자력만으로 입고 먹고 일어나고 눕는 설비를 할 수 없는 자는 물론 스스로 생활 자료를 취할 수 없는 노무에 종사함에는 병세의 악화를 부르고 그 생명에 대한 위험을 증진할 우려가 있는 자도 역시 똑같이 동조(同條)에 규정하는 병자 중에 포함하지 않는다. 모두 동조에는 그 객체로서 병자 외의 늙은이 불구자 등을 거론함으로써 늙은이 불구자 등에서는 노쇠자는 신체조직의 결함이 있음에도 불구하고 오직 자력에 의해 입고 먹고 일어나고 눕는 설비는 할 수 있어도 이 때문에 자기의 노무에 따라 생활 자료를 자급자족하기에 감당하지 못하는 자여서 이와 같은 것은 원래 타인의 도움을 기다리지 않고서는 생활을 유지할 능력이 없는 상태에 있는 자, 즉 도움을 요하는 자인 것은 의심 없는 바이다. 따라서 이러한 자와 마찬가지로 거론한 병자도 역시 서술한 바와 같이 넓게 해석하는 것에 상당한다. 원 판결이 설시한 "당시 치토가 폐결핵으로 인하여 일상생활을 영위하기에 필요한 동작을 한 것은 병세가 악화하고 그 건강을 잃어 그 생명을 해할 상태에 있었다"는 것은 모두 치토가 앞에서 설명 중 말단에 말하는 바와 같은 병의 상태에 있던 자였음을 설명하고 보여주는 것에 다른 아니다라는 것은 재판문을 통람하면 명백한 바 이 때문에 원심이 역시 병자의 범위를 넓게 해석하고 그 남편인 피고 동인에 대하여 그 생존에 필요한 보호를 하지 않은 사실을 인정하고 이를 동조 제1항의 죄에 해당한다고 한 것은 지당하다면 모토키(本木) 변호인 상고취의 제3점은 이유 없다.

다음으로 논한 바 감정서 3)의 부분에 기재한 바는 그 내용은 모토키 변호인의 해명하는 바와 같이 이에 따르면 치토의 병 상태는 원심이 인정한 바와 같은 상태에 있는 것이 되는 것을 인정할 없는 것은 아니다. 따라서 원심이 그에 따라 이를 인정한다면 위법이 아님으로 그 사이에 오인을 의심할 여지는 없다. 다시 폐결핵증에 걸린 자로서 여행, 타인과의 응접 등의 행위를 감당한 것도 그러함에도 스스로 생활 자료를 취하려는 노무에 종사하기에 감당할 수 없는 자가 있는 것은 실험상 현저한 사실로서 이와 같은 자도 역시 앞에서 보인 말단의 도움을 요하는 병자에 다름 아닌 바, 따라서 치토가 가령 논지에 거론됨과 같이 행위를 했다고 하더라도 이로써 오로지 치토의 병 상태에 관한 원심의 인정에 오인이 있었다는 것을 의심할만한 현저한 사유가 있다고는 말하기 어려움에 따라 각 변호인의 상고 이유 제1점은 역시 이유가 없다.

변호인 모토키(本木房吉) 상고 이유 제2점은 원 판결은 피고는 치토를 보호할 책임이 있음에도 불구하고 이를 거절하였다고 설시(說示)한 것도 치토는 오빠 나가요시(永吉仙三郎)을 개입하여 피고에게 이혼을 신청하기 위한 것일 뿐만 아니라 원래 시마하라 출신의 매춘부여서 간도, 회령, 청진 등의 각지를 부평초와 같이 전전하고 방랑의 생활을 해오던 자라면 원래부터 정조가 무엇인가를 말할 수 없다 해도 이유가 있어도 누구도 위자료를 강요함으로 혹은 인사상담소에 사건을 제출하고 혹은 일가의 비밀을 신문기자에게 폭로하여 그 도움을 구하며 혹은 피고에 대해 대리인으로서 허다한 민형사 소송을 제기하는 등의 부정을 다하고 피고의 관리인 면목을 더럽히고 결국 피고로 하여금 사직하는 데에 그치지 않음에 이르렀다. 다음과 같이 치토와 피고는 법률상 부부관계가 있어도 피고는 사실상 원수 이상의 박해를 받고 있다면 남편인 피로로부터 나아가 이와 같이 부정한 처에 대해 듣기 좋은 따뜻한 말로서 그를 맞이하고 필요한 생활 자료를 제공할 이유가 없다. 치토는 항상 지분(脂粉)을 하고 시내를 배회하고 거의 병상에 누워 있었던 일도 없었으므로 만약 생활 자료의 급여를 달라고 요구한다면 스스로 남편인 피고의 무릎 아래에 뛰어들어 종래의 죄를 사죄하고 그 동정을 바라야 할 것이다. 치토는 1923년 3월 중 피고와 말싸움을 한 후에는 일절 피고에게 가까이 가지 않았다. 제1심에서 동인이 "그것은 기회를 준 것이라고 말하면서 주지 않았다고 생각해서 유타로(雄太郎)에게 무엇이라도 요구한 것이 없다"는 진술에 의하면 피고 치토를 버리지 않았고 치토가 스스로 피고와 절연했다는 것을 알 수 있음에 충분한 고로 피고가 치토에게 생활 자료의 급여를 거절했다고 설시한 원 판결은 이 점에서도 중대한 사실에 대한 오인이라고 할 수 있다.

변호인 세츠야마의 상고 이유 제2점은 재심 공판 조서 중 증인 켄모치(劍持絲平)의 공술 기재 동 공판 조서 중 증인 시바타(柴田實)의 공술 기재 및 압수에 관한 함흥지방법원 위자료 청구사건의 증인 후지에(藤枝)의 심문조서의 기재에 따라 명확함과 같이 쿠사노 치토는 피고와 이별할 의사를 가지고 피고에 대하여 소위 위자료를 요구하고 피고의 친구 원산세관 관리 후지에 및 시바타의 중재에 의해 피고에게 쿠사노 치토의 요구대로 금액을 지급하기로 했음에도 불구하고 '치토'는 기 요구액을 변경 증가하여 위 두 사람의 중재를 무시하고 다시 원산경찰서 내인(內人)상담소에 원출(願出)해서 동 장소에서도 역시 피고는 '치토'의 요구대로 금품을 지급하기로 했음에도 불구하고 '치토'는 다시금 그 요구액을 변경 증가하여 과다한 요구를 하기에 이르렀다. 피고도 역시 그 불법을 분노하여 '치토'에 대하여 금후는 일절 상관없다고 선언하고 '치토'도 그 후 피고에 대하여 하등의 요구도 하지 않았다(제1심 공판 조서 중 쿠사노 치토와의 공술 기재에 따라 명확하다). 이에 흡사 국가와 국가가 최후 통첩에서 교전성태에 들어온 것과 마찬가지 상태에 이르게 되었다고 할 수 있다. 이 상태 아래에 누가 스스로 부정비행의 처에 대해 머리를 조아리고 백배 사죄를 하여서 금품을 받기를 청하고 보호를 받는 것을 요구하는 자는 없을 것이다.

요컨대 피고가 쿠사노 치토를 유기한 것이 아니라 쿠사노 치토가 스스로 피고의 보호를 받지 않은 것 외에는 아니다. 그러함에 원 판결에서 피고가 쿠사노 치토를 유기한 것으로 하면서 형법 제218조 제2항(제1항의 오기로 인정됨)을 적용 처단함은 위법을 면하지 못한다고 할 수 있다.

그러함에도 불구하고 치토가 나아가 피고인과 끊고, 혹은 피고인을 유기한 사실은 각 논지에 거론된 증거에 의해서도 장차 또 기타 기록을 통람해도 아직 현저하다고 할 수 있다. 오직 치토토가 논지에 거론함과 같이 처로서 분노하기 어려운 행동을 한 것은 인정할 수 있다고 해도 이러한 일들은 형의 양을 정하는 데에 영향을 미치는 사유에 그치고 아직 이로써 치토와 피고의 부부관계가 단절되고 혹은 치토가 피고인을 유기했다고는 인정할 수 없지 아니한 것은 아닌 바 따라서 원심의 인정은 그 오인이 있다는 것을 의심할만한 현저한 사유가 있다고 할 수 없다. 또한 따라서 위 인정사실에 대해 형법 제218조 제1항에 문의하면 위법이 아니다. 논지는 이유 없다.

따라서 상고는 이유 없는 것으로 하고 형사소송법 제446조에 따라 주문과 같이 판결한다.

1925년 4월 15일 고등법원 형사부 재판장 조선총독부 판사 오오가와(小川悌), 조선총독부 판사 이토오(伊東淳吉), 조선총독부 판사 다다(多田吉鍾), 조선총독부 판사 노무라(野村調太郎), 조선총독부 판사 모리다(森田秀治郎)가 판결한다.

해 제

피고는 그 처의 병을 빌미로 하여 친정에 돌려보낸 후 동거요청도 거절하고 유기하였다. 이것이 과연 병자유기죄에 해당하는지 고등법원에서 따지고 있다. 피고인은 아내가 먼 거리를 왕래할 수 있을 정도로 건

강상태가 괜찮고 자급해서 먹고 살 수 있는 능력이 있다고 항변하였으나, 법원은 이것이 병자가 아니라는 사실을 입증하는 것은 아니라고 판단하고 항소 기각 판결을 내렸다.

12
살인사건

1) 송○규 판결문 (1923년 형공 제258호, 大正12年刑控第258號, 경성복심법원)

공부를 하는 20세 된 청년이 아내를 살해하고 재판을 받은 사건이다. 경성지방법원과 경성복심법원에서 열린 공판으로 사건번호는 각각 1923년 형공 제200호(大正12年刑公第200號)와 1923년 형공 제258호(大正12年刑控第258號)이다. 국가기록원에 소장된 자료이며 관리번호는 CJA0000235-0013이다. 이 파일 안에 1심 원본과 2심 사본이 모두 들어있다.

원적을 전라북도 익산군 왕궁면 광암리에 두고 경성부 공평동에서 거주하고 있는 피고인은 20세의 청년이다. 피고인은 자신의 아내를 살해한 사건으로 기소되었는데, 조선총독부 검사 야마구치(山口藤吉)가 간여하여 심리하고 징역 5년을 구형한 사실에 대해서 법정에서는 그대로 판결하였다. 그리고 압수물건 중 작은칼 1개(1923년 영(領)292호의 4-1)는 몰수하고 그 나머지는 소유자에게 환부하기로 결정하였으며, 공소재판 비용은 피고가 부담하는 것으로 결정하였다. 범죄 내용은 다음과 같다.

피고는 상당한 자산을 가진 농가의 차남으로 태어나 15세가 되어 전라남도 장성군 북이면 명정리 김○의 장녀 김○유(당 22세)와 결혼한 아래 피고의 위 본적지에서 동거하고 사이에 아이 한 명을 얻었다. 피고는 태어나기를 두뇌가 건전하지 않고 향리의 보통학교를 졸업한 후 전주고등보통학교에 입학했지만 성적을 얻을 수 없어 중도퇴학에 그쳤다. 우연히 1922년 음력 3월 15일 위 김○가 경성부 공평동에 이주하게 되어 피고는 다시 면학을 계속할 목적으로 동년 음력 7월 중 처자와 함께 상경했다. 김○ 집에서 동거하고 동부 내원동 휘문강습소에 통학했지만 피고가 학업성적을 얻을 수 없는 것은 이전과 다르지 않았다. 오히려 경쟁이 격심한 도회의 공기는 더욱 자기를 무능하다고 느끼게 하기에 충분했을 뿐만 아니라 한편 피고는 그 능력 등에 관해서 양친의 이해를 잃었기 때문에 재산을 나누어서 독립하기 어렵다고 생각했다. 드디어 장래희망을 잃고 원망으로 즐겁지 않은 날이 더해져 일상생활에서 처 김○유와 원만하지 못하게 되었다. 부부의 정애(情愛)가 살갑지 않고 그 세상을 보는 것이 과감에 이르게 되어 결국 김○유를 살해하고 자신도 죽을 것을 생각했다. 그 기회를 살피고 있다가 1923년 2월 22일 김○유가 연초를 맞아 동부 숭인동 송택규의 집에 가서 하룻밤 자고 돌아오는 길을 기회로 결행하기로 하였다. 다음날 23일 동부 내 창덕궁 앞 전차정류장 부근의 철물점에서 작은칼(小刀) 1개(증 제4-1)를 구입하고 그것을 휴대하여 위 송택규의 집에 갔다가 돌아오는 김○유를 마중하고 오후 3시경 동인을 유혹하여 동부 서사헌정 남산장 뒷산에 데리고 가서 동 별장의 서북쪽 약 17칸을 건너 소나무 숲 안에 도착하여 피고는 먼저 평소 소지한 작은칼을 손에 들고 김○유에게 자살을 강요했지만 그녀가 위 칼을 뿌리치고 그것을 받아들이지 않자 유일하게 전기 소지한 작은 칼로써 그 여자의 인후부를 수차례 찌르고 위 측 경동맥을 절단하여 이에 그녀의 절단구에서 대 출혈이 일어나 심장마비를 일으켜서 그 장소에서 사망에 이르게 하여 그 살해 목적을 달성했다.

위의 사실은 1) 당 공정에서 살해결의의 일시에 관한 점을 제하고 피고가 판시와 같은 내용으로 한 공술이 있다. 2) 참고인 김○에 대한 예심조서에서 피고와 참고인의 장녀 김○유는 그 사람이 17세 때에 결혼한 이래 향리에서 동거하고 금년 2세의 아이를 두었는데 1922년 봄 참고인이 자녀의 교육이 많은 경성에 집 한 채를 구입하고 당시 피고는 보통학교를 졸업하고 고등보통학교에 입학했지만 학업성적이 좋지 않아 도중에 퇴학하고 면학을 목적으로 처자와 함께 상경하여 참고인 집에서 동거하며 강습소에 통학했다. 그러나 대부분 외출을 하여 학업에 열심히 하지 않아 항상 면강하라는 충고를 했지만 김○유의 말을 들으면 부지런하고 면강한 기운이 없다고 말해 오는 것을 들어왔다. 피고 및 김○유의 부부 사이는 평소에 좋았지만 작년 가을에 싸운 일이 있어 그 후 피고가 칼을 소지하고 김○유를 죽이겠다고 말하는 것을 듣고 피고의 친부(實父)에게도 말해서 간절히 설유를 하였다. 두 사람을 함께 외출시키지 않으려고 주의를 하고 있었고 당시 피고는 아버지로부터 재산을 나누어 별가하겠다고 말하는 것을 김○유로부터 듣기도 하고 학업비는 친부로부터 송금이 오는 모양이었어도 여유는 없었다. 위와 같이 면강할 수 없는 것을 비관하고 큰일을 야기할지도 몰랐다고 생각했다는 내용의 공술 기재가 있다.

3) 의사 다나카(田中丸治平)가 작성한 감정서에는 판시에 부합하는 김○유의 창상(創傷)의 부위 정도 기재와 그 사인(死因)이 작은 예리한 첨단의 칼로 인한 자창(刺創) 때문이고 그 창상의 정도에서 타동적인 급격한 폭력이 있었을 것이라는 내용의 기재가 있다.

이에 의해 그것을 인정할 증빙이 충분하다.

법률에 비추어 위 피고의 행위는 형법 제199조에 해당하므로 그 유기징역형을 선택하여 피고를 징역 5년에 처하고 압수물건 중 주문 특기한 작은 칼 1개(증 제4-1)는 피고가 범죄의 용도로 제공한 것으로 또 범인 이외의 자에게 속하지 않음으로 형법 제19조 제1항 제2호 제2항에 따라 몰수하고 그 나머지 물건은 어느 것도 몰수에 관련하지 않음으로 형사소송법 제202조에 따라 소유자에게 환부하고 공소재판 비용은 동법 제201조에 의해 피고로 하여금 부담하도록 한다.

이에 주문과 같이 판결한다. 판결은 경성지방법원 형사부 조선총독부 판사 미츠야(三矢正革), 사와키(澤木國衛), 다카하시(高橋隆二)[28]가 하였다.

위 판결에 대해 피고인의 친권자인 친부 송병우(宋炳雨)가 항소하여 경성복심법원에서 조선총독부 검사 오카모토(岡本至德)의 간여로 심리하고 항소를 기각하는 것으로 판결하였다.

항소 이유와 판결 이유는 다음과 같다.

피고는 위 본적지에서 수십만의 자산을 가진 송병우의 둘째 아들로서 15세 때에 전라남도 장성군 북이면 명당리 김○의 장녀 김○유(그 당시 17세)와 결혼하고 위 본적지에서 자택에 동거, 보통학교의 학업을 졸업하고 그 후 동도 금주면에 ○유 및 자제 등과 집 한 채를 구하여 동 지역에서 고등보통학교에 입학했지만 태어나서부터 두뇌가 건전하지 못하여 그 성적을 얻을 수 없어서 도중에 퇴학으로 그치게 되었다. 우연히 1922년 3월 15일 위 김○가 경성부에 나와 위 공평동에 거주하게 되자 피고는 다시 면학을 계속할 목적으로 ○유와의 사이에 얻은 당시 2세의 아이 한 명과 ○유를 동반하고 동년 음력 7월 중 상경하여 김○ 집에 동거하며 동부 휘문강습소에 통학했다. 그러나 두뇌는 더욱 명석을 결하고 면학의 용기는 없어 도저히 학업을 수득해서 일신을 세우는 것을 할 수 없어 배우는 것을 단념하기에 이르렀다.

한편 친부에게 재산을 분여해 달라고 하여 일가를 세우는 것도 어렵다고 느끼고 그 후 원망으로 보내는 날이 많았다. 수차례 음식점 등에

---

[28] 1895년 2월생. 아키다현(秋田縣 仙北郡 神代村) 출신. 1919년 7월 츄오대학(中央大學) 전문부 법과를 졸업하고 1920년 12월 판검사등용 제1회 시험에 합격했다. 동년 12월에 사법관 시보에 임명되어 요코하마(橫浜)지방재판소에서 견습을 했다. 1922년 8월 도쿄(東京)지방재판소 판사로 진급하고 동년 9월에 경성지방법원 판사로 임명되어 조선으로 건너왔다. 1932년 12월 고등법원 판사가 된다.

서 음주하고 또 ○유에게 폭행을 가하는 등의 일이 있어서 자연히 부부 사이의 애정은 농밀하지 못하였고 고민은 염세의 생각을 일으켜서 동년 가을부터는 ○유를 살해하고 자신도 죽으려는 생각을 여러 번 품기에 이르렀다. 1923년 2월 22일 ○유가 연초를 위해 동부 송이동의 송택규 집에 가서 하룻밤 지내고 올 때 피고는 그 다음날인 23일 아침에 동녀를 살해하고 자기도 자살하려고 결의하고 동 오전 10시경 위 김○의 집을 출발하여 위 송택규집으로 향하였다. 그 도중에 작은칼 1개(증 제4호의 1)를 사서 피고 측이 평소 소지하던 다른 작은 칼 한 개와 함께 휴대하고 동부 창경원 앞길에 이르러 김○유가 집으로 돌아오는 것을 따라서 동정 남산정 뒤의 산림 중에 도착하여 양인 서로 나란히 하고 동 장소에서 허리를 내리자 피고는 먼저 앞의 평소에 소지하던 소도를 동녀의 손에 건네주면서 자살할 것을 명하였지만 동녀가 무언으로 그것을 땅위에 올려놓고 명령에 따르지 않자 다시 동녀를 살해하기로 결정하고 앞에 구매한 소도를 오른 손에 쥐고 동녀의 인후부를 수차례 찔렀다. 그로인하여 그 오른쪽 경동맥을 절단하여 그녀의 해당 절단구로부터 대출혈이 일어나 심장마비를 야기하여 그 장소에서 즉사하였다.

이상의 사실은 1) 당 공정에서 피고가 부부 사이의 애정에 농밀함이 빠진 사실과 살해 시각 및 직접 사인의 점 이외의 판시와 같은 내용의 공술을 한 것이 있다.

2) 증인 최동규(崔東奎)에 대한 예심조서 중 동 증인의 공술내용으로 판시한 당일 오후 3시 반에서 4시에 이르는 사이에 자신 외의 2명이 판시한 산림 안에서 피고가 서서 눈에서 손을 닦아내고 또 목덜미 같은 곳도 손을 닦아 그 눈 및 목덜미와 같은 곳이 피로 물들고 있는 것을 보았다는 내용의 청취가 있다.

3) 참고인 김○에 대한 예심조서 중에 동 참고인의 공술로서 피고와

참고인의 장녀 김○유는 ○유가 17세 때 결혼하여 당시 2세의 아이를 두었는데 1922년 봄 경성에 집 한 채를 구입하고 피고를 그 후 참고인 집에 동거시켜 강습소에 통학을 시켰지만 대부분은 외출을 하였고 수학에 열심히 하지 않아 항상 면강하라고 충고했지만 김○유의 말에 의하면 피고는 부지런 하지도 면강하는 기미도 없다는 말이 있었고 동 부부 사이는 종래 좋았지만 작년(1922년) 가을 싸운 일이 있어서 당시 피고가 ○유를 죽이겠다고 말을 하는 것을 들었기 때문에 간절히 설유해 두고 양인이 함께 외출하지 않도록 주의했는데 동 음력 11월 중 피고의 부친 송병우를 들러서 동인에 대해 근래 피고 등 부부 사이가 재미없고 피고가 ○유를 죽이겠다고 말을 하고 있는 것을 고하고 충고를 해줬으면 했던 일이 있었다는 내용의 청취가 있다.

4) 의사의 김○유 사체에 대한 감정서 중 동 사체의 경부 전면에 7개소의 창상이 있고 위 제1창에서 제7창상에 이르러 모두 부분 피하 전면에 이르러서 암흑색을 보여 출혈이 붙어 있다. 제1창상의 심부를 검사함에 위 측 경동맥을 따라 길게 1.4 센티미터의 절단구가 있어 아마 심장부를 조금 압박했다면 해당 절단구에서 동맥혈의 유출을 보였고 제2창상 내지 제7창상의 장소를 종합해 보면 경부 피하 지방층 근육기관 및 소혈관의 절단을 인정할 수 있다. 흉기의 종류는 제1창상 내지 제7창상에서 피부절단면이 그 방향으로 일직선으로 불규칙하지 않은 점에서 추측함에 매우 예리한 칼에 기인한 것이 분명하다. 제1창상 이외의 창상은 좁은 심부에 달함에 따라 가늘고 길게 되어 있으므로 해당 창상은 앞 끝이 뾰족한 칼에 의한 자상인 것이 분명하다. 사인은 위 제1창상 내에서 우측 경동맥의 절단구에서 단시간 내에 대출혈이 있어 체내 대부분의 혈액을 소실하여 심장마비로 사망한 것이 원인이 된다는 것은 명백하다는 내용의 기재가 있다. 증 제4호의 1로서 압수한 작은 칼이 현존

하고 있다.

이상을 종합하여 이를 인정한다.

위 피고의 소행은 법에 비추면 형법 제199조에 해당함으로 소정 형 중 유기징역형을 선택하고 그 형기 내에서 피고를 징역 5년에 처함이 가하다. 압수한 증 제4호의 1인 작은칼은 판시한 범행의 용도로 제공된 것이고 피고의 소유물이므로 동법 제19호에 따라 그것을 몰수함이 가하며 그 나머지는 압수물건은 몰수함에 관계없음으로 형사소송법 제202조에 따라 각 소유자에게 그것을 환부함이 가하다. 동 재판 비용의 부담은 동법 제201조에 따라 이를 정하도록 한다. 따라서 전시와 동일한 내용에서 나온 원판결은 이치에 상당함으로 피고 친권자의 항소는 그 이유가 없음에 따라 형사소송법 제261조 제1항에 따라 주문과 같이 판결한다.

판결은 경성복심법원 형사부 소속 조선총독부 판사 나가노(中野晴光), 심상직(沈相直),[29] 후지무라(藤村英)[30]가 하였다.

---

29) 1919년과 1920년 공주지방법원에 근무한 이력이 확인된다. 1921년 1월부터 경성복심법원에 근무하면서 간도 의군단의 군자금 모집활동, 함북 명천군 만세시위운동, 광복단 군자금 모집활동 등 재판에 참여했다(전병무, 『조선총독부 조선인 사법관』, 역사공간, 2012, 377쪽).

30) 1894년 12월 18일생. 고지현(高知縣 香美郡 富家村 130) 출신이다. 1917년 7월 일본 츄오대학(中央大學) 법률전문부 정과를 졸업하고 졸업하자마자 판사검사등용시험에 합격하여 도쿄재판소 시보가 되었다. 1918년 간토도독부(關東都督府) 변호사로 임명되었고 1918년 8월 조선총독부 사법관 시보가 되어 조선에 왔다. 1920년 5월에 경성지방법원 판사에 임명되었다.
1961년 한국특파원 일본기자로 한국에 주재하다가 1965년 '독도밀약'에 참여한 전 요미우리신문(讀賣新聞) 기자 시마모토 겐로(嶋元謙郎)가 그의 사위이다. 후지무라 에이와 관련해서는 조선총독부 총독 미나미(南次郞)의 반대를 무릅쓰고 자신이 데리고 있던 조진만을 최초의 일본판사로 만든 일화가 유명하다고 한다. 조진만은 나중에 한국의 3대 대법원장이 되었다(『중앙일보』, 2007.3.19).

해 제

피고는 전북 익산에서 상당한 자산가의 아들로 태어나 15세 때 혼인하여 일가를 이루었는데, 전주고등보통학교까지 다녔지만 성적과 태도가 좋지 않아 중퇴를 하고 말았다. 장인이 교육열이 높은 도시 경성으로 이사한 후 사위와 딸, 손자를 불러 데리고 살면서 사위를 휘문강습소에 다니게 하였다. 그러나 피고는 경쟁이 격심한 도시에서 더욱 좌절을 해야 했고, 그 자괴감에 아내와 사이가 좋지 않아 아내를 죽이고 자신도 죽겠다는 말을 자주 했다고 한다. 장인의 말에 따르면, 그 때문에 사위의 친부인 사돈과 함께 사위를 설득하기에 힘쓰며 사위부부가 함께 있지 않도록 신경을 썼다고 하지만, 피고인은 결국 친척집에 새해 인사를 다녀오는 아내를 마중하는 척 장충단 공원으로 유인했다가 준비한 작은 칼로 아내를 찔러 살해하고 만다.

오늘날의 뉴스로 접했다고 해도 낯설지 않은 사건이다. 자산가의 집에서 아들 또는 사위를 공부시켜 출세를 하려고 했지만, 당사자는 격심한 경쟁 속에서 좌절감을 맛본다. 그 분노는 자신의 아내에게 향해 아내를 칼로 찔러 살해하고 만다. 그 가능성이 평소에도 있어 조심했다는 장인이자 피해자의 부친의 발언이 충격적이다. 돌발적인 사고가 아니라 치밀하게 계획되고 예고된 사건인 것이다.

이 사건에 대해 당시 조선 사회에서도 적지 않게 충격이었는지 당시 『동아일보』는 다섯 차례에 걸쳐 본 사건의 경과를 보도했다. 그 신문기사 제목은 다음과 같다.

「백주 본처 참살」(『동아일보』, 1923.2.25), 「송정규는 원래 악한」(『동아일보』, 1923.3.1), 「송정규는 공판에」(『동아일보』, 1923.3.27), 「살처(殺妻)한 송정규의 공판은 17일에」(『동아일보』, 1923.4.11), 「송정규는 구형

십년」(『동아일보』, 1923.4.20), 「본처를 자살(刺殺)한 자」(『동아일보』, 1923.4.25).

이밖에 매일신보를 통해서도 어렵지 않게 관련기사를 찾아볼 수 있다.

「남산 참극, 질투로 본처 난자 참살」(『매일신보』, 1923.2.25), 「본처 참살 범인 예심 중, 그 처의 품행 기타에 대하여 적적히 공술」(『매일신보』, 1923.2.27), 「기 처를 자살(刺殺)한 악한, 예심을 마치고 공판에 부쳐」(『매일신보』, 1923.3.29), 「함구 불언의 살처한(殺妻漢), 장충단에서 아내를 참살한 악한의 공판은 지난 17일」(『매일신보』, 1923.4.18), 「살처한(殺妻漢) 언도기, 검사 십년 구형」(『매일신보』, 1923.4.20), 「살처범(殺妻犯) 송정규, 징역 5년에 24일 판결 언도」(『매일신보』, 1923.4.25).

사건을 이해하는 데 참고가 되는 기사의 내용은 다음과 같다.

백주 본처 참살

재작 23일 오후 3시반경에 시내 장충단 공원 남산장 뒤에 있는 솔밭 가운데서 슬프게 부르짖는 소리가 들림으로 그 부근으로 돌아다니던 그곳 원정 두 사람이 소리나는 곳을 찾아가본즉 어떠한 남자가 여자를 가로타고 앉았음으로 소리를 지르고 달려간즉 그 남자는 왕왕히 일어나서 장충단 뒷길로 달아나고 그 자리에는 젊은 여자가 목과 어깨의 6,7군데에 칼을 맞고 붉은 피를 흘리면서 마른 수풀위에 죽어 넘어져 그 참담한 광경은 차마 눈으로 볼 수 없었는데 원정 한 사람은 그곳에서 지키고 한 사람은 범인을 따라 산길을 넘어 즉시 신정(新町)순사파출소에 알리는 동시에 범인은 정신없이 신정유곽 부근에서 헤매는 것을 여러 사람과 협력하여 붙잡아 파출소로 끌어갔더라. (중략) 또 일설에는 가해자는 평소부터 색마라는 말도 있다더라(『동아일보』, 1923.2.25).

송정규는 원래 악한

그 가해자의 평소에 지내던 행동을 다시 듣건대 그는 외화로 보면 아무 탈이 없는 듯 하나 그 성품은 매우 음독(陰毒)하여 자기의 마음을 조금이라도 거스르는 사람이 있으면 반드시 음해가 많을 뿐 아니라 죽이고자 하는 마음까지도 두는 일이 종종 있었다. 그리하여 그의 누이와 아우들에 대하여도 칼로 찔러 죽이려 한 일이 한 두 번이 아니었으므로 그 부모 되는 자의 감독은 물론이오 비록 남매간이오 형제간이라도 그 아우와 그 형을 대할 때에는 매우 조심을 하였다 한다. 그리하여 피살된 김재유도 여러 번 위험한 일을 당하여 오던 바 작년 12월경에도 면도를 품에 품고 그 안해를 죽이려는 눈치가 있음으로 이 사실을 가해자의 아우 되는 송석규(宋錫圭)가 짐작하고 비밀히 그 사유를 피살자의 가정에 통지하여 그때는 다행히 큰 화를 면하였던 바 지난 23일에 필경은 악착한 죽음을 당하였다 한다(『동아일보』, 1923.3.1).

송정규는 구형 십년

자기 아내를 장충단 공원에서 찔러 죽인 전라북도 익산군 사람 송정규에 대한 공판은 작 19일 오전에 경성지방법원에서 삼실(三矢) 재판장과 산중(山中) 검사가 입회하고 결심하였는데 입회하였던 산중(山中) 검사는 징역 10년에 처하는 것이 상당하다 구형을 하고 변호사 이종하, 송본정관(松本正寬) 양씨는 송정규의 처는 근본부터 내외간에 함께 죽자는 상의가 있었고 또 그 안해가 칼로 찔러 죽일 때에 조금도 저항을 하지 아니한 것을 보면 살인이 아니라 그가 자살하려는 것을 도와준 데 지나지 못하니 징역 2년에 처하여 집행유예를 시켜달라고 변론을 하였으며 판결기일은 오는 24일이라더라(『동아일보』, 1923.4.20).

이상이 보도 내용으로 미루어 볼 때, 당시 언론은 본 사건을 비교적 선정적으로 다루었던 것으로 보인다. 부호 자제의 평소 품행과 개인적 일탈로 인한 사건으로 보고 있으며 "평소부터 색마"였다는 일설까지 끌어들여 관심을 끌려고 하고 있다. 판결문을 통해서는 교육을 통해 사회적 지위 및 부를 획득하고자 한 친가와 처가의 욕망이 있었고, 그 욕망에 부응하지 못하고 격심한 경쟁에 좌절했으며, 그 분노를 자신보다 약자에게 향했던 피고인의 행동이 보이나, 신문은 이 사실에 대해 관심조차 없고 판결문 또한 그 배경설명으로서만 운운할 뿐이다. 이 사건을 다루면서 사회구조적 시각은 없고 개인의 일탈만 있으니, 이러한 사건에 대한 책임 있는 자세도 없다.

1심에 불복하고 항소를 한 사람은 피고인의 아버지이다. 아들이 며느리를 죽였다는 사실에 애통해하기보다 아들의 형량을 줄이기 위해 급급해하는 모양새다. 항소이유는 그 판결문을 통해서는 알 수 없지만, 위 신문내용을 통해서는 유추가 가능하다. 1심 공판 때 변호사 이종하, 마츠모토(松本正寛)가 '살인이 아니라 아내가 자살하려는 것은 도와준 데 지나지 못하니 징역 2년에 처하고 집행유예를 시켜달라'는 변론을 하였는데, 이러한 주장이 복심법원에서도 반복되었을 것이다.

그러나 변론을 받아들여지지 않고 1심 선고인 징역 5년이 2심에서도 확정되었다. 형법 제199조 "사람을 살인한 자는 사형 또는 무기 또는 3년 이상의 징역에 처한다"에 적용되었다. 최소 3년 이상의 징역에서 5년 판정을 받았으니, 저지른 범죄에 비해 가벼운 형을 받은 셈이다. 범행동기도 참작사유가 없고, 2살 된 아이를 두고 있는 자신의 아내를 살해했으며, 살해 후 바로 도주한 피고인의 행동을 생각할 때 그러하다. 형법 제19조 제1항, 제2항, 제3항, 범죄행위를 이루는 물건이나 범죄행위에 제공 또는 제공받은 물건, 범죄행위로부터 생긴 또는 그로 인하여 얻은 물건은 몰수한다는 내용에 따라 범행에 사용된 칼은 몰수되었다.

2) 이○봉 등 판결문
(1923년 형공 제64호, 大正12年刑公第64號, 경성지방법원)

살인 피고에 대한 경성지방법원 판결문이다. 1923년 3월 3일에 공판이 열렸으며 사건번호는 1923년 형공 제64호(大正12年刑公第64號)이다. 국가기록원에 소장되어 있고 관리번호는 CJA0000254-0009이다.

강원도 인제군 남면에 사는 19세 된 피고는 어머니 김○월(당 45세)과 함께 살인 피고사건으로 조선총독부 검사 사카이(酒井赳夫)의 간여하에 다음과 같은 판결을 받았다.

피고 이○봉을 징역 2년에 처한다. 단 4년간 그 형의 집행을 유예한다.

피고 김○월을 징역 1년에 처한다. 단 2년간 그 형의 집행을 유예한다.

피고 이○봉은 박○명의 도전으로 1921년 음력 7월 중으로부터 1922년 음력 7월경까지 정교를 통해오던 중 동년 음력 1월경 회임에 이르러 그 사실을 박○명에게 알렸다. 동인은 피고 이○봉의 집 부근에서 피고에 대해 아이를 출산하면 즉시 살해해야 한다고 말하고 그 후 동년 여름경에 이르러 약 2회에 걸쳐 동일 장소에서 같은 권유를 하고 교사하였다. 피고 이○봉은 위 살의를 결의하고 그 후 1922년 음력 10월 24일 오전 10시경 피고 이○봉은 자택 객실에서 생남아를 분만하고 즉시 죽이고자 했지만 신체가 심약했기 때문에 역부족으로 영아는 자기의 옆에 치워두었다. 당시 외출 중이던 피고 김○월은 동일 오후 1시경에 돌아와서 피고 이○봉이 출산한 사실을 알고 분노하여 이○봉을 향하여 처녀의 몸으로 출산한 것이 무슨 일이냐고 질책하고 분노로 인하여 오히려 영아를 발로 차고 외출하였기 때문에 피고 이○봉은 다시 전의 결의를 다지고 즉시 영아를 바닥에 던져서 두개골의 파열골절을 일으켜 살해했다. 피고 김○월은 상기와 같이 피고 이○봉이 아직 영아 살해를 결행하지 못했을 때에 독하게 질책하고 또 영아를 발을 차서 살해 실행을 종용함으로 인하여 이○봉으로 하여금 해당 기행의 결의를 다지도록 동인이 앞의 범행을 도왔다.

이상의 사실은 1) 피고 이○봉, 김○월이 당 공정에서 판시한 같은 내용의 공술이 있다.

2) 감정인 공의 임정규(林正圭)가 감정서에 피고 이○봉이 출산한 영아는 살아날 능력을 가진 성숙한 남아로서 둔체에 타격 또는 압박의 방법에 의해 두개골이 파열골절 하였으므로 즉사하고 사후 약 1주간을 경과했다는 내용의 기재가 있다.

이를 종합하여 그를 인정한다.

법률에 비추어 피고 이○봉의 행위는 형법 제199조에 해당함으로 동조 소정의 유기징역형을 선택하고 범죄의 정상참작을 하여 동법 제66조 제69조 제71조 제68조 제3항에 따라 징역 2년에 처하고 피고 김○월의 행동은 형법 제199조, 제62조 제1항에 해당함으로 동법 제199조 소정의 유기징역형을 선택하고 종범으로 동법 제63조 제69조 제69조 제3호에 따라 감경하고 또 범죄의 정상을 참작할만하므로 동법 제66조 제71조 제68조 제3호에 따라 징역 1년에 처한다. 피고 양명 모두 정상에 따라 형법 제25조를 적용하고 피고 이○봉에 대해 4년간, 피고 김○월에 대해 2년간 그 형의 집행을 유예한다. 판결은 경성지방법원 형사부 조선총독부 판사 노무라(野村調太郎), 사와키(澤木國衛), 다카하시(高橋隆二)가 담당하였다.

해 제

영아 살해사건이다. 피해 아이가 미혼인 어머니와 아버지 사이에서 태어난 점이 눈길을 끈다. 그 부모는 혼인 등을 방법으로 가정을 이룸으로써 건강하게 태어난 아이를 살릴 수도 있었을 터이다.

피고인은 아이가 생기자 바로 애인에게 알리는데, 애인인 박○명은 즉시 출산하면 살인할 것을 교사한다. 피고인이 어떠한 부담과 갈등을 느꼈을 지에 대해서는 판결문에 나오지 않아 알 수 없지만, 피고인이 아이를 낳은 뒤에도 "신체가 심약하여" 아이를 죽이고 못하고 옆에 두었다는 점에서 아이를 살릴 가능성을 조금이나마 찾으려 했던 피고인의 마음이 엿보이기도 한다. 아이는 외출했다 돌아온 피고인의 모친에 의해 살해되는데 김○월은 "발로 차고" "바닥에 던져" 아이를 사망에 이르게 한다.

피고의 살인 행위는 형법 제199조에 해당하는 것으로 그 내용은 "사람을 죽인 자는 사형 또는 무기 혹은 3년 이상의 징역에 처한다"는 것이다. 이에 따라 징역 2년에 처해지게 되는데 감형사유가 붙어 형량이 줄었다. 감형에 관계된 법의 내용은 다음과 같다.

형법 제66조 범죄의 정상을 참작할 만한 사유가 있는 때에는 작량하여 그 형을 감경할 수 있다, 제68조 제3항 유기의 징역 또는 금고를 감경할만한 사유가 있을 때에는 그 형기의 2분의 1을 감한다, 제69조 법률에 따라 형을 감경할만한 사유가 있는 경우에 각 본조에 2개 이상의 형명이 있을 때에는 먼저 적용할만한 형을 정하여 그 형을 감형한다, 제71조 작량 감경을 할 만한 사유가 있을 때에는 역시 제68조 및 전조의 예에 따른다.

또 한명의 피고인인 피고의 모친 또한 형법 제199조 살인죄를 기준으로 형법 제62조 제1항(정범을 도운 자는 종범(從犯)으로 한다)에 따라 종범에 해당하는 선고를 받았다. 형법 제63조에서 종범의 형은 정범의 형에 비추어 감경한다고 밝히고, 또 정상을 참작하여 감경한다고 했는데 이에 따라 김○월은 징역 1년이다. 형법 제25조에 따라 집행유예가 되었는데, 그 내용은 다음과 같다.

다음에 기록된 자는 2년 이하의 징역 또는 금고 언도를 받았을 때에는 정상으로 인하여 재판 확정의 날로부터 1년 이상 5년 이하의 기간 안에 집행을 유예할 수 있다. 1. 전에 금고 이상의 형에 처한 적이 없는 자, 2. 전에 금고 이상의 형에 처 한 적이 있어도 그 집행을 마치거나 또는 그 집행의 면제를 받은 날로부터 7년 이내에 금고 이상의 형에 처해진 적이 없는 자.

곧 피고 두 명은 전과가 전혀 없는 자이기 때문에 집행유예를 두었다는 결론이다.

영아 살해는 일본 당국자들에게 본부 살해(本夫殺害)와 함께 조선 여성들이 유독 많이 범하는 범죄로 인식되어 있었다. 의학전문가로서 조선에서 부인병원을 개업했던 쿠도(工藤武城)는 "영아 살해" 또한 분만 후에 일어난다는 점에서 "여성 특유"의 "생리적 견지"에서 고찰해야 한다고 역설하였다. 그에 의하면, "임신, 분만, 산욕 중에 생기는 희로애락의 감정의 변화는 매우 민속하여, 상시와는 거의 비교가 되지 않는다. 어떤 때는 매우 격노하고, 어떤 때는 극도로 침울하다."는 것이 그 이유였다. "사생자 분만"일 경우에는 "그 징후가 한층 현저하게" 나타나는데, 그것은 세상의 이목으로부터 받는 스트레스가 가중되기 때문이었다. 따라서 임신 및 분만, 산욕 시에는 정상이 아닌 정신 상태라는 것을 인정하는 것에서 출발해야 한다고 주장하였다. 그에게 이들 현상은 "결코 병리적인 것이 아니고, 오히려 생리적인 범주"에 속하기 때문이었다. 그의 이 같은 생각은 여성의 범죄 행위에 대한 형벌을 경감해야 한다는 주장으로 나아갔다. 이때는 "형법상의 소위 책임능력이 감소 또는 소실"되는 시기라고 여겼기 때문이다. 따라서 "일본 형법 제39조"에서도 "심신상실자의 행위는 이를 벌하지 않고, 심신박약자의 행위는 형을 경감하여 적용"하듯이, 여성 범죄 또한 마찬가지로 취급해야 한다는 논리였다. 더욱이 "독일의 1919년 개정 형법에서는 분만 중 및 분만 후", "오스트리아의 형법 제139조에서 분만 즈음"이라는 시점에는 "경감제외(Privilegium)를 인정"한다는 점을 근거로 이러한 주장을 하였다. 일본 형법 39조 "심신상실자의 행위는 이를 벌하지 않는다. 심신박약자의 행위는 그 형을 경감한다"에 상당한다는 것이다.[31] 이러한 인식은 당시에 상당히 지배적이었던 것으로 보인다. 영아 살해 관련 판결문에서 대동소이한 감형 조항들이 보이기 때문이다.

31) 홍양희, 「식민지 시기 '의학' '지식'과 조선의 '전통': 쿠도(工藤武城)의 "婦人科學"적 지식을 중심으로」, 『의사학』 22(2), 2013, 595쪽.

3) 박○명 판결문 (1923년 형공 제182호, 大正12年刑控第182號, 경성복심법원)

영아 살해 피고사건으로 경성지방법원 사건번호 1923년 형공 제64호(大正12年刑公第64號), 경성복심법원 사건번호 1923년 형공 제182호(大正12年刑控第182號) 사건이다. 국가기록원에 소장되어 있으며 관리번호는 CJA0000254-0010이다. 이 파일 안에 원심과 재심 사본이 있다.

강원도 인제 남면에 사는 23세 된 박○명은 살인죄로 기소되어 조선총독부 검사 사카이(酒井赳夫)의 간여로 심리하고 다음과 같은 판결을 받았다.

피고 박○명을 징역 2년에 처한다.

피고는 1921년 음력 7월 중 이웃집 이○봉에 대해 정교를 도전한 이후 1922년 음력 7월경이 이르기까지 동인과 통하여 동인은 동년 음력 1월경 회임하기에 이르렀다. 피고에게 그것을 말하자 피고는 이○봉의 거택 부근에서 이○봉에 대해 영아를 출산하면 즉시 죽여 사체는 자신이 그것을 몰래 매장하겠다고 말하고 그 후 동년 여름경에 이르러 약 3회에 걸쳐 동일 장소에서 똑같은 권유를 하여 이○봉을 교사하고 동인으로 하여금 위의 살의를 결심하게 하였다. 이를 위해 이○봉은 1922년 음력 10월 24일생 남아를 분만했을 때 동일 오후 1시경에 동인 자택 객실에서 산아를 침상에 던져 살해하였다.

이상의 사실은 1) 피고가 당 공정에서 자신은 1921년 음력 7월 중에서 이○봉과 정교를 맺고 있었다는 내용의 공술이 있다.

2) 이○봉에 대해 당 공정의 1922년 3월 1일부의 공판시말서 중에 동

인이 판시한 같은 내용의 공술 기재가 있다.

3) 감정의인 공의 임정규(林正圭)의 감정서에 이○봉이 출산한 영아는 살 능력이 있는 성숙한 남아로서 둔체에 타격 또는 압박의 방법에 따라 두개골의 파열 골절로 인해 즉사하고 1주일간 경과했다는 내용의 기재가 있다.

이를 종합해서 그를 인정한다.

법률에 비추어 피고의 소행은 형법 제199조 제61조 제1항에 해당함으로 동법 제199조 소정의 유기징역형을 선정하고 범죄의 정상을 참작하여 동법 제66조 제69조 제71조 제18조 제3호에 따라 2년의 징역을 처하도록 한다. 경성지방법원 형사부 소속 조선총독부 판사 노무라(野村調太郎), 사와키(澤木國衛), 다카하시(高橋隆二)가 재판하였다.

복심법원 판결의 내용은 다음과 같다.

1923년 3월 10일 경성지방법원이 언도한 유죄판결에 대해 피고로부터 항소신청이 있었으므로 조선총독부 검사 오카모토(岡本至德) 간여로 다시 심리하고 항소를 기각했다.

피고는 1921년 음력 7월 중 이웃집 이○봉에 대해 정교를 도전하여 사통에 이른 이래 1922년 음력 7월경이 이르기까지 그 관계를 지속하여 오던 중 위 사통의 결과 동녀는 1822년 음력 1월경 임신하기에 이르러 그 내용을 피고에게 말하였다. 피고는 입장이 궁하여 동년 여름경에 이르러 약 3회에 걸쳐 동녀의 집 부근에서 동녀에게 아이를 출산하면 즉시 살해하고 사체는 피고가 비밀리에 매장할 테니 보내달라고 권유 교사함으로 동녀로 하여금 위 살의를 결의하게 하였다. 1922년 음력 10월 24일 살아있는 남자아이를 분만하자 위의 결의에 따라서 동녀는 자택 객실에서 위의 살아있는 아이를 그 온돌에 던져서 살해하였다.

이상의 사실은 1) 피고가 당 공정에서 피고는 1921년 음력 7월 이후 이웃집 이○봉과 사통을 해왔다는 내용의 공술이 있다.

2) 원심 공판 시말서 중 이○봉의 공술로서 판시와 부합하는 사실의 공술 기재가 있다.

3) 사법경찰관의 감정인 공의 임정규(林正圭)의 감정서(53줄 이하) 기재에 비추어 이○봉이 분만한 영아의 사체에 관한 감정서로 추인할 수 있는 공의 임정규의 감정서 중에 위 영아는 즉시 호흡을 한 것이 분명하게 태어난 것으로 인정된 성숙한 남아로서 그 치사의 원인은 둔체에 타격 또는 압박의 방법에 따라 두개골의 파열 골절로 인해 즉사한 것으로 인정된다는 내용의 감정 기재가 있다.

이를 종합해서 그를 인정하기에 증빙은 충분하다.

법률에 비추어 피고의 소행은 형법 제61조 제1항, 제199조에 해당함으로 그 소정의 형 중 유기징역형을 선택하고 그 소정형기 범위 내에서 양형으로 처단하는 바 범죄의 정상을 참작함으로써 동법 제66조 제71조 제68조 제3호에 따라 감형하여 형기범위 내에서 피고를 2년의 징역을 처하도록 한다.

따라서 전시와 같은 내용으로 나온 원 판결은 상당함으로 피고의 항소는 이유가 없음으로 형사소송법 제261조 제1항에 따라 주문과 같이 판결한다. 경성복심법원 형사부 조선총독부 판사 마에자와(前澤成美), 나가노(中野晴光), 토무라(藤村英)가 담당했다.

해 제

이 판결은 관리번호 CJA0000254-0009의 이○봉 살인 피고사건과 같은 사건에 대한 판결이다. 박○명은 이○봉의 애인으로서 임신한 애인에게 출산 후 바로 아이를 살인하라고 교사하여 살인죄로 기소되었다. 직접 살인을 행사한 것이 아니었음에도 이○봉보다 비교적 중형을 선고받은 사실이 인상적이다. 곧 이○봉은 징역 2년에 집행유예 4년을 언도받았지만, 박○명은 징역 2년을 언도받은 것이다. 이러한 판결이 억울하다고 여겨졌는지 피고인은 경성복심법원에 항소를 하였다. 그러나 경성복심법원은 원심의 내용을 반복하며 항소를 기각했다.

4) 김정필 판결문 (1924년 형공 제265호, 大正13年刑控第265號, 경성복심법원)

이 문서는 살인사건 중 본부(本夫) 살인사건에 대한 경성복심법원 판결문으로 사건번호는 1924년 형공 제265호이다. 국가기록원에 소장되어 있으며 관리번호는 CJA0000135-0032이다. 1924년 6월 24일 청진지방법원에서 판결 받은 1심 판결문은 현재 확인되지 않는다.

피고는 본적을 함경북도 명천군 아간면 어전동에 두고 함경북도 하가면 지명동에 거주하고 있는 김정필(金貞弼, 당 20세)이다.

위 피고의 살인 피고사건에 대해 청진지방법원이 1924년 6월 27일 언도한 유죄판결에 대해 피고로부터 항소 신청이 있었으므로 당원은 조선총독부검사 후쿠다(福田甚二郎) 간여로 다시 심리를 하여 다음과 같이 판결한다.

피고인을 무기징역에 처하고 압수물건 중 증제4호 랏토린 하나의 파편 및 랏토린의 일부분을 압수한다. 소송비용은 피고의 부담으로 한다.

그 이유는, 피고인에 대한 범죄사실 및 그를 인정할만한 증거의 적시는 원판결과 동일함으로 이에 그를 인용한다.

법에 비추어 피고의 소행은 형법 제195조에 해당함으로 동조 소정의 무기징역형을 선택하여 피고를 무기징역에 처하며 압수물건 중 주문 기재한 부분은 본 건의 범죄행위에 사용된 것이므로 범인 이외의 자에게 속하지 않음으로 형법 제19조 제1항 제2호 후단 제2항인 즉 그를 압수하고 소송비용에 대하여는 형사소송법 제237조에 따라 피고의 부담으로 해야 한다. 원 판결이 피고에 대해 사형을 언도한 것은 형이 지나치게 중해서 부당함으로 피고의 항소는 이유 있다.

1924년 10월 22일 경성복심법원 형사부 재판장조선총독부 판사 요시다(吉田平治郎), 조선총독부 판사 토무라(藤村英), 조선총독부 판사 가와시마(川島晋)가 판결한다.

해 제

주로 '본부 살해(本夫殺害)'라 불린 일제시기 아내의 남편 살해는 사상범, 모르핀 중독 등과 함께 조선의 특수범죄의 하나로 생각되었다. 본부 살해사건이 일본, 대만, 독일 등에 비해 그 수와 비율에서 압도적으로 많았다고 여겨졌기 때문이다. 이 사건은 조선의 '후진적'이고 기형적인 결혼제도, 조혼, 독부(毒婦), 정신적 · 신체적 결함이 있는 남성 등 제도적 · 인적 병리에서 발생하는 것으로 생각되었고, 사건 자체가 살인사건이기 때문에 사건의 원인규정과 단죄도 애매하거나 더 추궁되어야 할 부분이 없는 듯이 보였을 것이다.

본부 살해 담론에서 남편을 살해한 여성들은 "성품이나 행동이 몹시 악독한 여자"를 지칭하는 '독부'로 형상화되었다. 자신의 남편을 살해한, 즉 인륜을 저버렸다는 점에서 이것은 어쩌면 당연했다. 그러나 그들이 독부가 되는 방식은 식민지적 재현 문제를 잘 보여준다. 여기에서 특히 범죄를 저지른 여성의 독부성을 강화시키는 것은 조선여성을 '성애화'된 존재로 묘사하는 것이었다. 남편 살해사건은 특히 여성의 치정과 관련하여 논의됨으로써 그들의 독부로서의 면모는 더욱 강화되었다.[32)]

그런데 김정필 본부 독살사건은 일반적인 본부 독살사건과는 다른

32) 홍양희, 「식민지 조선의 "본부살해" 사건과 재현의 정치학」, 『사학연구』 제102호, 2011, 98쪽.

양상을 보이며 재판이 전개되었다. 이 사건은 김정필이 '본부 독살 미인'으로 알려지면서 조선의 언론에서 크게 다뤄지게 되었는데, 이 때문에 이 사건 재판은 조선사회의 관심이 집중된 가운데 전개되었던 것이다.

김정필은 1905년 함경북도 명천군 궁벽한 산골에서 가난한 농부 김경열의 오남매 중 맏딸로 태어났다. 집안이 가난한 데다 여자는 공부시키지 않아도 된다는 인습까지 남아 있어 보통학교조차 다니지 못했다. 일본어는 물론 한글조차 읽고 쓸 수 없는 평범한 구여성이었다.

1924년 김정필이 스무 살이 되자 부친은 혼기가 꽉 찬 맏딸을 시집보내기 위해 신랑감을 물색했다. 김경열은 오촌당숙이 중매해준 김호철에게 맏딸을 시집보내기로 결정했다. 사람도 똑똑하고 집안에 재산도 있다 하니 주저할 이유가 없었다. 1924년 4월27일, 김정필은 세 살 연하의 김호철과 혼례를 치렀다. 혼례를 치른 김정필은 친정에서 80리 떨어진 김호철의 집으로 가서 시집살이를 시작했다. 시집간 지 보름 남짓 지난 5월 9일, 김정필은 시어머니가 흰 약으로 쥐를 잡는 것을 보았다. 시집가기 전 김정필은 집에 쥐가 많아 골머리를 앓았다. 눈이 번쩍 뜨인 김정필은 동네 청년에게 흰 약이 무엇인지 물어보았다. 청년은 흰 약이 '랏도링(황린 · 黃燐)'이란 쥐약인데 사람의 목숨까지 빼앗을 수 있는 무서운 독약이라 알려주었다. 이튿날 김정필은 읍내에 가는 시댁 칠촌아주머니에게 부탁해 랏도링 30전어치를 사다가 헝겊으로 싸두었다.

결혼한 지 채 한 달이 되기도 전인 5월 23일, 김호철은 심한 구토를 하며 앓아 누었다. 5월 29일, 일주일이 지나도록 아들 병세에 차도가 없자 모친 최씨는 도대체 무얼 먹고 그 지경이 됐느냐고 물어보았다. 김호철은 그때서야 아내가 준 주먹밥과 엿을 먹은 후부터 배가 아프다고 말했다. 모친 최씨는 며느리가 아들에게 독약을 먹였다고 주재소에 고발했다.

사건을 접수한 주재소 순사는 김정필을 체포하는 한편, 의사 최승하를 불러 죽어가는 김호철을 진찰하게 했다. 최승하가 진찰해보니 김호철의 피부는 누렇게 변색되었고 입에서는 심한 악취가 났다. 토사물과 대변에서도 입에서와 똑같은 악취가 났다. 황린 성분이 든 독약을 마셨을 때 나타나는 전형적인 증세였다. 독약을 마신 지 4, 5일은 지난 것처럼 보였다. 독 기운이 이미 온몸에 퍼질 대로 퍼진 상태여서 의사로서도 도저히 손쓸 도리가 없었다. 김호철은 심한 통증에 시달리다 이튿날인 오후 4시에 사망했다. 결혼한 지 겨우 한 달 만의 일이었다. 사망 직후 부검해보니 입과 코에서 암갈색 진물이 흘러내렸고, 창자와 간장은 적갈색으로 변색된 상태였다. 부검을 담당한 최승하는 '황린에 의한 독살'이라고 결론지었다.

김정필은 명천경찰서에 유치돼 강도 높은 신문을 받았다. 수사는 순조롭게 진행됐다. 움직일 수 없는 물적 증거를 내밀자 김정필은 범행 일체를 자백했다. 김정필의 숨겨진 과거와 범행 동기도 속속들이 밝혀졌다. 법정이 파악한 김정필의 범행 동기는 다음과 같다.

본부독살미인 사형불복

김정필은 금년 4월에 지명동에 사는 김호철에게 시집을 갔는데 원래 품행이 단정치 못하여 시집오기 전 자기와 십이촌 되는 같은 마을 김옥산과 수삼차 정을 통한 일까지 있었다. 항상 자기 남편 김호철이 얼굴이 곱지 못하고 무식하며 성질이 우둔한 것을 크게 비관하여 일종의 번민을 느껴 오던 중 남편을 없애고 다른 이상적 남편과 살아보려고 주야로 생각했다. 금년 5월9일 우연히 동리 청년들의 이야기하는 소리 중에 랏도링이라는 쥐 잡는 약이 사람의 생명까지 빼앗는 독약이라는 이야기를 듣고 무서운 생각을 품고 그 이튿날 동리 사람을 시켜 그 약을 사두었다. 23일 주먹밥과 엿에다 그 랏도링을 섞어 놓고 남편을 정답게 불러가지고 하는 말이 "그대가 항상 앓고 있는 위병과 임질을 고치려면 이 약을 먹으라. 이 약은 나의 오촌이 먹고 신기하게 나은 것이니 안심하고 먹어도 좋은 것이라"하여 주먹밥을 먹였는데 그것을 먹은 남편이 구역질을 하며 토하자 다시 엿을 먹으라 하여 그 엿까지 먹여 드디어 금년 5월 30일에 사망케 하였다(『동아일보』, 1924.7.17).

청진지방법원에서 열린 공판에서 공소 사실을 모두 인정한 김정필은 6월 26일 살인죄로 사형을 선고받았다. 1심에서 사형이 선고되자 김정필은 판결에 불복하고 항소했다. 1924년 7월, 사건은 경성복심법원으로 넘어왔다. 사건은 그때야 비로소 신문지상에 보도됐다. "방년 스물의 꽃 같은 미인이 자기 남편을 독살하고 재판소에서 사형선고를 받은 사건이 작일에 경성복심법원으로 넘어왔다"고 시작되는 『동아일보』 1924년 7월 17일자에 보도된 기사는 엄청난 사회적 파장을 일으켰다.

공판은 8월 15일 오전 10시 경성복심법원 제7호 법정에서 개정했다. 삼복더위가 한창이었음에도 방청석은 이른바 미인을 구경하기 위해 나온 방청객들로 가득 찼다. 김정필은 1심에서의 공술을 번복하고 범죄 사실을 부인했다. "피고인은 경찰, 검찰, 예심은 물론 1심에서까지 범죄 사실을 인정하지 않았느냐?"는 판사의 질문에 김정필은 "경찰서에서 순사가 때리면서 없는 일이라도 그렇게 말하라고 하기에 그렇게 말했습니다. 남편은 평소 임질과 위병을 앓았습니다. 시어머니가 남편이 병으로 죽은 것을 애매하게 내가 죽인 것이라고 경찰에 고발해 이 지경이 되었습니다"라며 거듭 결백을 항변했다.

판결을 하루 앞둔 8월 21일 오전에는 요시다 재판장과 모리이 변호사 앞으로 일본어로 씌어진 장문의 투서가 날아들었다. '한 방청인'이라고만 밝힌 익명의 투서였다.

방청자의 투서

저는 지난 15일 오전 복심법원 제7호 법정에서 열린 김정필의 공판 방청객으로 피고인의 답변을 경청했습니다. 당시 법정에서 느낀 그녀의 인상 때문인지 공술할 때의 그녀를 둘러싼 몽롱한 분위기 때문인지 집에 돌아와 지금까지 상상과 추측으로 밤낮없이 고민했습니다. 법률적 판별력이 부족한 저이지만 언제까지든지 의문에 싸여 지내느니보다는 차라리 이를 현명하신 귀하께 상세히 알림으로써 나의 마음에 위로를 삼고자 합니다(『동아일보』, 1924.9.8).

그 후 8월 22일 '김정필 본부 독살사건' 선고공판이 예정된 경성복심법원 제7호 법정 앞에는 오전 8시부터 방청객이 모이기 시작했다. 한 시간 후에는 방청객 숫자가 300여 명에 달했다. 종로경찰서에서 출동한 경관 6, 7명은 법정으로 밀려드는 방청객을 제지하느라 진땀을 흘렸다고 한다. 김정필은 용수를 쓰고 467호 명패를 단 푸른 옷을 입고 다른 사건의 남자 피고인 10여 명과 함께 입장해 피고인석에 앉았다. 초 집중된 관심에 부담을 느낌 요시다 판사는 선고의 무기한 연기를 선언했다.

이후 김정필에 대한 동정 여론이 형성되었다. 경찰 수사에 강압이 있었고 피고인에게 적대적인 시부모 측 인물만 증인으로 채택됐다는 주장도 제기됐다. 관선 변호인의 불성실한 변론도 여론의 뭇매를 맞았다. 일본인 관선 변호인에게 사건을 맡길 수 없다는 여론 속에서 대구 출신의 이인(李仁) 변호사가 무료 변론을 자청했다. 이 변호사는 재판부에 공판 재개를 신청하면서 다음과 같이 말을 했다고 한다.

독살 미인 공판 재개 신청

이번 사건은 실로 중대한 사회 문제로 도저히 소홀히 처치할 문제가 아닙니다. 조선의 강제결혼이 낳은 이 비극을 우리는 도저히 방관할 수가 없습니다. 그러므로 이번에 공판 재개를 신청하고 증인신청을 하며 새로운 증거를 제출하여 애매한 사람을 구하고자 합니다. 지난 23일에도 경성형무소에 가서 김정필이를 만나보았는데 눈물을 흘리면서 자기의 애매한 것을 말합디다(『동아일보』, 1924.8.26).

요시다 재판장은 이 변호사의 공판재개 신청을 받아들였다. 김정필 본부 독살사건 재개공판은 10월 10일 오전 9시 30분 개정하기로 결정됐다. 김정필의 친정아버지 김경열, 죽기 전 김호철을 진단한 의사 최승하, 김호철의 모친 최씨와 형 김영철 네 사람을 증인으로 채택했다. 공판 일자가 다가오자 재판부와 언론사에는 투서가 답지했다. 심우섭이라고 실명을 밝힌 투서자는 자기는 8월 15일 공판을 방청한 사람인데 통역관의 통역이 서툴러 피고인의 진술을 재판장에게 제대로 전달하지 못했으니 이 점을 참작해서 판결을 내려달라고 당부했다.

김정필을 동정하는 투서만 답지한 것이 아니었다. 공판을 열흘가량 앞두고 요시다 재판장 앞으로 60여 명이 연서한 진정서가 들어왔다. 진정서에 연서한 60여 명은 모두 김정필의 시집 근처에 사는 주민들이었다. 진정서의 내용은 다음과 같았다.

60명 연서 진정

김정필은 본부를 독살한 천하의 독부로 그 죄가 가히 사형에 처해 마땅하니 재판장은 엄중히 처벌하여 달라는 것과 방청인들은 그 독부를 매우 동정하는 모양 같으나 결코 동정할 일이 아니라는 것이다. 요시다 재판장은 이러한 진정서는 수리할 수 없다 하여 이를 수리치 않았다. 진정서를 제출한 이면에는 어떠한 흑막이 있는지도 모르리라더라(『동아일보』, 1924.10.3).

그 다음날 요시다 재판장 앞으로 또 한 장의 투서가 날아들었다. '김정필이 사는 동리의 사정을 썩 자세히 아는 사람'이라고만 밝힌 익명의 투서자는 '명천 주민의 진정서는 김정필의 시부모가 뒤에서 운동하여 60여 명의 연명을 받은 것이니 재판장은 그리 알고 김정필에게 관대한 처분을 내려줄 것'을 호소했다. 언론 역시 진정서를 제출한 명천 주민을 거세게 질타했다.

본부 독살사건에 대하여

> 진정서를 보낸 60여 명 인사의 심사를 다시 한 번 물어보고 싶다. 그들이 어여쁜 생명 하나를 기어이 죽여야 할 필요가 어디 있는가. 만일 그 미인이 자기 남편을 독살한 것이 죽여 마땅한 죄○○라면 그 미인 하나를 죽이려는 60여 명의 죄는 또한 면할 수 없을 것이다. 독약으로 사람을 죽이는 것과 또는 어떤 세력을 이용하여 사람을 죽이려는 것과 그 수단 방법은 비록 다르지만 사람을 죽이는 것은 마찬가지가 아닌가. 시비판단은 언제나 공정하게 돌아가는 법이다. 60여 명의 진정이 아니라도 그 미인에게 죄가 있다면 합당한 벌을 받을 것인데 오늘 60여 명이나 되는 이가 아까운 목숨이 끊어지기를 재촉하는 이유가 무엇이냐? 그것이 우리는 의심쩍은 동시에 또한 그들의 책임이 작지 않은 것을 우리는 단언한다(『시대일보』, 1924.10.4).

1924년 10월 10일 오후 3시 요시다 재판장은 개정을 선언했다. 개정 직후 이인 변호사는 총독부병원 의관이 김호철의 사체를 재부검할 것을 요청하고, 증인 신문이 불충분했다며 주재소 주임 다케다 경부보, 김영철의 처 최씨, 김정필의 모친을 증인으로 신청했다. 요시다 재판장은 변호인의 요청을 모두 각하하고 곧장 논고로 넘어갔다. 후쿠다 검사는 증인들의 증언을 통해 피고인의 유죄가 명백해졌고, 피고인은 범죄사실을 부인으로 일관할 뿐 반성하지 않으므로 중형에 처해 마땅하다며 사형을 구형했다. 재판장이 최후변론을 요청하자 모리이 변호사는 피고인의 범죄는 강제결혼의 폐단으로 생긴 것이니 죄가 있다 해도 극형만은 면하게 해달라고 변론했다. 자신의 차례가 되자 이인 변호사는 자리에서 일어나서 원고의 논리를 조목조목 비판했다.

재개된 독살 미인 공판 속보

원고는 이면 사정을 제대로 살피지 않고 기록에 나타난 것과 증인의 공술만 믿고 사형을 구형했습니다. 피고인은 시집에 와서 10여 일이나 시집 일가를 찾아다니며 인사를 드렸습니다. 남편을 죽이고 싶어도 죽일 여가가 없었습니다. 김호철이 약을 먹다가 남긴 것을 이튿날 흙 속에 묻었다는 것과 약을 먹은 지 여드레 만에 죽었다는 것은 상식적으로 거짓임이 분명합니다. 청진지방법원에서 피고인이 '잘못하였습니다'라고 대답한 것은 남편을 죽여서 잘못하였다는 말이 아니라 옛 도덕에 남편 잃은 여자가 흔히 하는 말을 한 것이었을 따름입니다. 증거가 모두 불충분하니 무죄를 선고해 마땅합니다. 만일 김호철을 독살한 것이 사실이라 하더라도 사형은 부당합니다. 세계 각국에서 사형을 폐지하는 이때에 홀로 일본과 몇몇 나라에만 아직 이런 악형이 남아 있는 것은 최근 형사정책의 추세에 위반되는 것이니 사형을 경감해 주시기 바랍니다(『동아일보』, 1924.10.12).

최후변론이 끝나자 요시다 재판장은 김정필을 일으켜 세우고 "재판소에서 조사한 바도 피고인에게 불리하고 증인들의 증언도 피고인에게 불리하나 변호사들은 피고인이 남편을 죽였을 리 없으며 죽였다 하더라도 사형은 불가하다고 했다. 그러나 검사는 사형을 구형했고, 피고인 자신도 청진에서 자백한 일이 있으니 남편을 죽였으면 지금이라도 자백해 좋은 사람이 되는 것이 좋지 않으냐?"고 자백을 권유했다. 김정필은 울먹이며 "남편 죽어서 과부된 것도 원통한데 남편을 죽였다는 누명까지 쓰게 되었으니 죽이지 않았다는 사실만 밝혀진다면 이 자리에서 죽어도 여한이 없다"고 말했다. 최후변론이 모두 끝난 후 요시다 재판장은 후일 선고하겠다며 선고일자를 확정하지 않은 채 폐정을 선언했다.

선고공판은 1924년 10월 22일 경성복심법원 제7호 법정에서 열렸다. 판결을 언도하겠다고 말한 재판장은 "피고인에 대해 지금까지의 조사에 의해 역시 본부를 독살한 사실이 있다고 인정한다"고 말한 후 다시 입을 열어 "원래 이 사건은 일심 판결대로 사형에 처할 것이로되 피고인의 나이 아직 어리고 여러 가지 사정을 보아서 달리 처벌할 필요가 있어 무기징역에 처한다"고 언도했다. 방청객들의 긴장한 얼굴은 일시에 피었는데 김정필은 무기징역이 무엇인지 자세히 몰라 통역관이 "무기징역이라는 것은 죽을 때까지 징역을 사는 것이다"라고 가르쳐 주니 피고인은 "어째 재판을 그렇게 하십니까?" 하고 말했다. 재판장이 "그 말은 여기서 할 것이 아니라 불복할 것 같으면 상고를 하라"고 하니 김정필은 "제가 너무 억울해서 상고하겠습니다" 하고 물러나왔다. 김정필은 법정 밖으로 나오자마자 대성통곡을 하여 방청객들이 모두 그를 쫓아가는 등 일시 대혼잡을 이루었다고 한다.[33]

2심 판결 직후 김정필은 주저 없이 상고하겠다고 말했지만, 상고 기간인 닷새가 지나도록 상고장을 제출하지 않았다. 후쿠다 검사도 상고를 포기해 1924년 10월 27일부로 김정필의 무기징역형이 확정됐다. 상고 포기로 법정재판은 끝났지만, 여론재판은 한동안 지속되었다. 김정필의 형이 확정된 이후에도 요시다 재판장 앞으로 재판 결과에 항의하는 투서가 여러 통 날아들었다. 가히 '김정필 신드롬'이라 할 만큼 대단한 관심이었다. 경성복심법원 직원이 "판결을 받은 후까지 이처럼 말썽 많은 사건은 처음"이라고 혀를 내두를 정도였다.

33) 「김정필은 무기징역」, 『조선일보』, 1924.10.23.

피고 김정필에 대한 대중의 관심은 무기징역이 확정된 이후에도 식지 않았다. 『동아일보』 1925년 1월 1일자 「재감(在監) 동포 특집」을 필두로, 『동아일보』 1925년 10월 23일자 「보고 싶은 사진 : 김정필」, 『시대일보』 1926년 1월 1일자 「철창생활 특집」, 『조선일보』 1927년 2월 9일자 「문제의 미인 수인 김정필 감형」, 『조선일보』 1928년 1월 7일자 「일시 소문 높던 여성의 최근 소식 : 남편 죽인 독살 미인 김정필」, 『삼천리』 1930년 5월호 「법정에 선 독살 미인 김정필」, 『삼천리』 1933년 10월호 「미인 독살 김정필의 옥중 근황」, 『삼천리』 1935년 7월호 「12년 만에 출옥한 김정필, 그는 다시 결혼하려는가」 등, 김정필의 수감생활은 지속적으로 신문 잡지에 보도됐다.

최근 서대문형무소에서 여죄수로 복역 중이던 모 여사가 만기 출옥했는데 그이는 독살 미인으로 소문이 높은 김정필의 소식을 가지고 나왔다. 김정필이 남편을 독살한 죄로 무기징역을 선고받고 경성복심법원을 거쳐 서대문형무소에 수감된 것이 1924년 가을이었으니 금년까지 10년 동안을 철창 아래 신음하고 있다. 무기징역이매 아직 언제나 나올는지 막연하다. 그러나 중죄수의 종래의 예를 보건대 대개 품행이 방정하고 일을 부지런히 해 상장이나 타게 되면 나라에 무슨 은사나 특사가 있을 때 감형의 은전을 받는 것이 일반적이다. 그래서 사형이 무기도 되고 무기가 유기도 되어 12년의 중죄수가 11년도 되고 다시 7~8년도 되는 예가 적지 않다. 그래서 아무리 살인한 중범이라도 무기징역만 받으면 대개 10년 이내로 나오는 예가 많다고 한다. 그런데 김정필은 감옥 안에서 평판이 대단히 좋아서 벌써 상장을 3개나 받았다고 한다(「미인 독살 김정필의 옥중 근황」, 『삼천리』, 1933.10).

김정필은 수감생활 대부분을 바느질을 하며 보냈다. 아침에 일어나기 바쁘게 공장에 나가서 해질녘까지 바느질로 기모노를 지었다. 김정필의 바느

질 솜씨는 여죄수 중에 단연 최고여서 서울에 사는 일본인 상류가정의 기모노는 도맡아 지었다. 김정필은 성실하고 마음씨도 따뜻해 서대문형무소 여죄수 사이에서도 단연 인기를 끌었다. 특히 새로 수감되는 여죄수를 반가워해서 틈만 나면 찾아가 세상소식을 묻곤 했다. 옥중에서 한글을 깨치고 일본어까지 배웠다.

1927년 은사칙령으로 징역 20년으로 감형됐고, 1928년 은사로 15년, 1934년 은사로 13년으로 감형됐다. 이로써 김정필의 만기는 1936년 12월18일이 됐다. 만기를 1년 8개월 앞둔 1935년 4월, 김정필은 서른두 살, 수감 12년 만에 형집행정지로 가석방됐다.

김정필은 무기징역을 선고받고 복역하던 중 세 번의 은사를 입어 12년 만에 출옥하여 고향인 함북 명천으로 돌아가 있다. 한때 그렇게도 센세이션을 일으키던 그는 출옥 뒤 어떻게 살고 있는가. 시집갔는가. 혹은 중이 되었는가.

삼천리사 명천지국 기자 K군은 최근 출옥 후의 김정필을 만났다. K군은 김정필과 같은 동리에서 자라났다. 그래서 김정필의 가정형편을 누구보다도 잘 안다. 김정필이 서울까지 올라가 재판을 받고 있을 때 K군은 그곳 보통학교에 다니는 소학생이었다. 온 동리를 휩쓸던 소문에 가슴을 두근거리기 여러 번이었다.

김정필은 출옥해 고향에 내려갔다가 곧 친정 부모 있는 곳을 떠나서 명천읍으로 가서 그곳 '송천여관'이란 여관집에서 하녀로 있다. 그는 제 마음대로 나다니지도 못하면서 오직 주인과 손님의 명령에 순종하는 하녀로 일하고 있다. 그는 세상을 피하는 듯 이 송천여관에 묻혀 다른 사람과 거의 만나지 않는다. 여관집 하녀로 일하면서 한 달에 몇 푼 안 되는 적은 월급이나마 모으기에 힘쓴다. (「12년 만에 출옥한 김정필, 그는 다시 결혼하려는가」, 『삼천리』, 1935.7.)

5) 심○희 판결문
(1925년 형공 제356호, 大正14年刑公第356號, 대구지방법원)

대구지방법원 판결문으로 사건번호는 1925년 형공 제356호(大正14年刑公第356號)이다. 국가기록원에 소장되어 있으며 관리번호는 CJA0001355-0038이다. 사건의 내용은 다음과 같다.

본적을 경상북도 영양군 일월면 주곡에 두고 경상북도 청송군 파천면 덕천동에 사는 심○희(당 26세)의 살인사건에 대해 당 법원은 조선총독부 검사 시타무라(下村三四郎)의 간여 아래 심리하고 다음과 같이 판결한다.

피고를 징역 2년에 처한다.

그 이유는, 피고는 4년 전부터 내지에 가서 돈을 버는 중인 위 본적지 조○근의 처로 남편이 집에 없는 중에 위의 주소지에서 생가 심능빈(心能斌)의 집에서 지내오다가 1924년(다이쇼 13년) 8월경 그 동내의 심○희과 간통하고 결국 임신하여 1925년(다이쇼 14)년 5월 25일 오전 3시경 자기 집 온돌에서 여자를 분만했지만 불의의 성과를 보고 참을 수 없어 오히려 살의하려고 결의하고, 신생아를 엎어 놓고 체중을 더해 눌러 드디어 질식해서 숨지게 되었다.

위의 사실은 피고가 당 공성에서 판시하여 통합한 공출과 사법경찰관 사무취급이 피의자 박○이의 신문조서 중 본년 음 윤(潤) 4월 2일(5월 24일) 밤에 자신의 장녀 심○희가 여자를 분만함에 상의 없이 그 3일째로부터 동인이 배와 허리가 매우 아프다고 하여 간호에 노력하였는데 그날 밤 자신도 연일 일을 해서 딸의 곁에 누워서 잠을 잤었는데 딸이 고통스러운 소리를 내어 눈을 떠보니 아이를 낳는 우는 소리인 고로 아이가 태어났다고 생각하고 산아(産兒)의 위에서 아래쪽을 향하여 엎어놓고 안아 일으켜 세웠는데 딸은 쉽게 일어나지 못하였다. 잠시 시간이 흐른 후 일으켜 세웠을 때는 산아는 최초의 울음소리도 없이 완전히 죽어 있었다. 이에 불의의 아이이지만 사랑스럽다고 생각을 했어도 딸과 자신에게 산아의 얼굴과 몸을 다시 조사하여 보니 산아는 여자였다는 공술 기재가 있다.

동 김○련의 증인 심문조서 중 ○희는 자신의 의자매로 1925년 윤 음력 4월 2일(5월 14일) 밤 심능빈에게 머물러 왔다. 그 밤 어머니 박○이와 ○희 및 4촌이 되는 아이와 3인은 취사장 가까이에 있는 온돌에 취침하고 자신은 별실에서 자고 있던 밤 중경에 눈을 떠서 취사장에 가서 어머니가 실내에서 산아의 울음소리를 내고 그 울음소리는 매우 크게 들렸다. 자신은 그 방에는 들어가지 않았어도 봉희는 그라고 알고 자신에게 향하여 언니와 같은 나는 어젯밤부터 복통이 일어났는데 갑자기 아이가 태어났다고 괴롭게 서로 소리를 자신에게 고했다는 공술 기재가 있다.

사법경찰관 사무취급의 처남에 대한 검증조서 중 사체를 유기한 장소는 덕천면에서 신흥동에 통해 있는 길에서 서쪽으로 약 120칸을 걸어 밭 가운데 묻어 놓고 돌을 쌓아두고 있으며 그 서쪽 끝에 1척 5촌 길이 2척 정도의 검은색 포를 씌워 놓고 상부부터 마(麻)로 3개소를 묶어서 그 상부에 낡은 바지를 씌워놓고 그 위에 흙을 덮었으며 그 위에 최소 약 30개의 돌을 쌓아놓았다는 기재가 있다.

피고가 경찰서에서 피의자 2회 심문 조서 중 사체는 자신의 어머니가 동네에서 신흥동으로 통하는 도로 위 뽕나무 밭의 위에 또 있는 커다란 밭의 돌이 쌓인 곳에 가지고 가서 묻었다고 말했다. 사체는 검은색의 나의 상의로 싸 두었다는 취지의 공술 기재가 있다.

공의인 구와(久和善治)의 감정서 중 사체는 임신 10개월에 달한 것으로 내장의 검사 중 폐의 상황에서 생산아라고 인정할 수 있고 흉강(胸腔) 내 장기에 암적색 유동성 혈액을 합하는 등의 질식의 징후를 갖춤으로써 사인이 질식이라고 인정할 수 있다는 취지의 기재를 종합하여 범행을 충분히 증명할 수 있다.

법률에 비추어 피고의 소행은 형법 제199조에 해당함으로 유기징역형을 선택하고 정상을 참작할만한 부분이 있으므로 동법 제66조 제68조 제3호에 따라 작량감형을 하고 형기 범위 내에서 양형을 하여 피고를 징역 2년에 처하는 것으로 한다. 이에 주문과 같이 판결한다. 1925년 7월 14일 대구지방법원 형사부 재판장 조선총독부 판사 가네가와(金川廣吉), 조선총독부 판사 오오무라(大森謙治), 조선총독부 판사 사카미(酒見緻次)가 판결한다.

해 제

이 사건은 영아 살해에 관한 재판이다. 이런 사건의 경우 통상적으로 집행유예를 받는 데 반해 피고인은 징역 2년형을 받았다. 꽤 중형을 받은 셈인데 남편이 돈을 벌기 위해 일본에 건너가 있는 사이 불륜을 통해 임신을 한 사실이 괘씸죄로 적용된 듯하다.

6) 양○이 판결문
(1925년 형공 제1081호, 大正14年刑公第1081號, 경성지방법원)

살인사건에 관한 경성지방법원 판결문으로 사건번호는 1925년 형공 제1081호(大正14年刑公第1081號)이다. 국가기록원 소장이며, 관리번호는 CJA0000279-0006이다. 어머니인 피고인이 육아 부담에 시달리다가 자신의 딸을 살해한 사건이다. 내용은 다음과 같다.

본적을 경성부 원정 4정목에 두고 경성부 산수정에 거주하는 양○이(당 22세)의 살인 피고사건에 대해 조선총독부 검사 후쿠다(福田甚二郎) 간여로 심리하고 피고인을 징역 2년에 처하였다. 경성지방법원 형사부 재판장 조선총독부 판사 미타(三田村富彌), 조선총독부 판사 와키데츠(脇鐵一), 조선총독부 판사 사사키(佐佐木日出男)가 1925년 11월 24일에 판결했다.

판결의 이유는 다음과 같다.

피고인은 성에 우둔한 바 12세 즈음에 경성부 원정 4정목 임○철에게 시집가서 장남 임○식(당 4세)을 낳고 다시 1923년(다이쇼 12년) 음력 11월 2일 여아 임○아를 얻었다. 두 아이를 안고 밤낮 가사를 하던 중 너무 힘들어서 둘째 임○아를 살해하려고 결의했다. 1924년(다이쇼 13년) 음력 8월 25일 아침, 임○철의 거택에 모아둔 세탁용 가성소다 손가락 끝 정도 크기의 덩어리의 일부를 압수해서 찻그릇에 약 반량을 따뜻한 물에 녹여서 그것을 임○아의 입에 주입해서 삼키게 함으로 인하여 그녀로서 위의 용액을 삼킴에 심장 마비를 야기해서 동일 저녁 같은 장소에서 죽음에 이름으로 살해목적을 달성하였다.

이상의 사실은 피고인이 당 재판정에서 한 자백, 임○철에게 시집가서 두 아이를 얻었으나 점점 아이가 자주 울어서 아이를 업으면 울음을 그치고 자신도 허리가 아파서 등에서 내려놓으면 다시 울어서 일이 많아지자 다시 일도 할 수 없어 궁리 끝에 그 아이를 살해하려고 기도하고 자택의 건너 방 선반에 세탁용의 가성소다 손가락 끝 정도 크기의 것을 넣어두었으므로 압수하여 찻그릇에 미온수를 반 정도 채우고 그것을 넣고 다시 소량의 물을 넣은 후 다시 찻그릇에 넣고 왼손에 그 아이를 안으면서 그 오른쪽의 용액을 전부 마시게 해 살해했다는 내용의 공술이 있다.

증인 김씨에 대한 예심심문조서 중 피고인은 12세 정도 자신의 차남 임○철에게 시집온 자인데 1924년 음력 8월 25일 자신이 외출한 정오경 집으로 돌아오자 피고인의 등에 업고 있던 임점아의 울음소리가 평소와 달랐는데 입술은 헐어있고 입안에서는 황색의 용액방울이 있어서 그것을 피고인에게 물어보니 동인은 묵묵히 답을 하지 않아 어쩌면 가성소아의 용액을 먹인 것이 아닐까 생각해서 사람을 시켜 부내 세브란스 병원에서 치료를 받게 해도 그 효과가 없어 동일 저녁 사망했다는 내용의 공술 기재가 있다.

증인 홍석후(洪錫厚)에 대한 예심심문조서 중 자신은 부내 세브란스 병원의 의사인데 1924년 음력 8월 25일 오후 유아 임○아를 검진함에 그때 그 아이는 혀와 입술, 목구멍 등이 마비되고 헐어 있어서 가성소다 용액 등 독약을 삼켜서 인후증이라고 진단하고 가성소다 용액을 삼켜서 사망한 것은 통상 음식물의 섭취불능이 되어 점차 죽는 상태에 빠지는 것으로 즉일 사망한 것 같지 않아도 그 때문에 심장마비를 야기시키는 일이 있어서 이에 그 아이의 오른쪽 증상이 가성소다 용액을 삼킴에 기초한다면 과연 심장마비를 야기할 것이어서 즉일 사망했다고 생각한다는 내용의 공술 기재를 조합하고 고찰해서 인정할 수 있다.

그리고 공 변호인 권혁채(權赫采)는 피고인이 성에 우둔한 심신상실자로서 판시한 범행도 심신상실자의 소위로서 그 형책을 면해야 한다고 주장했다. 이 점에 대해 비추어 증인 김씨에 대한 앞의 심문조서 중 피고인은 귀도 멀고 일도 할 수 없고 언어도 완전하게 할 수 없어 광인 같은 소행은 없었다는 내용의 공술 기재 및 증인 조씨에 대해 예심신문조서 중 자신은 피고인의 친어머니인데 동인은 어릴 적부터 귀가 멀고 성이 우둔에 가까워도 광인 같은 소행은 조금도 없었다는 내용의 공술 기재가 있다.

이를 당 공정의 피고인의 공술 내용 태도에 비추어 고찰하면 피고인이 정신발육이 충분히 비약해서 소위 심신미약자라고 할 수 있으므로 판시 범행 역시 심신미약의 상태에서 수행한 것으로 추측하기 어렵지 않다. 그러나 미숙하고 심신상실한 자의 소행으로는 가히 인정할 수 없다. 따라서 위 변호인의 주장은 이러한 범위에 채용할 수 없다.

법률에 비추어 피고인의 소행은 형법 제199조에 해당함으로써 소정 유기징역형을 선택하고 일찍이 피고인은 당시 심신미약의 상태에 있었다는 것으로써 동법 제39조 제2항 제68조 제3호에 따라 감형을 하여 형기는 범위 내에서 중형에 처하는 것으로 한다.

해 제

피고인은 성에 우둔한 바 12세 즈음에 경성부 원정 4정목 임○철에게 시집가서 17세에 장남을 낳고 다시 1923년 여아 임○아를 얻었다. 두 아이를 안고 밤낮을 가사를 하던 중 너무 힘들어서 딸을 살해하려고 결의하고 가성소다의 덩어리의 일부를 녹여 딸에게 먹임으로써 아이를 살해하였다.

7) 윤○순 판결문
(1925년 형공 제1169호, 大正14年刑公第1169號, 광주지방법원)

살해 피고사건에 대한 광주지방법원 판결문이다. 사건번호는 1925년 형공 제1169호(大正14年刑公第1169號)이며, 문서의 관리번호는 CJA0001970-0230이다. 이혼을 하고 생활난에 시달리던 모친이 자신의 아들을 살해한 사건이다. 내용은 다음과 같다.

피고는 장성군 삼서면 상도리에 본적을 두고 동군 서삼면 금계리에 거주하고 있는 무직 윤○순(당 23세)이다. 이 사람에 대한 살인 및 사체유기 피고사건에 대해 조선총독부 검사 조인환(曺仁煥)의 간여로 심리하고 다음과 같이 판결한다.

피고를 징역 1년에 처한다. 단 3년간 그 집행을 유예한다. 소송비용은 피고의 부담으로 한다.

그 이유는, 피고는 일찍이 김○문에게 시집가 아들 1명 김○지(당 3세)를 얻었는데 가계가 여유가 없었기 때문에 협의이혼하고 해당 아이를 데리고 여러 곳을 방랑 중 19254년 4월 초순 장성군 장성면 용흥리에 접어들었을 때 해당 아이가 자주 울었기 때문에 그 괴로움이 심하여 위 손으로 해당 아이를 던졌는데 해당 아이는 당시 적리병(赤痢病)에 심약함이 심하여 빈사 상태에 있었기 때문에 심하게 움직이다가 결국 사망했다. 피고는 해당 아이를 죽음에 이르게 한 즉시 그 사체를 부근의 여울 중에 투기하고 그를 유기했다.

위 사실은 피고가 해당 법정에서 그 내용을 자백한 것과 피해자 김○지에 대한 의사의 감정서에 김○지는 심약함이 심하고 그 혀끝에 폭

2센티미터, 길이 8센티미터의 태가 있고 심한 정도를 인정할 수밖에 없는 창상(創傷)이 있어서 죽음에 이른 것으로 인정된다는 내용의 기재가 있었으므로 그를 인정한다.

법률에 비추어 피고의 소행 중 상해치사의 점은 형법 제205조 제1항에, 사체유기의 점은 동법 제190조에 각 해당하는 바, 이는 병합죄와 관계함으로 동법 제45조 제47조 본문에 따라 그 가장 무거운 상해치사죄로 정하고 형에 법정 가중을 하여 동법 제45조의 범위 내에서 처단하는 바이다. 범죄의 정상을 참작할 만으로 동법 제66조, 제68조, 제71조에 따라 법정의 감경을 하여 그 형기 범위 내에서 피고를 징역 1년에 처하고 죄를 범한 사정이 판시와 같은 것에 비추어 동법 제35조에 따라 3년간 그 형의 집행을 유예함이 상당하다고 인정한다. 소송비용은 형사소송법 제237조에 따라 피고에게 부담하는 것으로 한다. 주문과 같이 판결한다.

1925년 7월 3일 광주지방법원 형사부 재판장 조선총독부 판사 우치야마(內山十平), 조선총독부 판사 이시가와(石川莊四郎), 조선총독부 판사 송화식(宋和植)이 판결한다.

해 제

피고는 이혼하고 생활난에 보채는 3살 아들을 던졌는데 아들이 사망하여 사체를 유기하였다. 이에 징역 1년 집행유예 3년을 언도받았다.

8) 김○봉 등 판결문 (1925년 형공 제77호, 大正14年刑公第77號, 경성지방법원)

살인 피고사건에 대한 경성지방법원 판결문으로 사건번호는 1925년 형공 제77호(大正14年刑公第77號)이다. 국가기록원에 소장되어 있으며 관리번호는 CJA0000282-0135이다.

경기도 개성군 상도면 연동리의 어학선(魚學善) 집 하녀로 일하고 있는 김○봉(16세), 경기도 개성군 상도면 연동리에 살면서 농업에 종사하는 김○인(38세)은 살인죄로 기소 받고 경성지방법원에서 조선총독부 검사 사토미(里見寬二) 간여로 심리하고 양 피고인을 각각 3년에 처하였다.

그 이유는, 피고인 김○인은 1924년 5월 30일 그 처를 잃고 지낸 이래 독신으로 생활하여 오던 바 여러 번 동네 어학선집에 고용되어 그 집에 출입하던 중 그 집에 하녀로 있는 피고인 김○봉을 좋아하여 일찍이 동년 12월 초순경 그 여자와 정교를 한번 맺은 바가 있었다. 김○봉이 그 집의 하남(下男)인 지득준(池得駿)에게 시집가게 되어 속으로 그것을 좋아하지 않았고 또한 김○봉 역시 지득준을 싫어하는 것을 알아차리고 지득준이 없어진다면 머지 않아 김○봉이 자기 손에 돌아올 것을 생각하고 1924년 12월 9일(음력 11월 23일) 아침 어학선집 사랑 남쪽의 마루방 부근에서 김○봉과 만나 동녀에 대해 어젯밤 지득준과 동침하였냐고 묻고 동녀가 그렇다고 대답하자 너는 오늘밤부터는 지득준과 동침하는 것을 요구하지 말고 너는 지득준을 싫어하면 가성소다를 음용시켜서 그를 살해하라고 말하면서 지득준의 살해를 교사했다.

피고인 김○봉은 9세경부터 옆의 주소 어학선의 집에서 하녀로서 고용되었는데 그 15세경에 주인 어학선은 동네 지득준(당시 19세)을 하남으로 고용한 뒤에 동녀와 허혼을 하고 1924년 12월 12일 결국 어학선의 알선으로 위 지득준과 혼인식을 거행하였는데 피고인 김○봉은 지득준을 싫어하는 것이 심하여 동월 19일 아침 피고인 김○봉으로부터 앞의 기록한 것과 같은 교사를 받고 응함에 지득준을 살해할 것을 결의했다. 다음날 20일 저녁 어학선 집 취사장에서 압수한 놋 식기에 미온수를 넣고 여기에 가성소다 엄지손가락 크기의 것을 1개, 대두 크기의 것을 3개를 넣고 그 일부를 녹여서 그것을 그 집 하인 방에서 식사 중에 지득준의 반찬에 주어서 음용시켰는데 지득준이 겨우 그것을 토하고 즉시 그 맛이 변한 것을 감지하였기 때문에 그 목적을 이루지 못하였다.

증거에 따르면 피고인 김○봉이 1924년 12월 20일 저녁 판시와 같이 지득준을 살해하려다가 이루지 못한 사실은 동 피고인이 당 법정에서 자인한 바로서 증인 지득준에 대한 예심심문조서의 판시, 피고 전말의 공술 기재, 압수 관련 놋그릇, 동 가성소다 중 나뭇잎에 싼 일부 및 피고인 김○봉이 당 법정에서 전기 놋그릇은 여기에 미온수를 붓고 판시한 가성소다를 넣고 그 일부를 녹였던 그릇이고, 전기 나뭇잎으로 싼 가성소다는 위의 식기 중 미온수에 판시한 분량의 가성소다를 넣어 해당 미온수가 느릿느릿 되었을 때 다시 꺼낸 것이라는 내용의 공술을 종합하여 명료하다.

피고인 김○인은 당 법정에서 판시와 같이 교사를 한 적이 없다고 주장한 것도 증인 지득준에 대한 예심심문조서 중 자신은 판시한 피해 직후 김○봉을 힐책할 때 동녀는 피고인 김○인으로부터 교사를 받고 자신을 살해하려고 했다는 내용으로 말하고 일찍이 그곳에 와서 피고인 김○인에 대해서도 동인이 교사했다는 내용의 주장을 하고 있는 내용의 공술 기재가 있다.

피고인 김○봉에 대한 제2회 예심심문조서 중 피고인 김○인은 일찍이 여러 번 어학선집에 고용되었는데 동인과는 자신이 지득준과 결혼하기 며칠 전 한 번 통하였다. 오히려 결혼하기 십 며칠 전 동인은 자신에게 부부가 되자고 말해오고 있었다는 내용의 공술 기재가 있다.

그리고 피고인 김○봉이 당 법정에서 한 공술은 능히 피고인 김○인이 판시한 교사의 범행을 인정함에 충분하다.

법률에 비추어 피고인 김○봉의 판시 소행은 형법 제199조 제203조에, 피고인 김대인의 소행은 동법 제199조 제203조, 제61조 제1항에 각 해당함으로 유기징역형을 선택하고 그 형기범위 내에서 피고인 김○봉을 징역 3년, 피고인 김○인을 징역 5년에 처하도록 한다.

1925년 4월 21일 경성지방법원 형사부 재판장 조선총독부 판사 미야모토(宮本元), 조선총독부 판사 와키데츠(脇鐵一), 조선총독부 판사 이주인(伊集院文吾)이 판결한다.

해 제

판결문에 따르면 김○봉은 김○인의 청에 '한 번 정교를 맺은' 적이 있었는데, 주인의 주선으로 혼인을 했지만 남편을 싫어했다. 이에 김○인이 김○봉을 교사하여 그 남편을 살해했다는 내용이다. 김○봉은 징역 3년, 김○인은 징역 5년을 언도 받았다.

뒤에 김○봉은, 1927년(쇼와 2년) 2월 7일 칙령 제12호에 따라 그 형을 징역 2년 4월 10일로 변경했으며, 김○인은, 1928년(쇼와 3년) 11월 10일 칙령 제270호에 따라 그 형을 징역 3년 5월 9일로 변경했다.

13

상해사건

1) 이○례 판결문
(1922년 형상 제185호, 大正11年刑上第185號, 고등법원)

피고는 상해치사죄로 1922년 10월 9일 광주지방법원 목포지청에서 징역 6월을 언도받고 항소하여 1922년 11월 28일 대구복심법원에서 다시 재판을 하였지만 패소, 다시 항소하여 1923년 1월 11일 고등법원에 항소하였다. 본 판결문의 내용은 그 가운데 제2심과 제3심이다. 사건번호는 각각 1922년 형공 제86 · 87호(大正11年刑控第86 · 87號), 1922년 형상 제185호(大正11年刑上第185號)였다. 국가기록원 소장 문서이고, 관리번호는 각각 CJA0000770-0003, CJA0000532-0003이다. 앞의 파일에는 대구복심법원 판결문 원본과 고등법원 판결문 사본이 들어있고, 뒤의 파일에는 고등법원 판결문 원본이 있다.

전라남도 목포부 호남정에 살면서 부채를 만들어 파는 피고인(56세)은 대구복심법원에서 조선총독부 검사 고무라(河村靜水)[34]의 간여하에 심리하고 판사 고미(五味逸平), 마츠시다(松下直英), 나가노(中野俊助)의 재판하에 상고 기각을 선고받았다. 이로써 피고는 징역 6월을 다시 언도받았는데 이에 다시 불복하여 고등법원에 상소하였다. 이에 따라 해당 법원은 조선총독부 검사 사카이 사부로(境長三郎)[35]의 의견을 듣

34) 1880년 11월 18일 출생. 야마구치현(山口縣 都濃郡 德山町) 출신이다. 1904년 교토제국대학 법과대학을 졸업하고 1907년 6월 나라(奈良)지방재판소 검사를 지냈다. 1909년 12월 경성지방재판소 검사가 되었다가 대구와 평성, 평양, 대구의 법원을 거쳐 1921년 경성복심법원 검사가 되었다.

35) 1871년 10월 출생. 사가현(佐賀市 赤松町) 출신이다. 1901년 7월 도쿄제대 법과대학을 졸업하고 곧바로 사법관 시보로 임명되어 나고야구(名古屋區)재판소에 근무했다. 1906년 후쿠오카(福岡)지방재판소 판사를 거쳐 1911년 1월 경성지방법원 검사에

고 상고를 기각하였다.

판결 이유는 다음과 같다. 상고 취지는 자신의 이번 상해치사 사건에 따라 목포지청에서 징역 2년을 받고 불복 항소하여 기각을 언도를 받았으나 다시 불복하여 상고를 신청한 것으로 사실은 위와 같이 본 건은 올해 음력 5월 중에 제작한 부채 50개를 이웃에 사는 女某(성명불상)에 도둑을 맞아 그것을 발견하여 다만 부채에 본장(本丈)을 주고 서로 싸움을 하던 차 점점 그 후에 서로 왕래 없이 약 3개월 후 즉 금년 음력 7월 9일에 동녀는 사망함으로써 고소를 하여 조사를 받도록 함에 피고 등이 상해한 결과 동녀가 사망했다고 하는 결론으로 상해를 했을 뿐만 아니라 피고는 무지한 늙은 여자(老女)로서 제1, 2심에서 사실을 신청하지 않고 점차로 실로 원죄를 감당하지 못하게 됨에 따라 취지서를 제출했다고 했다.

원심은 적법의 증거에 따라 피고가 1922년 7월 29일 목포부 호남정 오○수 측에서 동인의 어머니 김○림과 말싸움을 하던 끝에 ○림의 복부 기타를 구타하고 부상시키게 됨에 동인은 이로 인하여 복막염이 일어나 동년 8월 30일 사망에 이르게 되었다는 사실을 인정함으로써 그것을 인정하는 본 논지는 원심의 전권에 속하는 사실인정을 비난하는 것으로 돌아가 상고 적법의 이유가 되지 않는다. 이상의 설명과 같이 본 건은 상고의 이유가 없으므로 형사소송법 제285조에 따라 주문과 같이 판결한다.

판결은 고등법원 판사 와타나베(渡辺暢), 요코타(横田俊夫), 미즈노(水野正之烝), 모리타(森田秀太郎), 마스나가(增永正一)가 하였다.

임명되어 조선으로 왔다. 1913년 4월 공주지방 법원검사, 1914년 8월 고등법원 검사, 1920년 9월 경성지방법원 검사, 1922년 12월 고등법원 검사, 1924년 12월 대구복심법원 검사장을 역임했고, 1929년 12월 경성복심법원 검사장이 되었다.

해 제

전남 목포에서 부채를 만들어 파는 피고는 이웃 사람이 부채를 훔쳐 간 것을 알고 심하게 다투었다. 그런데 3개월 후 이웃 사람이 복막염으로 사망했고, 그 아들이 피고에 대해 상해치사로 고소하였다. 피고는 부채 50개를 도둑을 맞은 데다가 다툼 후 3개월간 왕래가 없었는데 갑자기 상해치사로 고소를 당하니 매우 억울했던 듯하다. 1심에서 징역 2년을 언도받고 불복하여 2심과 3심까지 갔는데 모두 기각 당하였다. 고등법원 판결문에 '무지한 늙은 여자로서 (중략) 원죄를 감당하지 못하였다'는 내용이 나오는데, 배우지 못한 57세의 조선인 여자를 바라보는 법정의 시선이 반영된 것으로 보인다.

2) 김○식 등 판결문
(1924년 형공 제476호, 大正13年刑控第476號, 경성복심법원)

상해, 약취, 강간사건에 대한 경성지방법원과 경성복심법원 판결문으로 사건번호는 각각 1924년 형공 제78호(大正13年刑公第78號), 1924년 형공 제476호(大正13年刑控第476號)이다. 국가기록원에 소장되어 있으며 관리번호는 CJA0000284-0104이다.

강원도 강릉군 정내면 지변리에 본적을 두고 경기도 포천군 영중면 금주리에 거주하면서 갱부로 일하는 김○식(37세)과 부산부에서 출생하여 경기도 포천군 영중면 금주리에 거주하는 갱부 이○실(41세), 인천부 송림동에 본적을 두고 경기도 포천군 영중면 금주리에 거주하는 갱부 이○삼(32세)은 상해, 약취, 강간, 이○실, 이○삼에 대한 상해, 약취 피고인으로 경성지방법원에 서고 당 법원은 조선총독부 검사 정구영(鄭求瑛) 간여로 심리하고 다음과 같이 판결하였다.

피고 김○식을 징역 3년, 피고 이○실, 이○삼을 각 징역 1년 6월에 처하고 압수에 관한 증 제2호 막대기 하나는 그것을 몰수한다. 공소 소송비용은 전부 피고 등이 연대 부담하는 것으로 한다.

그 이유는, 첫째, 피고 김○식은 경기도 포천군 영중면 거사리 부경화(夫景華)로부터 동리 정영석(鄭永錫)의 처 김씨가 동리 박제구(朴濟球)와 간통하고 있어 그 가정이 불화함으로 먼저 위 간부 박제구에 대하여 위협하여 두고 김씨를 약취함으로써 영구의 처로서 동거할 수 있다는 말을 듣고 박제구를 폭행하고 외설을 목적으로 김씨를 약취할 것을 기도하고 1924년 6월 26일(음력 5월 25일) 피고 이○실, 이○삼에게 위 목적을 말하고 협력해달라고 하자 위 양명은 그것을 승낙하고 이에 피고 3명이 공모하고 동면 위 거사리 박상규(朴相圭) 집에 도착하여 그 집에서 거사하기 전에 박제구를 집밖으로 호출하고 그를 앞의 정영석(鄭永錫) 집 앞에 데리고 가서 피고 김○식은 지팡이, 피고 이○실, 이○삼은 곤봉을 들고 위 박제구의 얼굴 기타 신체 각 곳을 난타하고 동인의 위 견상부(肩上部), 기타 수 개소에 타박상을 입히고 또 동인이 도망치자 다시 전기 정영석 뒷집 안에 들어가서 그 집 담을 넘어가 차고 있던 동인의 처 김씨를 방밖으로 끌어내고 동인 및 정영석 및 그 아버지 정관성(鄭關成) 등이 그 불법을 힐책하자 피고 이○실은 낫을, 피고 김○식, 이○삼은 각각 몽둥이를 쥐고서 김씨의 약취를 방해함에 위해를 가할 기세를 보이고 또한 정영석을 구타하고 동인 등을 위협하여 그 반항을 억제하고 김씨를 동면 금주리 이선명(李善明) 집으로 연행하여 그 약취를 수행했다.

둘째, 피고 김○식은 위 김씨를 이선명 집에 끌고 가서 방안에 넣은 다음 김씨에게 부부로서 동거하자는 내용을 요구하고 김씨가 이에 응하지 않자 다시 정교를 요구하는 바, 이 역시 동인으로부터 거절을 당해서 동인의 요구에 응하지 않으면 죽이겠다는 내용으로 협박하며 동인을 위협하고 그 반항을 억제하고 동인에 대해 간음을 목적을 이뤘던 것이다.

증거에 따르면 판시한 첫째의 상해 및 약취 사실에 대해서는 당 법정에서 피고 김○식이 정영석 집 집안에 들어간 점 및 이○실이 낫을 휘둘렀다는 점을 제외하고는 판시한 사실과 같은 내용의 공술이 있다.

사법경찰관이 작성한 피의자 이○실의 심문조서 중 판시한 밤에 나와 이○삼은 김○식 외 1명과 함께 동행 중 김○식은 나와 이○삼에게 직경 2촌(寸) 정도, 길이 2척 5촌 정도의 막대기를 하나를 건네고 그로부터 여자를 데리고 갔는데 그녀의 정부는 힘이 세서 자신이 가서 끌고 와서 때리고 너희들도 협박하고 즉시 때리라고 하여 어떤 마을에 가서 어떤 집에서 김○식이 남자 한명을 데리고 와서 여자의 집 문 앞에서 앉아서 우리들을 불렀기 때문에 나는 이○삼과 그곳에 가니 김○식이 뭐냐라고 해서 그 남자를 때리고 이○삼도 때렸는데 그 남자는 도망을 갔다. 그래서 김○식은 여자의 집 문을 열고 집 안에 들어가고 나와 이○삼도 차례로 들어가서 여자가 있는 방 앞에 가서 김○식이 여자에게 나오라고 했는데 여자는 방의 안문(內門)에서 안방으로 도망갔지만 김○식이 안방에 가서 여자를 끌고 온 그때 나도 이○삼도 막대기를 쥐고 있으면서 역시 여자에게 나오라고 말하고 이○삼은 방에 들어가서 여자에게 아이를 업히고 문 앞으로 끌고 나왔던 그때 나는 여자의 집 대문 안의 짚 위에 있던 낫을 들고 왔는데 그것은 여자를 두렵게 했다. 그런데 여자의 시어머니가 무슨 일로 며느리를 끌고 가느냐고 하여 그때 이○삼이 여자를 향해 너가 마염존(馬廉存) 자신의 처를 타인에게 간통을 시켰다라고 말하고 동인의 머리를 한번 때리고 여자를 끌고 나와서 여자를 선두에 김○식, 이○삼, 나의 순서로 오게 했다는 내용의 공술 기재가 있다.

동상(同上) 이○삼의 심문조서 중 판시일 저녁 김○식과 남편 모 두 사람이 와서 나와 이○실도 동행했는데 그 도중 김○식은 나와 이○실에게 직경 2촌 정도, 길이 2척 6촌 정도의 막대기를 하나 건네줘서 그로부터 여자를 끌고 갔는데 여자의 정부는 힘이 강해서 자신이 가서 끌고 와서 그들이 때렸고 자신은 때리지 않았고 직접 때리라고 말했다. 그래서 마을에 들어가서 부(夫) 아무개가 먼저 간 후에 김○식이 가서 남자 한 사람을 끌고 와서 여자의 집 문 앞에 와서 뭔가를 말하고 있었는데 김○식은 그 남자를 때린 후 나와 이○실과 가서 몽둥이로 때리고 그 남자는 도망갔다. 그로부터 여자의 방 앞에 가서 김○식이 여자에게 나오라고 함에 여자는 건넌방의 문으로 도망가서 안방으로 간 후 나는 안문으로 간 바 김○식은 윗방으로 가서 여자를 끌고 와서 대문 밖으로 나왔는데 여자는 아이에, 기모노를 입었다고 하며 다시 건넌방으로 들어가 울었다. 이○실이 방에 들어가서 아이를 업게 하고 끌고 나왔다. 그때 대문 밖에서 가족의 한 사람이 나와서 여자의 시어머니가 무슨 일로 며느리를 끌고 가느냐고 해서 나는 여자에게 너는 마염존의 처를 사람에게 취하게 했다고 하고 구타하는 그때 나와 김○식은 몽둥이를 들고 이○실은 낫을 들고 있었다는 공술 기재가 있다.

증인 박제구에 대한 예심조서 중 판시 상해의 피고사실과 같은 내용의 공술 기재가 있다.

증인 김씨 및 정영석의 예심조서 중 판시한 가택침입 및 약취의 피해사실과 같은 내용의 공술 기재 및 압수한 낫 하나가 현존하는 것을 종합하여 그것을 인정할 수 있다.

판시한 둘째 강간의 사실은 당 법정에서 피고인 김○식이 판시한 밤 판시한 이선명 집의 방에서 김씨와 정교를 맺었다는 것과 다름없는 내용의 공술이 있다.

증인 김씨의 예심조서 중 판시한 피해사실과 같은 내용의 공술 기재에 따라 그것을 인정할 수 있으므로 각 판시사실의 증명이 있는 것으로 한다.

법에 따라 판시한 첫째의 피고 3명의 상해의 행동은 형법 제204조에 해당함으로 그 유기징역형을 선택하고 가택침입의 점은 동 제130조 약취의 죄는 동 제225조에 해당하는데 그 수단결과의 관계가 있으므로 동 제54조 제1항 후단 제10조에 따라 무거운 약취죄의 형에 따라 처단한다.

둘째 피고 김○식의 강간의 행위는 동 제177조에 해당하는 바 이상 모두 병합죄로써 동법 제47조 제10조를 적용하고 피고 김○식에 대해서는 가장 무거운 강간죄의 형으로 법정 가중을 한다. 동 제14조의 제한에 따라 피고 이○실, 이○삼에 대해서는 무거운 약취죄의 형에 각 법정의 가정을 하고 형기범위 내에서 무거운 형으로 처단한다. 압수의 증 제2호인 몽둥이 한 개는 범죄 공유물건으로 범인 외의 자에게 속하지 않으므로 동 제19조에 따라 그것을 몰수하고 공소 소송비용은 형사소송법 제238조에 따라 그 전부를 피고 3명이 연대 부담하도록 한다.

1924년 10월 23일 경성지방법원 형사부 재판장 조선총독부 판사 나가시마(永島雄藏), 조선총독부 판사 야마네(山根吉三), 조선총독부 판사 와키데츠(脇鐵一)가 판결하였다.

해 제

피고인은 김성녀라는 여자가 부부관계가 불화하고 다른 남자와 간통하고 있다는 말을 듣고, 김성녀를 약취하여 같이 살고자 결심하고 동료 2명과 함께 김성녀의 시집에 들어가 김성녀를 약취하고 집으로 데려와 강간하였다. 그 과정에서 김성녀의 상간남을 상해하고 그 시가 사람들을 위협하였다고 한다. 판결문과 관련된 신문 기사는 『매일신보』를 통해 확인할 수 있다.

인처(人妻)를 위협능욕

남의 처를 자기 집으로 업어다가 낫으로 위협하고 강간을 하였다. 포천군 영중면 금주리 김태식(37)은 금년 6월 하순에 동면 거사리 부경화(夫景華)란 사람으로부터 자기 동리에 사는 정영석의 처 김성녀란 여자가 박제구와 간통하여 가정이 불화한데 근 여자를 약취하여 데려다 살면 좋을 것이라 하는 말을 듣고 동리 이성실(41), 이덕삼(32) 두 명에게 그 통정을 하고 한 가지로 박제구를 정영석의 집으로 끌고 가서 난타하고 낫과 몽둥이로 협박한 후 김성녀를 업어다 가지고 집으로 데리고 가서 강간한 죄로 전기 세 명이 지난 18일에 경성지방법원에서 공판한 결과 검사로부터 김태식은 징역 3년, 이성실, 이덕삼은 각 징역 1년 6개월의 구형이 있었고 판결 언도는 23일이라더라(『매일신보』, 1924.10.21).

피고는 병합죄로서 상해, 강간죄가 추가되고, 이 중 가장 무거운 강간죄로 다스려 피고인은 징역 3년을 언도받았다. 그 동료 갱부로서 피고인 김○식을 도왔던 동료 두 명은 징역 1년 6개월이다.

3) 문재봉 판결문
(1924년 형공 제500호, 大正13年刑公第500號, 광주지방법원)

상해 피고사건에 대한 광주지방법원 판결문으로 사건번호는 1924년 형공 제500호(大正13年刑公第500號)이다. 국가기록원에 소장되어 있으며 관리기록은 CJA0000170-0091이다.

전라남도 무안군 암태면 도창리에 거주하며 농업에 종사하고 있는 문재봉(文在奉, 당 29세)에 대한 상해 피고사건에 대해 조선총독부 검사 요코다(橫田義太郎) 간여로 심리하고 다음과 같이 판결하였다.

피고 문재봉을 징역 6월에 처한다. 단 2년간 그 형 집행을 유예하고 공소재판비용은 피고의 부담으로 한다.

그 이유는, 피고 문재봉은 그 거주하는 면내의 소작인 등 수백인과 지주 문태현(文泰炫)의 소작료 징수가 과함을 분개하고 1924년 3월 27일 소작인 등이 조직한 소작인회 주최 아래 개최된 암태면민대회에서 문태현에 대해 소작료의 경감을 요구하고 만약 이에 응하지 않을 때에는 동면 와촌리에 건립되어 있는 동인의 성덕비를 타도할 것을 결의함으로 문태현과 동문의 정의상 해당 비 옹호를 위해 동일 동문 중의 문명호(文明鎬), 문응창(文應昌) 외 30여 명과 함께 몽둥이를 들고 위 성덕비 부근의 소나무 숲 속에 잠복하여 비밀리에 조작인 등의 내습에 대비하고 있던 바 우연히 목포 기타로부터 돌아오던 소작인 측의 서태철(徐邰哲), 박종남(朴宗南), 서동오(徐東五) 등이 해당 비석 앞을 지나감으로 그것을 위 비석을 부수기 위해 오는 것으로 오해하고 비석을 부수는 이유를 질문하고 문응창이 소작인회의 주령(主令)으로 보인 서태철을 불러 멈추라고 함에 동인이 단신 피고 등의 면전에 도착하여 문명호와 쟁론 끝에 동인을 구타하기 위한 이 몽둥이를 보고 박종남(朴宗南), 서동오(徐東五) 양 인이 서태철을 구조하려고 동 장소에 서둘러 가자 문면순(文眠順) 등과 함께 공동 의사에 기초하여 곤봉으로 위 두 사람을 구타하고 박종남으로 하여금 오른쪽 견갑골 상부 기타에 치료 4주간을 요하는 타박상, 서동오로 하여금 동 견갑골 하부 기타에 치료 2주간을 요하는 타박상을 냄으로 인하여 솔선해서 세를 도와주기 위하여 쌍방 수백 명이 난입해서 싸움으로 소요를 하였던 것이다.

살펴봄에 피고인이 파시한 범행을 한 것은 피고인에 대한 예심조서 중 자신은 1924년 3월 27일 문명호, 문명순 기타 30여 명의 문중 사람들과 함께 문태현의 성덕비 방위를 위해 그 건설지에 가 있었는데 잠시 후 서태철이 위 비석 앞의 도로를 지나가서 문응창이 그를 불러 멈추게 하고 문명호가 성덕비를 부수는 이유를 듣자고 함에 서태철이 지팡이로 문명철을 찔렀기 때문에 동인을 그것을 뺏어서 서태철의 왼쪽 어깨를 때린 것인 바이며, 서동오, 박종남이 몽둥이를 가지고 와서 자신의 왼쪽 허벅지를 구타함으로 자신도 역시 서동오의 왼쪽 어깨를 두 번 구타하고 이어서 문고(文泒)라는 자와 약 500명의 군상인가가 싸움을 하게 이르렀다는 내용의 공술 기재가 있다.

증인 장판수(張判水)에 대한 예심조서 중 1924년 3월 27일 소작회의 사람과 기타 400여 명이 집회하고 문태현에 대한 소작료의 인하를 요구하고 만약 응하지 않는 경우는 동인의 송덕비를 파괴하자는 것을 결의하고 문태현의 문정 사람이 또 그에 대하여 방위를 하고 있다는 것을 듣고 위 송덕비 부근에 갔는데 문고라는 자 등 30여 명이(그중 20여 명은 몽둥이를 들고 있었음) 부근의 소나무숲 속에 있었는데 서창석(徐倉錫)이 해당 비석 쪽에서 달려오면서 교섭이 되지 않았을 경우는 직접 비석을 파괴하고 밀려온 군상에 대해 박종남이 박살한다고 소리를 질렀기 때문에 군상은 갑자기 부근의 밭에서 몽둥이를 들고 와서 이에 쌍방 쟁투에 이르게 되었다는 내용의 공술 기재가 있다.

증인 박종남에 대한 예심조서 중 자신은 1924년 3월 27일 안덕면에서 집으로 돌아오는 도중 우연히 서태철 및 서동오와 만나서 동인등과 서로 연대하고 문명현의 송덕비 앞을 지나가던 중 문응창이 서태철을 불러 세웠기 때문에 서태철은 혼자 저들이 잇는 장소에 갔는데 순간 문명호가 허리에서 식도를 꺼내서 서태철을 때림으로써 자신은 그를 구조하려고 그곳에 달려갔는데 문명호는 몽둥이로 자신을 때렸고 이어서 다른 문고라는 자들도 역시 자신을 때렸다는 공술 기재가 있다.

증인 서동오에 대한 예심조서 중 자신은 1924년 3월 27일 문태현의 송덕비 부근에서 문재봉으로부터 왼쪽 어깨를 수차례 맞았다는 공술 기재가 있다.

전기 의사 임현재(任賢宰)가 박종남에 대해 1924년 3월 29일자 진단서 중 박종남은 오른쪽 견갑골 상부 기타 수 개 장소에 외상성 타박상 찰과상 창상 열상을 입어 전신이 기동불능으로 폐호흡 불충분의 증상을 보이고 4주간의 안정치료를 요한다는 내용의 기재가 있다.

그리고 동 의사의 서동오에 대한 동일자 진단서 중 서동오는 오른쪽 견갑골 하부 기타 수 개 장소에 외상성 타박상 및 피하 익혈반의 상해를 입었고 전시기동 불능의 증상을 보이고 2주간의 안정치료를 요한다는 내용의 기재에 따라 이들을 대조 살펴보고 이를 인정한다.

법률에 비추어 피고인의 행위 중 상해의 점은 형법 제204조 제55조에 해당하고, 소요의 점은 동법 제106조 제1항 제2호에 해당하며 위의 행위는 하나의 행위로 하여금 수 개의 죄명을 해당하는 경우로서 동법 제54조 제1항 전단 제10을 적용하고 무거운 소요죄의 형에 따라 그 소정형 중

징역형을 선택하고 피고를 징역 6월에 처하고 피고인의 본 건 범행은 소작인등에게 명예를 표징(表徵)하는 지주 문태현의 성덕비를 파괴하려고 하는 것을 듣고 지주와 동일하게 문 씨에 속하는 정의상 그것을 보호하기 위해 간 것인데 우연히 군중심리에 의해 그 수단이 과격함에 서로 싫어하는 마음이나 완고함으로 쟁투를 한 것이 아니고 곧 회개의 마음을 드러냈음으로 범죄의 정도 역시 중대하지 않다. 특히 지주 소작인 간에는 대개 원만한 해결을 보았음으로 피고에 대한 실현을 과할 필요가 없다고 인정된다. 이에 형법 제25조에 따라 2년간 그 형의 집행을 유예하고 공소재판비용은 형사소송법 237조 제1항에 따라 피고에게 부담하도록 한다. 1924년 9월 29일 광주지방법원 형사부 재판장 조선총독부 판사 우치야마(內山十平), 조선총독부 판사 이시가와(石川莊四郎), 조선총독부 판사(伊集院文吾)가 판결한다.

해 제

피고 문재봉은 전라남도 무안군 암태면에서 농사를 짓고 있는 소작인으로, 지주의 과도한 소작료에 시달리다가 1924년 3월 27일 개최된 암태면민대회에서 지주 문태현에 대해 소작료 경감을 요구하고 이에 응하지 않을 때에는 그 성덕비를 파괴하기로 결의한다. 이 소식을 들은 문태현의 문중에서는 성덕비를 지킨다는 명목으로 무장을 하고 성덕비 근처에서 기다리다가 그 길을 지나가는 문재봉을 비롯한 소작인들과 마주쳤는데, 서로 충돌을 하고 상해를 입혔다는 이유로 피고 문재봉을 고소하였다. 광주지방법원에서는 이 사건에 대해 심리하고 피고인을 상해죄로 징역 6월에 처했다는 내용이다.

사건 발생일이 1924년 3월 27일이다. 암태면민대회가 개최된 날 지주

측 문중과 소작인들이 충돌을 하였다. 암태도에서는 1923년 8월부터 1924년 8월까지 소작인들의 소작쟁의가 계속되었는데, 이를 암태도 소작쟁의라고 부른다.

그 대강의 내용을 살펴보면, 암태도의 소작인들은 암태소작인회를 조직해, 약 1년간에 걸쳐 암태도의 식민성 지주 문재철(文在喆)과 이를 비호하는 일제에 대항해 소작쟁의를 벌였다. 문재철은 암태도 수곡리 출신으로 일제의 식민수탈정책에 편승해 토지 소유를 확대한 전형적인 식민성 지주였다. 암태도 소작인들은 1923년 8월 추수기를 앞두고, 서태석(徐邰晳)의 주도로 암태소작인회를 조직하고 소작료를 4할로 인하할 것을 요구하였다. 그러나 이러한 요구가 거절되자 추수거부 · 소작료불납동맹으로 지주에게 맞섰다. 이때 목포경찰서는 몇 명의 일본경찰을 출동시켜 소작인들을 위협하였다. 이와 같은 강권을 배경으로 지주는 소작료 징수를 강제로 집행하려고 하였다. 그러나 소작인들의 집단적인 항거로 인해 소작료를 징수할 수 없게 되자, 지주 측에서는 소작인들을 개별적으로 회유 또는 협박하면서 소작료를 거두려고 하였다. 이에 대해 소작인회에서는 자체로 순찰대를 조직하고 지주 측의 강압에 무력으로 대항하면서, 1924년 봄까지 소작료불납항쟁을 계속하였다.

1924년 3월 27일의 충돌은 지주측이 소작인들을 습격하면서 벌어진 일이었다. 그러나 법원은 이 사실보다 상해의 정도를 따지며 소작인 문재봉의 죄를 따지고 있다. 판결 날짜가 1924년 9월 29일을 감안할 때, 문재봉의 처벌은 지주 측과 소작인 측의 합의에 따라 소작인들이 치러야 하는 대가의 성격도 있어 보인다.

4) 홍○훈 판결문
(1925년 형공 제539호, 大正14年刑公第539號, 경성지방법원)

상해치사 피고에 관한 경성지방법원 판결문으로 사건번호는 1925년 형공 제539호(大正14年刑公第539號)이다. 국가기록원에 소장되어 있으며 관리번호는 CJA0000280-0024이다.

피고는 본적을 경기도 이천군 대월면 대흥리에 두고 동군 부발면 가좌리에 거주하며 음식점 영업을 하는 홍○훈(당 34세)이다. 상해치사피고사건에 대해 당 법원은 조선총독부 검사 김용찬(金溶璨) 간여로 심리하여 다음과 같이 판결한다.

피고인을 징역 2년에 처한다. 압수물건 중 낫 1정(증 제1호)은 몰수한다.

그 이유는, 피고인은 1925년 5월 3일 오전 2시경 친구인 이천군 대월면 대흥리 한종휘가 자택 각 방안에서 자기의 처 황○기를 간음하는 것을 발견하고 그 방에 무단히 들어가서 구타한 바 위의 한종휘는 오히려 피고인의 태도를 힐난하며 그 사람을 방밖으로 끌고 나갔으므로 피고인은 위 세탁봉으로 한종휘를 구타하기에 이르렀다. 사람을 집밖으로 끌어내어 집 앞의 도로에서 서로 격투 중 피고인은 집안의 방 앞에 있는 풀 베는 낫(증 제1호)을 잡고 한종휘의 복부를 찔러 그 결과로 동인의 왼쪽 동부에 깊은 복강(腹腔)에 달하여 장을 구멍 내고 창상(創傷)을 입혀 급성 복막염을 야기시킴으로 인하여 동인은 동월 6일 오전 6시 결국 사망에 이르게 되었다.

증거를 따라 피고인이 판시한 일시 경 판시한 장소에서 판시한 바와 같은 동기로 인하여 판시한 바와 같이 한종휘와 격투한 사실은 피고인이 당 공정에서 그 내용을 공술한 것에 따라 그것을 인정할 수 있다. 격투할 때 피고인이 낫으로 한종휘의 복부를 찔러 부상을 입힌 사실은 증인 한종휘에 대한 사법경찰관의 심문조서 중 피고인은 그 집안 방의 도로에서 어떤 물건인가를 주워서 자신의 복부를 일격함에 의해 그것을 잡아본 바 낫이어서 1리쯤 도망가서 민간에서 불을 켜고 살펴본 바 복부를 찔려 의류는 피로 더럽혀 있었다는 내용의 공술 기재에 의해 그것을 인정할 수 있다.

한종휘가 판시한 일시 사망한 사실은 이천 경찰서장의 수원지청 검사에 대한 보고서 중 그 내용의 기재에 따라 판시한 사망원인은 감정인 오카모토 세이지(岡本誠治)가 작성한 감정서 중에 한종휘의 시신을 검사함에 좌측 이두부 아래쪽으로부터 안 아래쪽에서 전방을 향해 복강에 달하여 장을 구멍 내어 예리한 기구에 의한 창상이 있었고, 동 창상으로 인하여 급성복막염을 야기하여 사망에 이르게 되었다는 것을 감정했다는 내용의 기재에 따라 그것을 인정하기에 충분하다.

피고인은 당 공정에서 위 격투를 할 때 판시한 낫을 단지 몽둥이라고 믿고 그것으로 구타했다는 내용의 변호를 했지만 도저히 믿기 어려움으로 위 변호는 그것을 채용하지 않는다. 그러면 판시 사실은 그 증명이 충분하다.

법률에 비추어 피고인이 판시한 행위는 형법 제205조 제1항에 해당함으로 그 소정의 형기 범위 내에서 피고인을 징역 2년에 처하고 압수한 낫 1정은 판시한 범행에 쓰인 것으로 피고인 이외의 사람에게 해당되지 않으므로 동법 제19조에 따라 그것을 몰수하도록 한다.

1925년 6월 25일 경성지방법원 형사부 재판장 조선총독부 판사 미야모토(宮本元), 조선총독부 판사 와키데츠(脇鐵一), 조선총독부 판사 사사키(佐佐木日出男)가 판결한다.

해 제

피고인은 친구가 자신의 아내를 간음하는 것을 보고 친구를 상해하여 치사에 이르게 하였는데 징역 2년을 언도받았다. 법정이 피해자가 죽음에 이르는 과정에 대해서만 따져 물었을 뿐, 피해자의 강간 범죄에 대해서는 언급하지 않고 있는 점이 특이하다.

14

영리 유괴사건

1) 박○월 판결문
(1922년 형상 제194호, 大正11年刑上第194號, 고등법원)

경남 진주군 나동면 내평리에 사는 33세 피고인에 대한 대구복심법원과 고등법원 판결문이다. 사건번호는 2심은 1922년 형공 제946호(大正11年刑控第946號)이고, 3심은 1922년 형상 제194호(大正11年刑上第194號)이다. 국가기록원에 소장되어 있는 자료이며 문서번호는 CJA0000770-0011, CJA0000532-0011이다. 앞의 파일에 대구복심법원 원본과 고등법원 사본이 실려 있고, 뒤의 파일에 고등법원 판결문 원본이 있다.

피고는 1922년 10월 10일 영리 유괴 피고사건으로 부산지방법원 진주지청에서 재판을 받고 유죄가 인정되어 징역 1년을 언도받았다. 이에 대해 항소하여 1923년 1월 8일 대구복심법원에서 조선총독부 검사 사토미 간지(里見寬二)의 간여로 심리하고 항소 기각을 언도받았다. 2심의 내용은 다음과 같다.

피고는 여동생의 남편인 원심 상 피고인 김○석과 공모하고 영리를 목적으로 1922년 6월 중 피고 자택에서 진주군 나동면 내평리 이은상의 집에서 고용녀 김○분(또는 김○세, 15세)에 대하여 타인에 고용되어 노동하는 것보다 경성에 가서 기생이 되면 호의호식해서 안락한 생활을 할 수 있다는 감언으로 유혹하고 동녀로 하여금 기생이 되는 것을 승낙하게 하여 동월 11일 정도 음력에 동녀를 데리고 전기 내평리 마을 끝의 작은 강 부근으로 데리고 가서 미리 피고와 서로 이야기함으로 인하여 동 장소에서 기다리고 있다가 받고 전기 김○석에게 동녀를 인도하여 동석은 진주군 평거면 이현리 자택에 데리고 가서 그 후 동성동 정보서(丁甫瑞)에 창기로서 전차금 180엔을 받음으로써 유괴를 이루었다.

위 사실은 당 공정에서 피고의 원심상 피고인 김○석은 나의 여동생의 남편인데 1922년 6월 중 우리 집에 와서 양친도 없고 형제도 없는 여자를 소개해 달라고 말했을 때 이웃집 이은상 집의 고용녀 ○분(당시 15세)이 와서 나는 ○석에게 이 여자가 양친도 없고 또 형제도 없는 여자라고 말하는 바, ○석은 ○분에게 자기를 통하게 되면 잘 먹고 좋은 옷도 입고 안락하게 살 수 있다고 함으로 3일 후 내가 강가에 가고 ○분이도 물가에 와 있어서 또 ○석도 동 장소에 와 있어서 좋은 장소로 데리고 간다고 말하고 ○분을 연행했다는 내용의 공술이 있다.

검사의 피고에 대한 제2회 심문조서에 김○세를 데리고 나오기 수일 전에 김○석이 나에게 남편에게 학대를 받는 여자 또는 부모도 없는 여자 한 사람을 소개시켜 주면은 경성에 데리고 가서 기생을 시킬 작정인데 처음부터 그 일을 말하면 여자가 승낙하지 않을지도 모르므로 처음에는 사람의 처로 소개시켜 준다고 말하라고 하고 그때 김○세가 나의 집에 옴으로써 자기는 동녀에 대해 처음에는 타인의 처가 된다고 권유한 후 경성에 가서 기생이 되면 좋은 옷을 입고 즐겁게 지낼 수 있다고 말하여 기생이 될 것을 권유하고 동인의 승낙을 얻어서 ○석은 마을 끝 강변까지 여자를 데리고 오면 자기가 그 부근의 밭에서 기다리고 있다가 여자를 취하겠다고 했다. 그 후 4일 저녁에 김○세를 동 장소에 연행하고 동인에게 인도했다는 내용의 공술 기재가 있다.

동상 김○석에 대한 제2회 심문조서에 자신은 본년 음력 5월 16일 정도에 미리 약속하고 박○월이 김○분을 내평리의 마을 끝 작은 강에 데리고 옴으로 동녀를 취하고 평거면 이현리 자택에 연행하여 자신은 박○월에게 위 상세를 경성에 가서 기생을 시킬 셈인데 처음부터 기생이 된다고 하면은 여자가 받아들이지 않을지도 모르므로 처음에는 인처(人

妻)가 된다고 한 후에 기생이 되면 좋은 옷을 입고 좋은 음식을 먹으며 즐겁게 지낼 수 있다고 말하고 권유하는 것처럼 말하여 두고 그 후 위 ○분을 판시한 정남서에 창기로 금 180엔을 받고 팔았다는 내용의 공술 기재가 있다.

동상 증인 김○분에 대한 심문조서에 자신은 6세 때 진주군 나동면 내평리 이라고 하는 사람의 집에 있었는데 이웃집인 ○월의 집에 놀러 갔을 때 동인은 나에게 다른 사람에게 고용되어 일할 수 있는데 경성에 가서 기생이 되면 좋은 옷과 좋은 음식을 먹고 안락하게 지낼 수 있으므로 기생이 되라고 권유하여 그것을 승낙했던 바 음력 5월 16일경 정○월이 나를 데리고 동내 작은 강변에 가서 동 장소에 있었던 남자 한 사람에게 나를 인도하고 이 사람과 함께 가서 훌륭한 사람이 되라고 하고 그 장소를 떠났다. 나는 그 남자에게 끌려서 이름 모를 마을의 동인의 집에 갔다는 내용의 공술 기재가 있다.

동상 증인 이은상에 대한 심문조서에 자신의 집의 고용녀 ○분은 본년 15, 16세가 되는데 본년 음력 4월경 무단히 가출했다는 내용의 공술 기재를 종합하여 이를 인정한다.

법률에 비추어 피고의 소행은 형법 제225조에 해당함으로 그 소정형기 범위 내에서 피고를 징역 1년에 처하고 압수물건은 몰수에 관계함으로 형사소송법 제202조에 따라 차출인에게 환부하도록 한다.

그러면 위와 같은 취지가 나온 원심 판결은 상당함으로 피고의 항소는 이유 없음으로 동법 제261조 제1항에 따라 주문과 같이 판결한다.

판결은 대구복심법원 형사 제1부 조선총독부 판사 나가시마(永島雄藏), 나가노(中野俊助), 이명섭(李明燮)이 하였다.

피고는 다시 불복하여 고등법원에 항소하였다. 해당 법원은 조선총독부 검사 사카이(境長三郎)의 심리를 듣고 상고 기각 판결을 내렸다. 판결문의 내용은 다음과 같다.

상고 취지는 금년 음력 5월 중 피고 여동생의 남편인 김○식이 피고의 집에 와서 말하기를 "결혼을 중매해야 할 곳이 있어도 상당한 여자가 없다"고 해서 피고는 이웃 이영서에게 고용되어 있는 여자 한 사람이 있는데 부모형제도 없다고 하자 그 후 김○식이 두 차례 와서 그 여자와 자신의 이웃에 사는 모(성명불상)라고 하는 남자와 중매를 하려고 해도 그것을 거절해서 그 사람을 집으로 돌려보내서 피고는 고추밭에 물을 뿌린다며 그 사람이 돌아가던 길을 되돌아 왔을 때에 그 여자는 우물터에 물을 채우러 와 있는 동시에 김○식은 직접 서로 대면하여 상담을 하고 여자를 데리고 집으로 돌아왔는데 그 후 그 여자는 경찰서에 호출되어 조사를 받고 돌아가서 피고에 대해서 말하기를 "나는 조사를 받았을 때 엄혹한 고문을 감당하지 못하여 귀군과 김○식에게 사람이 경성에 가면 좋다고 하고 돈을 벌러 간다는 내용을 되돌려 주면서 만약 귀군도 호출하면 나를 통해 한다면 무사할 것이고 당연히 매를 맞지 않는다고 하고 아무것도 모르는 피고도 역시 호출시켜 사실의 진상을 알리는 것도 할 수 없었다. 그 여자가 말하는 대로 대답하고 집으로 돌아온 그 후 진주재판소에서 호출장으로써 음력 6월 15일에 출두했다면 김○식과 서로 공모한 후에 그 여자를 다른 곳에 팔아버림으로서 이와 같은 중형을 받아 실로 억울한 죄에 있는 것입니다. 실은 김○식에게 피고도 그 여자도 모두 속았을 뿐만 아니라 피고는 김에 대해 단지 이웃에 어떤 여자 한사람이 있다고 말한 것뿐임으로 어떠한 공모의 의사도 없었습니다. 지금도 그 여자와 서로 대질해서 조사해 주면 사실이 명료해질 것입니다. 깊이 살펴주시길 바랍니다."

원심은 증거에 따라 피고가 김○석과 공모해서 영리를 목적으로 원판결과 같이 김차분의 일을 하는 김○세(당 15세)를 유괴한 사실을 인정함으로써 본론 내용 중 그것을 그렇지 않다고 하고 김○석(논지 중의 김○식이 김○석과 동일인이라 인정됨) 스스로 직접 동 김○세와 상담하고 동인을 데리고 갔다고 하는 점은 원심의 직권에 속하는 사실로 인정하는 것은 어렵지 않은 일이다. 기타 피고가 논지에서 나온 바와 같이 김○세에게 속아서 경찰서 또는 검사정에서 진실이 아닌 사실은 말했다는 것 역시 한 치도 인정할 수 없음으로 원심이 검사의 피고에 대해서 제2회 심문조서를 단죄한 자료에 제공한 것은 원심 직권의 행사에 불과하다면 본 논지는 모두 상고적법의 이유 없음으로 한다.

이상 설명과 같이 본 건 상고는 이유 없으므로 형사소송법 제285조에 의해 주문과 같이 판결한다. 판결은 고등법원 형사부 소속 재판장 조선총독부 판사 와타나베(渡邊暢), 이시가와(石川正), 요코다(橫田俊夫), 미즈노(水野正之烝), 마스나가(增永正一)가 하였다.

해 제

피고인은 원심에서 그의 제부인 김○식(복심법원 판결문에는 김○석으로 기재)과 함께 영리 유괴죄로 기소되었는데, 징역 1년을 언도받았다. 김○식이 주도한 영리 유괴에 공모한 혐의가 인정받은 것으로 보인데, 판결문의 내용을 보면 의아한 부분이 보인다. 피고인 김○식에게 들은 대로 피해 여성에게 '기생이 되어 잘 먹고 잘 살 수 있다'고 말했고, 이는 복심법원 판결문에서도 인정한 부분이다. 김○식이 피해 여성의 몸값을 받아간 것으로 보이기는 하지만, 피고인이 그 돈을 나눴는지에 대해서는 분명치 않다.

이 때문에 피고인은 3심까지 항소를 포기하지 않은 듯하다. 피고의 주장은 자신 또한 피해 여성과 마찬가지로 김○식에게 속았다는 것이다. 그러나 법정은 피고의 항소를 기각하고 영리 유괴죄를 인정했다. 피고인이 피해 여성을 속였다는 사실을 따지기보다 법정이 주목한 것은 피고인이 피해여성을 김○식에게 데리고 갔다는 점이다. 김○식의 의도에 이용되었다 해도, 결과적으로 그 불법행위를 도운 이상 범죄행위를 했다는 판단이다. 매우 특이한 해석으로 다른 영리 유괴 피고사건과 대조해 볼 필요가 있다. 피고의 처벌기준이 된 벌은 형법 제225조로 "영리, 외설 또는 결혼을 목적으로 사람을 약취 또는 유괴한 자는 1년 이상 10년 이하의 징역에 처한다"는 내용이다.

2) 신○조 판결문
(1923년 형공 제819호, 大正12年刑公第819號, 경성지방법원)

경성지방법원에서 재판된 영리 유괴 피고사건 판결문으로 사건번호는 1923년 형공 제819호(大正12年刑公第819號)이다. 국가기록원에 소장되어 있으며 관리번호는 CJA0000284-0102이다.

대구부 달성정에 사는 무직 신○조(당 38세)는 영리 유괴 피고사건으로 경성지방법원에서 조선총독부 검사 마츠자키(松崎三男) 간여로 심리하여 다음과 같은 판결을 받았다.

피고를 징역 2년에 처한다.

그 이유는, 피고는 영리를 목적으로 부녀를 유괴하려는 범의가 계속 있던 중에 첫째, 1924년 8월 16일 대구부 명치정 2정목 김재수의 집에서 경상북도 달성군 북원면 천내동 김구룡의 처로서 당시 별거 중이었던 ○이(당 19세)에 대해 경성부에서 상당한 혼처를 주선할 수 있음으로 동부에 동행하자는 내용의 말을 함부로 하고 동녀를 기망하여 위 김재수 집에서 유출하여 그 당시 그대로 그녀를 경기도 개성군 청교면 유릉리 장길룡의 집에 유괴하여 두고(誘致) 동인에게 교부한 그 보수로서 동인으로부터 금 70원을 받음으로 불법의 이익을 얻었다.

둘째, 동년 9월 6일 대구부 남산정 김구국의 집에서 당시 그 집에서 병으로 요양 중이던 김○도(또는 김○이, 당 19세)에 대해 경성부에서 결혼하고 동거한 후 명의에게 치료를 받자는 내용으로 속이고 그 당시 동녀를 경성부 화원정 김대현의 집에 꼬여 왔다. 그 후 동부 태평통 중국인 왕헌빈이 그녀를 다른 사람에게 매각하는 도중에 일이 발각되어 영리를 목적으로 한 뜻을 이루지 못하였다.

피고는 1921년 2월 4일 대구지방법원에서 횡령죄로 징역 6월에, 동 12년 1월 26일 대구복심법원에서 영리 유괴죄로 동 1년에 각각 처해진 후 그 형을 집행하던 중 은사 감형을 받아 각형의 집행을 끝낸 후 본 건 범행에 이르렀던 것이다.

이에 따라 판시한 첫째, 영리 유괴의 사실은 피고가 당 법정에서 판시한 즈음 마○이를 김재수의 집에서 장길용의 집으로 연행했다는 내용의 공술이 있다.

증인 마○이에 대한 검사의 심문조서 중 동인이 자신은 김재수 집에서 혼처를 부탁했다고 해서 신○조와 함께 경성에 가자고 말을 했기 때문에 그 말을 믿고 신○조와 함께 김재수 집을 출발한 바 동인은 자신을 속이고 경성에 연행시켜 개성을 거쳐 장길용 집에 데리고 왔는데 그때 장길용이 준 70원 전부를 결국 신○조가 그것을 수취했다는 내용의 공술 기재에 따른다.

판시한 둘째의 영리 유괴의 사실은 사법경찰관이 신○조에 대해 제1회 심문조서의 기재 증인 김○이에 대한 검사의 심문조서 중 동인이 판시한 내용에 조응하는 영리 유괴죄에 관한 피고 전말의 공술 기재에 따라 각각 그것을 인정한다.

범의 계속의 점은 단기간 내에 동종의 범죄를 여러 번 행한 사적(事跡)이 있고 수형사실은 피고가 당 법정에서 그 내용을 공술한 것에 따라 명확하다.

법에 따라 피고의 판시 소행은 형법 제225조 제55조에 해당하는 바 그 범죄에 대해서는 동 제59조 제56조 제57조에 따라 누범의 가중을 하여 형기범위 내에서 피고를 징역 2년에 처하도록 한다. 1924년 11월 4일 경성지방법원 형사부 재판장 조선총독부 판사 나가시마(永島雄藏), 조선총독부 판사 야마네(山根吉三), 조선총독부 판사 와키미츠(脇鐵一)가 판결하였다.

해 제

피고인은 영리를 목적으로 여성 2명을 유괴하였으므로 형법 제225조에 따라 징역 2년을 선고받았다.

3) 와타나베 판결문 (1925년 형공 제98호, 大正14刑控第98號, 경성복심법원)

재조일본인 와타나베 미사의 영리 유괴, 음행권업 피고사건에 대한 경성지방법원, 경성복심법원 판결문으로 사건번호는 각각 1925년 형공 제29호(大正14年刑公第29號), 1925년 형공 제98호(大正14刑控第98號)이다. 국가기록원에 소장되어 있으며 그 관리번호는 CJA0000282-0113이다. 이 파일 안에 1심과 재심 판결문이 모두 있다.

피고는 본적을 히로시마현(広島県 豊田郡 木の江町)에 두고 경성부 관철동에서 음식점업을 하는 와타나베 미사(渡邊ミサ, 당 29세)이다. 이 자에 대한 영리 유괴 음행 권업 피고사건에 대해 조선총독부 검사 이와기(岩城義三郎) 간여로 다음과 같이 판결한다.

피고인을 징역 1년에 처한다.

그 이유는, 피고인은 앞의 거주지에서 내연의 남편 하시모토(橋本安治郎)의 명의하에 음식점을 영업하고 있는 자인 바 작부를 고용하여 손님의 잠자리에 시중들게 하는 것을 기화로 이익을 취득할 것을 기도하고 이 고용인을 구하기 위해 내지로 건너갔는데 1924년 10월 10일(음력 9월 12일) 히로시마현(広島県 尾道市 土堂町 奥村)에서 동정 교코쿠(漁谷春吉)의 처 무메노(ムメノ)에 대해서 자기는 미하라(三原)역전 여관의 주부라고 사칭하고 그 장녀 요시코(ヨシコ, 당시 14세)를 아이를 돌보는 아이(子守女)로 고용하고 싶다는 내용의 말하며 속였다. 위 하루키치(春吉)가 승낙하지 않았는데도 불구하고 같은 날 위 요시코를 전기 오쿠무라(奥村)에서 데리고 오노미치(尾道)역에서 기차를 타는 도중 히로시마

를 지나 경성역에 도착하여 자택으로 데리고 와서 유괴하고 돌아와서 요시코를 작부로 삼고 영리를 목적으로써 동월 중 같은 장소에서 음행을 상습적으로 하지 않는 동 여자에 대하여 손님의 잠자리에 시중들게 하면 수익이 많음으로 빚(借金)을 지불하고 저금을 하며 또 신변을 화려하게 할 수 있고 만약 그렇지 않으면 자기집의 영업상 이득 없는 내용을 권유하고 그녀를 시켜 동년 11월 1일부터 12월 26일에 이르기까지 사이에 39회에 이르러 손님의 잠자리를 시중들게 하여 간음을 하게 한 것이다.

증거에 따르면 피고인 및 증인 교코쿠(漁谷) 요시코에 대한 검사의 심문조서 및 증인 교코쿠 하루키치(漁谷春吉) 및 무메노에 대한 각 사법경찰관 심문조서의 각 공술 기재를 종합하면 피고인이 판시한 날 판시 장소에서 판시한 거짓말로써 무메노를 기망하고 동 하루키치의 승낙을 얻지 않았음에도 불구하고 동인 등의 장녀 요시코를 판시한 오쿠무라로부터 데리고 오노미치(尾道)역에서 기차를 타고 도중 히로시마를 거쳐 경성역에 도착하여 자택으로 돌아와서 동녀를 유괴한 것이 참으로 명백해서 피고인의 당 법정에서 공술 및 증인 요시코에 대한 전기 심문조서의 공술 기재를 종합하면 피고인이 자택에 돌아와서 요시코를 작부로 삼아 판시한 10월 중 동 장소에서 동녀에 대해 판시한 바와 같이 말하고 손님의 잠자리를 시중들고 간음을 해야 한다는 것을 권유하고 동녀로써 판시 기간 내에 판시와 같이 간음을 시켰다는 것을 인정함에 따라 피고인의 당 공정에서 위 요시코에 대해 손님의 잠자리에 시중들지 않으면 자기 집의 영업상 이득이 없다는 내용의 말을 한 일이 없다는 내용의 변호는 그를 배척한다.

그리고 피고인은 당 공정에서 요시코는 자신이 그녀를 고용하기 전에 이미 다수의 남자와 음행을 했다고 생각한다는 내용의 진술을 한 것도 증인 요시코, 하루키치 및 무메노에 대한 전기의 각 신문조서의 각 공술 기재를 종합하면 위 요시코는 피고인 측이 작부로 삼기 이전에는 음행의 상습이 없었던 것인 것을 충분히 인정할 수 있으므로 피고인의 위의 주장은 그를 채용하지 않는다.

그러나 이로써 피고인의 위 요시코에 대한 음행권유의 행위가 영리의 목적으로 나온 것이라는 것은 피고인의 당 공정에서 공술한 것에 따라 명료해서 피고인은 당 공정에서는 무메노를 기망하여 요시코를 전기 오쿠무라로부터 데리고 오노미치역을 출발해서 집으로 돌아와서는 동인으로써 손님의 잠자리에 시중들게 하여 이득을 얻기 위한 것은 아니고 누이동생뻘로서 일을 시킬 목적으로 데리고 온 것이라는 내용의 진술을 한 것도 위 변호는 믿기 어렵다. 오히려 피의자 하시모토 안지로에 대한 제1회 사법경찰관 사무취급 심문조서의 공술 기재 및 압수한 원부(原簿)라고 쓰인 장부의 기재를 조회하면 종래 피고인 측에서 작부의 화대는 그를 반을 제하고 반액을 작부를 주고 화대를 장부에 기재함에는 흡사 암호와 같이 그 1할의 전액으로써 한 것으로 정한 것 및 1924년 11월부터 12월까지 피고인 쪽에서 요시코 외 또 한명의 작부를 고용하여 있으면서 손님의 잠자리에 시중들어 화대를 취한 점을 인정할 뿐만 아니라 피고인이 요시코에 대해 손님의 잠자리에 시중을 들지 않으면 자기 집의 영업상 이득이 없다는 내용의 말을 했다는 것 등 피고인이 요시코를 작부로 삼은 것 전시 인정한 것으로 피고인의 당 공정에서 한 공술에 의하면 요시코가 판시와 같이 손님의 잠자리에 시중들게 함으로 인하여 화대 23원 75전을 수득한 것이 명백함으로 이러한 사실을 피차 종합 고려할 때는 피고인이 요시코를 유괴한 것은 전부 판시와 같이 영리를 목적으로 나온 것으로 판정하기 어렵지 않다. 따라서 판시 사실은 그것을 인정하여 충분히 그것을 증명할 수 있다.

법률에 비추어 피고인의 판시행위 중 영리 유괴의 점은 형법 제225조에, 음행권유의 점은 동법 제182조에 각 해당하는 바 위는 병합죄로 함으로써 동조 소정의 유기징역형을 선택하고 동법 제45조 제47조 제10조 의해 중복하여 영리 유괴죄의 형에 대해 법정의 가중을 하여 형기 범위 내에서 중형 처단하는 바임. 이에 주문과 같이 판결한다.

1925년 3월 3일 경성지방법원 형사부 재판장 조선총독부 판사 미야모토(宮本元), 조선총독부 판사 와키데츠(脇鐵一), 조선총독부 판사 이주인(伊集院文吾)이 판결한다.

피고인은 자신의 영리 유괴 음행권유 피고사건에 대해 1925년 3월 3일 경성지방법원에서 언도한 유죄판결에 대해 피고가 항소를 신청한 것에 대하여 당원은 조선총독부 검사 카사이(笠井健太郎)의 간여로 다시 심리를 한 끝에 다음과 같이 판결한다.

피고인을 징역 1년에 처한다.

그 이유는 피고의 범죄사실은 원판결 소재와 동일함으로 여기에 그것을 인용한다. 따라서 항소는 이유 없음으로 이를 기각한다. 1925년 4월 13일 경성복심법원 판사 야마구치(山口均四郎), 사토(佑藤隆育), 미야모토(宮元庄藏)가 판결한다.

해 제

피고는 경성부 관철동에서 음식점을 운영하는 일본인으로 자신이 고용한 작부로 하여금 손님과 강제로 잠자리를 하도록 강요하였다. 피고인은 피해여성이 음행의 경험이 있었다고 알고 있었다고 주장하여 형량을 줄여보고자 노력하였는데, 법정은 피고에게 징역 1년의 처벌을 하였다.

4) 송○호 판결문(1925년 형공 제602·717호, 大正14年刑公第602·717號, 경성지방법원)

영리 유괴 피고사건에 관한 경성지방법원 판결문으로 사건번호는 1925년 형공 제602 · 717호(大正14年刑公第602 · 717號)이다. 국가기록원에 소장되어 있으며 관리번호는 CJA0000280-0004이다.

피고는 본적을 경기도 고양군 숭인면에 두고 강원도 철원군 철원면에 거주하며 노동에 종사하는 송○호(당 53세)와 경기도 김화군 김화면에 거주하는 노동 종사 신○현(당 45세)이다. 위의 양 명에 대한 각 영리 유괴 피고사건에 대해 당 법원은 조선총독부 검사 이와시로(岩城義三郎)의 간여로 병합 심리하고 피고인 각각을 징역 1년에 처하였다.

그 이유는 다음과 같다.

피고인 양명은 강원도 철원군 동송면 관양리 한기혁의 내연의 처 한○선(당 25세)가 경성에서 다른 사람에게 시집가기를 희망하는 것을 듣고 동인을 기망 유출(誘出)하여 창기 고용녀 등으로 하고 그 전차금에서 이익을 얻을 것을 공모하고 위 영리목적으로 1925년 3월 25일경 밤 피고인 신○현은 박성태 측이 조금도 혼처(嫁入) 주선의 의사가 없음에도 불구하고 동녀에게 그가 주선을 할 것이라고 말하고 기망하여 그녀를 박성태 측에서 피고인 송○호 측으로 연행했다. 송○호 역시 위의 마찬가지로 그녀를 기망하여 피고인 두 명이 그녀를 동반하여 다음날 오전 2시경 출발하는 기차에 타고 철원역을 출발하여 경성에 도착, 경성부 병목정 이기호 측에 도달하여 그 유괴를 이루었다.

판시한 3월 25일경의 밤, 피고인 신○호이 판시한 바와 같이 고하여

한○선을 판시 박성태 측으로부터 피고인 송○호 측에 연행해서 동인 역시 동녀에 대해 마찬가지의 신고를 하였다. 피고인 양명으로 동녀를 동반하고 다음날 판시한 바와 같이 경성의 판시 장소에 도착한 것은 피고인 신○현의 당 공정에서 자기는 1925년 어느 날 한○선과 함께 송○호 측에 도착해서 일박하고 다음날 아침 오전 2시경 기차에 타고 경성에 왔다는 내용의 공술, 피고인 송○호의 당 공정에서 1925년 음력 3월 2일경 신○현이 여자 1명을 끌고 와서 신○현과 함께 동녀를 끌고 경성 병목정의 이기호 측으로 갔다는 내용의 공술 및 증인 한○선에 대해 제1회 검사심문조서(피고인 송○호 사건 기록 중), 증인 한○선에 대한 검사 심문 조서(피고인 신○현 사건 기록 중)의 각 공술 기재를 종합하여 명료하고 피고인 양명은 당 공정에서 한○선에 대해 혼처(嫁入)의 주선을 한다는 내용을 고했다고 변호했어도 증인 한○선에 대해 앞에 보인 심문조서의 공술 기재에 의하면 믿기 어려우므로 위 변호는 그것을 배척한다. 피고인 양 명의 앞에 보인 행동이 판시한 바와 같이 공모 및 영리의 목적을 보인 것은 피고인 신○현에 대한 검사 심문 조서 중의 1925년 음력 3월 초 스스로 박성태 측으로 와서 경성에 가기를 희망하는 여자가 있다. 남편이 있어도 다른 데 시집가고 싶어 한다는 내용의 공술 기재, 피고인 신○현에 대한 제1회 사법경찰관 사무취급 심문조서의 공술 기재에 의해 인식할 수 있는 신○현이 1925년 음력 3월 중 박성태 측에 와서 경성에 가기를 희망하는 여자는 술집(酒屋) 등에 두는 것과 같은 여자와 다르지 않다고 생각해도 송○호에 그 이야기를 함에 동인이 그 여자를 보고 이 여자라면 경성에 연행해 가겠다고 하여 그 여자를 드디어 경성에 연행해서 팔았다고 하며 그 여비를 신○현에게 지불한 사실, 앞에서 보인 인정과 같이 1925년 3월 25일경 피고인 양명이 무엇보다도 한○선에 대해 혼처주선을 한다는 내용을 말하고 그 다음날 함께 동녀를 동반하고 경성에 도착한 사실, 증인 한○선에 대해 앞에서 보인 심문조서의 공술 기재에 의해 인정할 수 있다. 피고인 양명은 한○선을 경성에 끌고 온 날 그 여자를 병목정 이기호 측에 두고 다른 곳에서 어떤 여자를 데리고 와서 한○선에 대해 너를 이 여자에게 판다고 말해서 한○선이 그것을 거절했음에도 무리하게 몸을 팔아 그 여자를 수취한 몸값 80원은 피고인 양명에게 주었다는 사실 및 피고인 신○현에 대해 앞에서 보인 심문조서 중의 자신은 돈을 모을 것을 생각하고 한○선을 경성에 데리고 왔다는 내용의 공술 기재를 종합 추측하여 그것을 인정하기에 충분하다.

피고인 양명은 당 공정에서 이러한 점의 판시 사실이 없다는 변호를 했어도 위의 사실 및 증거에 비추면 도저히 믿을 수 없으므로 해당 변호도 역시 그것을 배척한다. 그러한 즉 판시 사실은 그 증명이 충분하다고 할 수 있다.

법률에 비추어 피고인 양명의 판시행동은 각 형법 제225조에 해당함으로 동조 소정의 형기 범위 내에서 각 피고인에게 양형 처분을 하는 것이 마땅하다. 이에 주문과 같이 판결한다. 1925년 7월 14일 경성지방법원 형사부 재판장 조선총독부 판사 미야모토(宮本元), 조선총독부 판사 와키미츠(脇鐵一), 조선총독부 판사 사사키(佐佐木日出男)가 판결한다.

해 제

피고인들은 영리를 목적으로 부녀자를 꾀어내서 인신매매 하고 금원을 편취하여 각각 징역 1년을 언도받았다.

15

의생규칙 위반

오열모 판결문
(1923년 형공 제106호, 大正12年刑控第106號, 경성복심법원)

조선인 의사의 의생규칙 위반 피고사건이다. 원심과 재심의 내용을 확인할 수 있는데 사건번호는 각각 1923년 형공 제36호(大正12年刑公第36號), 1923년 형공 제106호(大正12年刑控第106號)이다. 국가기록원 소장 자료로서 관리번호는 CJA0000254-0005이다. 이 파일에 원심과 재심 판결문이 모두 있다. 단 재심 판결문은 사본이다.

함남 함흥군 한흥면 중리에 본적을 두고 경기도 경성부 종로 3정목에 거주하는 조선인 의생 오열모(55세)는 의생규칙 위반으로 기소되어 1923년 2월 5일 경성지방법원에서 조선총독부 검사 오오하라(大原龍三)의 간여하에 심리하고 유괴 판결을 받았다.

판결문 내용은 다음과 같다.

피고는 의생인 바 1922년 11월 17일 정오경 경성부 황금정 4정목 하야가와(早川博通)의 집에서 모르히네 중독자 경성부 황금정 4정목 손자익(孫子益)에게 복약으로서 극약 염산 헤로인 6돈(匁) 2분 5리를 교부함에 그때 포장지에 그 용법 환자의 씨명, 진료소, 치료소의 명칭 그리고 자신의 씨명을 기재하지 않고 단순히 신문지에 싼 후에 주었다.

이상의 사실은 1) 사법경찰관 사무취급의 피고에 대한 신문조서 중 판시 조응한 공술 기재, 2) 피고가 당 법정에서 판시한 같은 내용의 공술에 따라 그것을 인정하기에 증빙이 충분하다. 법률에 비추어 피고의 행위는 의생규칙 제5조 의사규칙 제13조 제21조 1항 제2호에 해당하는 것으로 동조 소정의 벌금형을 선택하고 피고를 벌금 20엔에 처한다. 만약 위 벌금 완납하지 않는 경우는 형법 제18조에 따라 10일간 노역장에 유치하고 압수물건은 몰수에 관한 것으로 형사소송법 제202조에 따라 소유자에 환부하는 것으로 한다. 이에 주문과 같이 판결한다.

판결은 경성지방법원 소속 조선총독부 판사 백윤화(白允和)가 하였다.

이에 대해 피고가 항소하여 1923년 4월 30일 조선총독부 검사 사토(佐藤春樹)의 간여로 다시 심리하고 항소 기각의 판결을 받았다.

판결문의 내용은 다음과 같다. 피고는 의생으로 의업에 종사하는 바 1922년 11월 17일 경성부 황금정 4정목 하야가와 집에서 모르히네 중독자 동소 거주 손자익에게 용으로 염산헤로인 6돈(匁) 2분 5리를 교부하면서 당시 포장지에 그 용법, 환자의 씨명, 진료소 치료소의 명칭 또는 자기의 씨명을 기재하지 않고 단순히 신문지에 싸서 주었다.

이상의 사실은 1)피고가 당 공정에서 교부한 것은 손자익의 대리인 이화영(李和榮)이라고 변호하는 외에 판시와 동일한 내용의 공술, 2) 사법경찰관 사무취급의 피고에 대한 신문조서 중 판시와 동인한 내용의 피고가 스스로 공술 기재한 내용을 종합해서 그것을 인정함에 그 증빙이 충분하다.

법률에 비추어 피고의 소행은 의생규칙 제8조 제2항 제7조 의사규칙 제13조 제21조 1항 제2호에 해당함으로 기 소정의 벌금형을 선택하고 피고벌금 20엔에 처한다. 만약 위 벌금을 완납할 수 없는 경우는 형법 제18조에 따라 10일간 노역장에 유치하고 압수물건은 몰수에 관한지 않음으로 형사소송법 제202조에 따라 소유자에게 환부하도록 한다. 따라서 전시와 같은 내용으로 나온 원 판결은 상당하여 피고의 항소는 이유 없음으로 인해 형사소송법 제261조 제1항을 적용하고 주문과 같이 판결한다. 판결은 경성복심법원 형사부 소속 조선총독부 판사 마에자와(前澤成美), 나가노(中野晴光), 토무라(藤村英)가 하였다. 위는 사본이다.

해 제

대한제국 시기에는 양의사나 한의사 모두 의사(醫師)나 의사(醫士)로 불렸다. 1900년 반포된 의사규칙에는 일단 현존하는 한의사 중 내부 위생국의 시험을 거친 이들을 '의사(醫士)' 인정하되 향후 '의과대학과 약학과'를 졸업하고 내부 시험을 거친 이들, 곧 양의학을 배운 이들을 의사로 인정할 것을 표방했다. 한편 메이지 초기부터 서양의학을 국가의 공식의학으로 채택한 일본은 식민지 조선에서도 서양의학을 배운 의사만을 '의사'로 인정하면서 일본과는 달리 한의사들을 의사와 구분하여 '의생'으로서 합법화하는 조처를 내렸다. 이것이 바로 1913년 말 제정된 의사규칙과 의생규칙이었다. 의생규칙에 따르면 당시 20세 이상으로 2년 이상 의업에 종사한 자와 3년 이상 한의학을 배운 자에 한하여 향후 5년 동안만 당국에 면허 신청을 할 수 있게 했다. 법대로라면 1910년대 중반 5,800여 명으로 파악된 한의사들 외에는 신규 면허는 하지 않을 방침이어서 한의사들은 시간이 갈수록 절멸될 상황이었다. 조선총독부의 발상은 제한적이나마 서양의학 지식을 습득한 한의사들에게 '의생' 면허를 주어 일반적인 환자 진료 외에 전염병 예방이나 검시(檢屍) 등 비교적 간단한 공중위생 업무를 할 수 있도록 하여 양의사들의 부족을 보충하려는 것이었다. 한의사들은 한방의생회, 의학강구회 등 다양한 단체를 만들고 총독부와 교섭하는 한편 한의학과 함께 양의학을 배울 수 있는 자체 강습을 통해 새로운 체제에 적응해갔다. 의료인력 수급에 어려움을 겪던 조선총독부는 1921년 의생규칙을 개정하여 의료인이 없는 지역에서만 활용하는 한지(限地) 면허로 신규면허를 허용하기도 했다.

본 판결문의 피고인인 오열모는 55세라는 나이를 봤을 때 한의업에 종사해 오다 1913년 제정된 의생규칙에 의해 '의생' 자격을 획득했을 가능성이 높다. 피고는 모르히네 중독 환자에게 염산헤로인을 처방하면서 포장지에 그 용법, 환자의 씨명, 진료소 치료소의 명칭 또는 자기의 씨명을 기재하지 않고 단순히 신문지에 싸서 주었다는 이유로 유괴판결을 받았다. 피고를 처벌하는 데 기준이 되었던 법은 다음과 같다. 의생규칙 제8조 제2항은, 제3조 또는 제6조 제1항의 규정을 위반한 자는 200원 이하의 벌금 또는 과료에 처한다는 것인데, 제3조는 의생본적, 씨명이 변경될 때 또는 면허증의 훼손, 망실이 될 때는 그 사유를 구비하여 15일 이내에 주소지를 관할하는 도지사에게 그 서류변경 또는 재발급을 신청한다는 내용이고, 제6조 제1항은 의업정지의 처분을 받고 제출될 면허증은 그 이면에 정지의 요지를 기재하고 기간만료 후 그것을 환부한다는 것이다. 의생규칙 제7조는 의사규칙 제7조 내지 제14조, 제18조 내지 제12조의 규정은 이를 의생에 준용한다는 것이다. 각각의 내용은 '의사가기 또는 타인의 진료소, 치료소 또는 출장소에서 의업을 개시할 때에는 의사면허증 또는 의술개업면장의 사진을 첨부하여 5일 내에 그 지역을 관할하는 경무부장에게 제출하고 그 의업을 폐지하고 휴지(休止)할 때 또는 진료치료의 장소의 이동이 생겼을 때에도 역시 같다. 단 이동에 따라 관할이 달라질 때에는 신구 두 지역의 경무부장에게 제출한다', '의사는 진료부를 구비하고 진찰, 치료하는 환자의 씨명, 연령, 직업, 병명, 진료의 연월일 및 요법을 기재하고 10년간 보존한다. 단 기재할 사항 중 불분명한 것은 그 내용을 기재한다', '의사폐업 또는 사망했을 때에는 15일 내에 조선총독에 제출해서 제1조 제1항의 의사가 있을 때는 의사면허증을 반납한다. 단 사망의 장소는 호주 또는 가족이 그 수속을 한다', '의사가 그 진찰하는 환자에게 교부하는 처방전에는 환자의 씨명, 연령, 약명, 분량, 용법, 용량, 처방 연월일을 기재하고 서명 또는 기명날인한다'는 것이다. 그러니까 판결문에 드러난 피고의 불법 사실은 의생규칙에 준용되는 의사규칙 제12조에 따른 것이라고 생각할 수 있다.

또한 의사규칙 제13조의 내용은 '의사가 그 진찰, 치료하는 환자에게 스스로 약제를 교부할 때에는 용기 또는 포장지에 그 용법, 환자의 씨명 및 진찰소, 치료소의 명칭 또는 자기의 씨명을 명기한다'이다. 이 또한 피고에게 해당되는 부분이다. 또 의사규칙 제21조 제1항 제2호는 '면허를 받거나 또는 의업 금지 또는 정지의 처분을 위반하해서 의업을 하는 자는 200원 이하의 벌금 또는 과료에 처한다'는 것이었다.

이에 따라 피고는 벌금 20원을 선고받았다. 벌금을 낼 수 없으면 형법 제18조에 따라 10일간 노역장에 유치되어야 했다.

16

주세령 위반

이○혁 판결문
(1922년 형공 제1223호, 大正11年刑公第1223號, 경성지방법원)

주세령 위반 피고사건이다. 1923년 1월 10일에 경성지방법원에서 이루어진 1심의 사건번호는 1922년 형공 제1223호(大正11年刑公第1223號)이다. 항소를 통해 1923년 4월 13일 경성복심법원에서 다시 재판이 벌어졌는데, 판결문에 사건번호는 기재되어 있지 않다. 국가기록원에 소장되어 있으며, 관리번호는 CJA0000253-0011, CJA0000119-0014이다. 전자의 파일에는 경성지방법원 원본과 복심법원 사본이 수록되어 있으며, 후자에는 경성복심법원 원본이 있다.

피고는 경기도 양주군 와부면 율석리에서 농사에 종사하는 48세의 여성이며, 1심은 궐석 재판으로 이루어졌고, 2심에서는 남편이 피고 대리인으로 출석하였다. 판결 내용은 다음과 같다.

경성지방법원에서 주세령 위반 피고사건에 대해 조선총독부 검사 나라이 다이치로(奈良井多一郎)[36]의 간여로 심리하고 궐석판결을 진행하여 다음과 같이 판결하였다.

피고를 벌금 20엔에 처한다. 만약 위 벌금을 완납할 수 없을 때에는 10일간 노역장에 유치하고 압수물건은 몰수한다.

판결이유는 다음과 같다. 피고는 1922년 9월 25일 집의 온돌 내에서

---

36) 1902년 12월 1일 사법관시보 삿포로(札幌)지방재판소 동(同) 검사국 및 삿포로구(札幌區)재판소 및 동 검사국에서 사무수습, 1903년 4월 1일 삿포로구재판소 검사대리, 1905년 4월 29일 검사 서(敍) 고등관 7등 보(補), 1920년 12월 23일 조선총독부 검사에 임명되었다. 1922년 7월 1일 경성지방법원 검사.

막걸리(醪) 제조 면허를 받지 않고 자가용을 위해 설탕 2승(升), 밀 1승, 물 2승 4합(合)으로 조선주인 탁주 제조용의 막걸리 5승을 제조하였다.

법률에 비추어 피고의 행위는 주세령 제30조 제1항 제41조 제1항에 해당함으로 그 소정의 형 범위 내에서 벌금 20엔에 처하고 만약 위 벌금을 완납할 수 없을 때에는 형법 제18조 제1항에 따라 10일간 노역장에 유치하고 압수물건은 동법 제19조를 적용하여 그것을 몰수하도록 한다.

본 판결에 대해 피고는 그 송달을 받은 날로부터 3일 내에 이상함(故障)을 신청할 수 있다. 경성지방법원 조선총독부 판사 백윤화(白允和)[37]가 판결한다.

조선형사령 제26조에 따라 작성한 1922년 형공 제122호(大正11年刑公第1223號)의 이유서는 다음과 같다. 피고가 본 건의 범죄 사실에 대해 1) 양주군 세무관리 조선총독부 군속 마선규(馬善圭)의 피고에 대한 전말서 중 피고는 면허를 받지 않고 판시한 날 판시 장소에서 자가용의 탁주 제조를 목적으로 자기 소유의 항아리를 사용해서 설탕 2승, 밀 1승, 물 2승 4합으로 탁주제조용의 막걸리 5승을 제조했다는 내용의 공술 기

37) 1893년 5월 11일 서울에서 태어났다. 1915년 3월 경성전수학교를 졸업했다. 1915년 5월 부산지방법원 진주지청 서기과 서기 겸 통역생에 임명되어 근무하다가 1917년 3월 부산지방법원 밀양지청 서시과 서기 겸 통역생으로 옮겨 근무했다. 1918년 6월 판사로 승진하여 부산지방법원 통영지청 판사로 부임했다. 1919년 7월 경성지방법원 수원지청 판사로, 1921년 7월 경성지방법원 판사로 옮겼다. 경성지방법원 판사로 근무하던 1922년 12월, 사이토(斎藤実) 총독을 암살할 목적으로 국내에 들어왔다가 자신의 집에 찾아와 독립운동자금을 요구한 의열단원 윤병구, 유석현, 김지섭 등을 일본 경찰에 밀고하여 체포하도록 했다. 이후 해방될 때까지 조선총독부 판사로 재직했다. 해방 후 1945년 10월 미군정청에 의해 경성지방법원 판사에서 해임되었다. 같은 해 12월 변호사 인가를 받아 1947년 8월 서울에서 변호사를 개업했다. 1948년 1월 태평양전쟁 당시 징병과 징용 등으로 강제사역을 당했던 조선인 청장년들이 중심이 되어 대일배상청구를 목적으로 조직한 사단법인 태평양동지회의 감사에 선임되어 활동했다. 1956년 10월 17일 사망했다(친일인명사전편찬위원회, 『친일인명사사전』, 민족문제연구소, 2010).

재가 있었다.

2) 차압 게시판에 판시 물건을 차압한다는 내용의 기재가 있었다.

이를 종합하여 인정한다. 1922년 1월 25일 경성지방법원 조선총독부 판사 백윤화가 결정했다.

경성복심법원에서 진행된 2심 판결의 내용은 다음과 같다. 이날 재판에는 피고의 남편이 그 대리인으로 출석하였다.

위 주세령 위반 피고사건에 대해 1923년 1월 10일 경성지방법원에서 언도한 궐석판결에 대해 피고로부터 항소 신청이 있었으므로 당원은 조선총독부 검사 이와기(岩城義三郎) 간여로 심리하고 다음과 같이 판결한다.

사건 항소는 이를 기각한다. 그 이유는 다음과 같다.

피고는 면허를 받지 않고 1922년 9월 25일 위의 자택 온돌 내에서 자가용을 위해 피고 소유의 항아리(차압한 항아리에 해당)에 설탕 2승, 밀 1승, 물 2승 4합을 섞어서 조선주인 탁주 제조용의 막걸리 5승(차압한 막걸리에 해당)을 제조했다.

위 사실은 피고대리인 구연승이 당 법정에서 그 내용을 공술함에 따라 인정한다.

법에 비추어 피고의 행위는 주세령 제30조 제1항, 제41조 제1항에 해당함으로 피고를 벌금 20엔에 처하고 위 벌금을 완납할 수 없을 때에는 형법 제18조에 따라 10일간 노역장에서 유치한다. 압수물건 중 항아리는 범죄용으로 제공하고 탁주는 범죄로 인하여 생긴 것이므로 범인 이외의 자에 속하지 않음으로 형법 제19조에 따라 그것을 몰수해야 한다.

따라서 원 판결은 위와 같은 취지의 법에 상당함으로 본 건의 항소는 그 이유가 없어 이에 형사소송법 제261조 제1항에 따라 주문과 같이 판결한다.

경성복심법원 형사부 조선총독부 판사 마에자와(前澤成義), 나가노(中野晴光), 와타나베(渡邊純)[38]가 판결한다.

해 제

주세령 위반사건이다. 주세령 위반사건은 대개 약식 재판으로 끝나기 마련인데, 이 사건은 복심법원까지 간 것이 특이하다. 일제는 1904년 메가다 다네타로(目賀田種太郎)가 한국정부 재정고문에 취임하면서 주조업을 새로운 재원으로 주목하여 주류에 대한 과세계획을 세우기 시작했다. 1909년 발포된 주세법의 주요내용은 주류를 양성주(釀成酒), 증류주(蒸溜酒), 혼성주(混成酒) 세 가지로 구분하고 주류 제조자는 제조장 1개소마다 면허를 받아야 한다. 또 주류 제조자는 매년 11월 말까지 다음해 제조할 주류와 조석수(造石數)를 정하여 관할 재무서에 신고해야 하고 면허를 받지 않고 주류를 제조하는 자는 2원 이상 200원 이하의 벌금에 처한다는 것 등이었다.[39]

강점 뒤 1916년에 조선총독부는 제령 제3호로 주세령(酒稅令)을 발포하여 주조업에 대해 본격적으로 통제했다. 그 후 주세령은 1919, 1920, 1922, 1927, 1934년의 5차에 걸쳐 개정되었다. 주세에 의한 착취가 지능화하고 자가용 술의 면허제도 극도로 억제하여 1932년에는 자가용 술

38) 1888년 8월 출생. 아이치현(愛知縣 新居郡 西條町) 출신이다. 1915년 7월에 교토(京都) 제국대학 법과대학을 졸업했다. 1915년 4월에 조선총독부 사법관 시보에 임명되어 조선으로 건너갔으며 부산지방법원 검사국에서 수습생활을 했다. 1916년 12월 조선총독부 판사에 임명되어 부산지방법원 진주지청에서 재직했다. 1920년 10월 경성지방법원 판사로 이동했으며 1921년 2월에 경성복심법원 판사가 되었다. 1933년 12월에 고등법원 판사에 임명되었다.

39) 『官報』, 1909.2.18.

면허자가 단 1명 남고 1934년에는 그것마저 완전히 없어졌다고 한다. 주세와 같은 새로운 조세 항목의 설정과 세율의 증가는 하층민의 경제적 부담과 직결되는 것이고 동시에 통제의 시작이었다. 일제의 주조업 정책에 대한 하층민들의 저항 형태는 주로 면허를 받지 않고 몰래 양조함으로써 탈세를 하는 것이었고 이는 광범위하게 행해졌다. 1920년대 후반 불황이 닥치고 이에 더해 1927년 주세령의 개정으로 세율이 인상되면서 탁주의 밀조(密造)는 더욱 격증하였다. 그런데 관혼상제의 예를 갖출 때나 설이나 추석 등 명절 때 가양주를 만드는 조선인들의 전통적인 습속이 일거에 바뀔 수는 없었다. 하층민들은 집에서 사용하기 위해 적은 양의 탁주를 빚었다가 발각되는 일이 잦았고, 약용주로서 치료의 목적으로 만드는 술조차 단속의 대상이 되었다.

본 판결문의 피고인 또한 일제시기 수없이 양산되었던 주세령 위반 피고인의 한 명이다. 자신의 온돌방에서 자가용으로 막걸리 5승, 곧 5리터를 제조했다가 발각되어 주세령 위반으로 처벌받았다. 쌀 생산지와 관계가 깊은 탁주는 황해도 이남지역에서 1년 내내 소비되며 남쪽지방일수록 소비가 증가한 술이었다.[40] "중산자 이상의 음료"로 인식된 약주에 비하여 "하등사회의 음료"로 인식된 술이었다.[41] 피고인이 제조한 술의 양을 봤을 때 농사일을 하는 피고인이 집에서 스스로 먹거나 손님을 접대하기 위해서 탁주를 만든 것으로 보인다. 이 시기 일반적인 농가의 관습이었을 것이다.

그러나 피고인은 주세령 위반으로 검거되어 벌금 20엔을 물게 되었다. 이때 기준이 된 법률은 주세령 제30조 제1항 "주류제조자가 아닌 자

40) 김승연, 「1905년~1930년대 초 일제의 주조업(酒造業) 정책과 조선 주조업의 전개」, 『한국사론』 32, 1994, 71쪽.

41) 통감부 재정감사청, 『한국주조업조사보고(韓國酒造業調査報告)』, 1907, 1~2쪽.

가 주모(酒母) 또는 막걸리(醪)를 제조하거나 판매를 위하여 국 또는 곡자를 제조하고자 하는 때에는 제조장 1개소마다 면허를 받아야 한다"와 제41조 제1항 "면허를 받지 아니하고 주모 또는 막걸리를 제조하거나 판매하기 위하여 국 또는 곡자를 제조한 자는 500원 이하의 벌금에 처한다. 이 경우에 주모 · 막걸리 · 국 또는 곡자의 용기가 제조용이 아니더라도 제조자의 것일 때에는 몰수 할 수 있다" 이다. 이 두 개 조항은 1919년 3월 27일 주세령 개정된 신설된 내용이 1922년 4월 21일에 다시 개정될 때에도 이어진 것이다. 이에 따라 피고인은 벌금 20엔에 처해지고, 벌금을 내지 못할 때에는 10일간 노역으로 대신해야 했다. 개정 이전에는 태형으로 대신하던 것을 1920년 3월 31일 태평령이 폐지됨에 따라 노역으로 바꾼 것이다. 이렇듯 관행적으로 자급자족해오던 먹거리가 1916년 이후 법의 통제 안에 놓이게 되면서 어제의 관행들이 오늘의 '범죄'가 되어 처벌의 대상이 되어야 했다.

17

중혼사건

김○준 판결문
(1924년 형상 제161호, 大正13年刑上第161號, 고등법원)

이 문서는 현재 국가기록원에 소장(관리번호 CJA0000283-0027) 중인 형사 재판 판결문이다. 여기에 경성지방법원 판결문 원본과 경성복심법원 및 고등법원 판결문 사본이, 관리번호 CJA0000620-0005번에 경성복심법원 판결문 원본과 고등법원 판결문 사본이, 관리번호CJA0000543-0016번에 고등법원 판결문 원본이 있다. 경성지방법원의 사건번호는 1923년 형공 제771호(大正12年刑公第771號)이며, 경성복심법원 판결문의 사건번호는 1924년 형공 제437호(大正13年刑控第437號)이다. 고등법원 판결의 사건번호는 1924년 형상 제161호(大正13年刑上第161號)이다.

중혼 피고사건에 관한 경성지방법원, 경성복심법원, 고등법원 3건의 판결문이다. 피고는 1924년 10월 6일 경성지방법원에서 징역 6월 처분을 받고 항소하였지만, 1924년 11월 12일 열린 이심에서 기각되었고, 1925년 3월 9일 열린 고등법원에서 다시 기각되어 형을 확정지었다. 그 내용은 다음과 같다.

먼저 경성지방법원 판결문을 살펴보면 경기도 고양군 한지면 마장리에 본적을 두고 같은 곳에서 살고 있는 피고는 농사에 종사하고 있는 25세의 청년이다. 이 사람에 대한 중혼 피고사건에 대해 경성지방법원은 조선총독부 검사 정구영(鄭求瑛)[42]이 간여하고 심리하고 피고를 징

[42] 1899~1978. 법조인이자 정치가. 본관은 연일(延日). 호는 청남(淸嵐). 충청북도 옥천 출신. 1910년 한성외국어학교 영어부, 1911년 황성기독교청년회 상과, 1919년 경성 법률전수학교를 졸업하였다. 1919년 재판소 서기 겸 통역생으로 근무하다가 1920년

역 6월에 처한다는 주문을 하였다.

이유를 살펴보면, 피고는 1922년 4월 24일 실부 김○경의 동의를 얻어 경기도 고양군 독도면 능리 신○기와 조선 고래의 관습에 따라 혼서지(婚書紙) 사주 등을 교환하고 정식으로 결혼하고 동녀(同女)와 혼인관계 연속 중임에도 불구하고 동녀의 입적수속을 하지 않음을 기화로 1924년 5월 중 피고가 위의 주소에서 최○지라는 여자와 결혼하고 동거한 위에 동월 30일 고양군 한지면사무소에 대하여 이 정규 계출을 함으로써 최○지와 중혼을 하였다.

법에 비추어 이 소행은 형법 제184조에 적용됨으로써 형기범위 내에서 피고를 징역 6월에 처하도록 하고 이에 주문과 같이 판결한다. 경성지방법원 판결은 소속 판사 야마네(山根吉三)[43]가 주재하였다.

경성복심법원의 내용은 다음과 같다. 피고가 경성지방법원이 언도한 유죄판결에 대하여 항소신청을 하였으므로 경성복심법원은 조선총독부

판검사특별임용시험에 합격하였다. 1921년 대구지방법원 검사, 1923년 경성지방법원 검사를 지낸 뒤 1925년 서울에서 변호사 개업을 하였다. 1930년 경성조선인변호사회장, 1943년 경성변호사회장, 1946년 조선법조회 이사장, 1947년 조선인권옹호연맹 이사장, 1955년 변호사징계위원, 1956년 초대한국법학원장, 1959년 서울변호사회장 · 대한변호사협회장, 1960년 국제변호사회 이사를 역임하였다. 1960년 3 · 15부정선거에 항거하는 마산 시민에 대한 경찰의 발포사건에 대해서 대통령 하야와 재선거촉구성명을 발표하였다. 1961년 5 · 16 후 5 · 16의 주체세력인 민주공화당에 입당, 1963년 총재에 취임하고, 같은 해 제6대 국회의원에 당선된 뒤 1964년 민주공화당 의장이 되었다. 다시 제7대 국회의원을 지내다가 박정희 대통령이 장기집권을 목적으로 3선 개헌을 추진하자 이를 극력 반대하였다. 3선 개헌에 이어 유신헌법까지 등장하자 1974년 1월 민주공화당을 탈당하였다. 1974년 12월 민주회복국민회의 고문으로 추대되었다(네이버 지식백과: 정구영(鄭求瑛) (한국민족문화대백과, 한국학중앙연구원) http://terms.naver.com/entry.nhn?docId=546897&cid=46625&categoryId=46625).

43) 1896년 8월 출생. 도쿄(東京市 本鄕區 森川町 1) 출신이다. 1921년 4월에 도쿄제국대학 법학부 영법과(英法科)를 졸업하고, 후쿠시마 재판소와 도쿄 재판소를 거쳐 1923년 6월 경성지방법원 판사에 임명되어 조선으로 건너갔다. 이후 평양 법원과 전주 법원을 거쳐 1933년 다시 경성지방법원 판사가 된다(한국사 데이터베이스 한국근현대 인물자료 http://db.history.go.kr/item/level.do?itemId=im&setId=839859&position=0).

검사 카사이 겐타로(笠井健太郎)의 입회하에 다시 심리했다. 검사는 피고를 다시 징역 6월에 처했다.

판결이유는 다음과 같다.

피고에 대한 범죄 사실은 원 판결이 인정하고 있는 바와 동일함으로 이에 그것을 인용한다. 피고가 판시한 연월일에 신○기와 조선 고래의 관습에 따라 사주 혼서지 등을 교환하고 정식으로 혼인을 하고 동거한 후 판시한 월일에 다시 최○지라는 여자와 혼인을 하고 전적 면사무소에 그 정규 계출을 한 사실 및 전기 신○기와 혼인할 때 교환한 사주혼사주 등을 여전히 그대로 둔 채로 있었던 것은 피고가 당 법정에서 자인한 바이다.

한편 사법경찰관의 증인 신영손(申永孫)에 대한 신문조서 및 검사의 증인 신○기에 대한 심문조서의 각 공술 기재를 살펴보면, 위 신○기는 피고와 혼인한 후 집안사람으로부터 여러 차례 학대를 받고 친정집에 어쩔 수 없이 돌아가야 했던 바이지만 아직 이혼의 상담이 쌍방 사이에 아무것도 제출되지 않아서 혼인관계는 여전히 계속되지 않고 판시한 최○지와 혼인을 한 것인데 피고는 신○기의 부 신영손에게 힐책을 듣고 아기와의 혼인 관계는 꼭 단절해버리겠다는 내용을 서약했다는 사실을 인정한다.

이로부터 종합하면 판시한 범죄 사실은 그 증명함에 피고가 당 법정에서 판시한 최○지와 피고가 혼인하기 전에 신○기와의 사이에 이미 이혼을 협의성립하고 혼인관계를 소멸했다는 내용의 주장은 도저히 배척을 면할 수 없다.

법에 따라 피고의 소행은 형법 제184조 전단에 해당함으로 그 소정의 형기범위에서 피고를 징역 6월에 처한다. 따라서 주문과 같이 판결한다. 또한 원 판결은 상당함으로 피고의 상고는 이유가 없다. 판결에 참석한 경성복심법원 소속 조선총독부 판사는 요시다(吉田平治郎), 심상직(沈相直), 가와시마(川島晋)이다.

고등법원에서는 피고에 대한 중혼 피고사건으로 1924년 11월 12일 경성복심법원이 언도한 판결에 대하여 피고인이 상고 신청을 하였으므로 당 법원은 1925년 1월 21일 사실을 심리하기로 결정하였으므로 조선총독부 검사 가와무라(河村靜水) 간여로 심리하고 판결한다고 밝혔다. 검사의 주문은 상고를 기각하였고, 판사는 이를 받아들여 피고의 형을 확정지었다.

이유는 다음과 같다. 피고는 그 부친이 약 1만 원의 자산을 가진 중류의 생활자인데 1922년 4월 24일 고양군 독도면 능리 신영손의 딸 신○○와 구습에 따라 유효한 혼인을 한 이래 부부간 원만하게 지내왔다. 그러나 피고의 모 안을해(安乙亥)는 신영손 집의 가산이 점점 기울어 상당한 예물을 보내지 않은 것을 생각하고 신○○에게 성의가 점점 떨어져서 피고는 어머니와 영합하여 함께 신○기에게 친정집(實家)으로 돌아갈 것을 여러 번 강요하였다. 이에 신○기는 다음해인 1923년 음력 1월 이후 다시 친정집에 돌아가 시집에 머물지 않기에 이르렀다.

동년 음력 11월 하순(1924년 1월 초순)경 역시 마찬가지로 친정집에 돌아가자 피고 및 그 부모는 그를 기화로 그 다음날 고용인으로 하여금 신○기의 옷 보따리를 신영손 집에 갖고 가게 한 일이 있었다. 그러나 사실은 단지 이것만으로 그치고 아직 당사자 간에 이혼의 합의가 성립하지 않고 의연히 부부관계가 계속되었다. 피고는 그것을 알고 있으면서 1924년 5월 2일(음력 3월 29일)에 최○지라는 자와 혼인례를 거행하고 동월 30일 위의 주소지 면사무소에 혼인계를 제출하여 중혼을 하였다.

위 사실 중 피고가 신○기와 구습에 따라 혼인을 한 것, 또 최○지와 혼인을 거행하고 예시와 같이 계출을 한 것은 피고가 당 공정에서 한 진술에 따라 명백하다. 피고는 신○기가 여러 번 친정으로 돌아간 것은 최초는 피고와의 사이가 있었어도 피고를 싫어하여 스스로 도망가 돌아간 것이고 최후에 돌아갔을 때에는 동녀가 자기의 옷을 가지고 나갔기 때문에 황재숙(黃在淑), 임용근(林用根) 두 명으로 하여금 동녀가 쓰고 남은 물품을 신영손 집으로 가지고 가게 하였다. 또한 이혼의 결의가 되지 않았다면 혼서계 사주 등을 반환해달라는 내용의 전언이 있었을 것인데 이 두 사람은 신○기의 어머니가 혼서지 등을 반환하지 않고도 이혼에 동의하는 내용의 답을 해서 받아들였기 때문에 다시 최○지와 혼인하기에 이르렀다는 내용의 주장을 하고 있다.

그러나 당 법정의 증인 신○기의 증인 아버지는 원래 상당히 살았어도 지금은 재산을 잃었음에 반해 피고집이 상당한 자산가여서 늘 그것을 칭찬하고 증인이 피고와 혼인했을 당시는 잠깐 부부 사이가 좋아서 피고가 그 허혼한 집은 유복하지 않았음에도 기꺼이 허락을 했다고 말했다. 또 피고의 어머니는 마땅한 사람이 아니고 증인의 실가로부터 상당한 정도의 계가 없다고 증인이 괴로운 일을 당하고 있다고 하여 위 두 사람은 증인에게 돌아오라고 했지만 방법이 없어서 네 번 친정으로 돌아오는 것을 허락하였는데 그 마지막에 돌아올 때에는 버선 한 쪽을 가지고 나온 것이 없다. 따라서 증인이 친정어머니(實母)와 함께 외출해서 부재중인 피고 집에서 증인의 물건 전부를 가지고 와서 문 앞에 던지고 돌아갔다는 이유이다.

마을의 계종근(桂宗根)은 집안에 그것을 옮겨 들여놓은 일이 있고 당시 그 심부름꾼으로부터 이혼 의사의 유무를 묻고 혼서지 사주의 반환을 구하는 등이 전혀 없었다. 또 증인이 1924년 음력 3월 29일 피고가 최○지와 혼인한다고 들어서 당일 증인은 양친 및 오빠, 그 외 1명과 함께 원래대로 동거할 의사로서 피고 집으로 갔는데 피고는 최○지 집에 가서 부재중이어서 피고의 양친에게 원래대로 라고 말하고 양친은 예가 없지는 않으면 함께 동거하라고 승낙하고 이에 관한 증5호의 계약서도 완성하였다. 이로써 증인의 양친은 안도하고 돌아오고 증인은 그 집에 머물렀는데 음력 4월 4일에 이르러 증인의 오빠 및 양친이 피고 집에 와서 입적을 요구함으로 피고의 아버지는 최○지가 본처로 되어서 증인은 첩이 된다고 하여 그것을 거절하는 고로 오빠는 그 길로 돌아갔다. 그 후에 피고 및 피고의 어머니는 나를 끌어내어 15리에 떨어진 증인의 친족 집까지 질질 끌고 갔다는 내용의 증언의 면에서 이혼의 합의를 할 경우에는 혼서지, 사주 등의 반환을 하는 것을 관례로 하는 것은 피고도 알고 있는 바임에도 불구하고 본 건 신○기와 혼인할 때 주고받은 증(證) 1호부터 4호의 혼서지 및 사주 등은 여전히 신영손 집에 있었다. 만약 피고가 변호하는 바와 같이 이혼의 합의가 있었다고 한다면 단지 반환을 하지 못하는 이유만으로 인해 반환하지 못하였다고 말하는 것과 같은 것은 도저히 수긍하기 어려울 뿐만 아니라 피고가 최○지와 혼인을 거행한 후에도 오히려 그날로부터 수일간 신○기를 피고 집에 동거시켜 놓은 사실은 피고도 잘 알고 있는 사실이다. 또한 증 제5호 1924년 5월 2일자 피고의 부친 김화경 명의, 받는 사람 신영손의 계약서에는 피고는 다른 날 신영손의 장녀와 이혼을 했다고 주장을 하고 있지만 화합을 시키고 만일 당사자가 이에 따르지 않았을 때에는 자부의 일생에 상당하는 생활비를 지급한다는 내용의 기재가 있으므로 동 증서가 김화경이 임의로 교부한 것이라는 것도 동인이 한 사법경찰관의 심문조서 내용을 살피어 인정할 수 있다.

이러한 여러 가지 증거를 종합할 때 피고와 신○기의 혼인은 해소되지 않았고 의연히 계속 중이고 이에 따라 피고는 이를 알고 있으면서도 다시 최○지와 혼인을 했다는 것을 알 수 있다.

위 피고의 소행은 형법 제184조 전단(前端)에 해당한다. 단지 일이 이에 이르는 것은 필요하지도 않았고, 피고 본의에 있지 않았다는 것은 피고와 신○기 사이의 정이 원만했다는 두 사람의 공술이 일치하는 부분일 뿐만 아니라 동녀가 검사의 심문에 대해 말한 내용에서 지금 오히려 남편이 동거의 뜻이 있다면 이에 따르겠다는 공술에 의해서도 명백하다. 오히려 판시와 같이 피고가 그 어머니의 의사에 거스르지 못해서 이혼하게 된 것은 신○기가 앞에서 제시한 당 법원에서 한 증언 및 신○기가 먼저 피고의 처임에도 이혼되고, 증인 이세용(李世用)에 대한 검사의 심문조서 내용에 신○기가 "나와 피고가 이혼에 이르게 된 것은 피고가 나를 싫어하는 것이 아니라 피고의 어머니가 가정의 실권을 쥐고 휘둘러서 무엇이라도 간섭하고 나를 학대하고 임신 중의 나를 때린 것 때문이다"라고 말했다는 공술 기재에 의해서도 추측할 수 있다.

앞의 혼인이 해소되지 않았음에도 다시 혼인을 하는 것과 같은 것은 항간에 드문 일이다. 그 사례가 있기는 해도 사람의 정을 억제하고 순풍미속에 배반함이 심하다고 말할 수 있으므로 동조(同條) 소정의 형기 범위 내에서 징역 6월에 처하는 것이 상당하다.

원 판결이 사실의 인정법의 적용 및 양형 모두 위와 같은 취지에 나온 사실 심리의 결과이므로 본 건 상고는 이유 없음에 명백함으로 형사소송법 제446조에 따라 이를 기각하고 주문과 같이 판결한다. 위 내용으로 고등법원 형사부 조선총독부 판사 오가와(小川悌), 이토(伊東淳吉), 스마나가(增永正一), 다다(多田吉鍾), 모리다(森田秀治郎)가 판결했다.

해 제

본 사건은 당시 조선사회에서 꽤 많은 관심을 끈 것으로 보인다. 이 사건과 관련한 보도 기사 가운데 몇 가지를 소개하면 다음과 같다.

중혼 남편 상고 중 본처는 부양료 청구

고양군 한지면 마장리에 사는 김홍준이가 본처 신아기가 있음에도 불구하고 다시 최점지라는 여자와 결혼하여 가지고 지나간 4월 중혼인계까지 제출한 일이 있어 중혼죄로 기소되어 일심에서 징역 6개월의 선고를 받았는데 피고는 이를 불복하고 공소하여 역시 원심과 같이 6개월의 징역선고를 받고 다시 고등법원에 상고하였다 함은 이미 보도한 바이어니와 그와 동시에 한편으로 본 처되는 신아기는 일이 그와 같이 됨이 모두 시아버지 되는 김화경과 김홍준 부자를 걸어 9천원의 부양료 급 위자료 청구소송을 경성지방법원 민사 2부에 제기하였는데 9천원이라는 금액은 즉 1개월 오십원씩 15년간을 계산한다는 것이라 하며 소송대리인은 재등(齋藤), 이인 두 변호사라더라(『동아일보』, 1924.12.3).

중혼죄에 6개월 구형, 금일이 판결 언도

고양군 한지면 마번리 김홍준은 중혼죄로 지난 3일에 경성지방법원에서 공판한 결과 검사로부터 징역 6개월의 구형이 있었고 명 6일에 판결 언도가 있을 터인데 그의 중혼한 사실을 들은 즉 김홍준은 1913년 4월에 고양군 독도면 능리 신아기라는 여자와 결혼하고 아직까지 자기 민적에 입적을 시키지 않고 부부간에 의가 좋지 못하여 싸움을 하며 신아기에게 이혼을 하여 달라고 누누이 청구하였으나 신아기는 그 청구를 듣지 아니하였는데 김홍준은 금년 5월에 동리 사는 최점지라는 여자와 중혼하였음으로 신아기는 그 남편을 걸어서 중혼죄로 고소하여 전기와 같이 구형된 것이라더라(『매일신보』, 1924.10.5).

민적법 실시에서 심은 중혼죄, 곤란한 결혼 해석
(民籍法 実施から植えた重婚罪, 困難な結婚解釋)

1923년 7월 조선에 민적법이라는 하는 것이 실시되어서 경성지방법원에 증가한 것은 중혼죄이다. 물론 이는 조선인만의 일이다. 가까운 예를 들면 동 법원 정 검사의 최조를 마친 공판에 부친 것으로 이와 같은 사건이 있다. (중략) 물론 위와 같이 중혼죄에도 다소의 이유는 있지만 민적법의 실시전은 이와 같이 남자를 상대로 한 행동에 대해서는 여자는 그저 방관할 뿐이었는데, 금일 동법 실시 후에는 가령 그 이전에 결혼한 사이에도 실제 조선 고래 방식의 형태에 의해서 식을 올린 사실이 있으면 그 사실을 인정하고 금일의 법률혼에 적용하여 처벌하고 조선가족제도의 안정을 기하려는 이유로 인해 중혼을 범죄시한 것은 징역 2년 이하의 체형에 처한다는 일인데 축첩의 폐풍인 조선에는 금후 속속 중혼의 고소가 수리되고 있다고 한다(『조선신문(朝鮮新聞)』, 1924.9.23).

개방란, 투고 환영, 이중 혼인, 근 일에 성히 유행

고양군 한지면 마장리에 사는 김흥준이란 자가 본처 신씨가 있음에도 불구하고 그가 자기 민적에 들지 아니한 것을 기화로 하여 동리에 사는 다른 여자와 결혼을 하고 본처에게 고소를 당하여 재판한 결과 6개월 징역의 선고를 받았다는 소식이 신문지상에 발표된 것을 보았습니다. 이것은 재판의 형식으로 세상에 드러나서 신문까지 발표된 사실이지만 이 외에 조선 전도를 통하여 조선 재래의 일부일부라는 가족제도를 무시하고 도덕에 어그러지는 중혼죄를 지은 김흥준이와 같은 자가 무수히 있을 것은 누구나 부인치 못할 사실일 것이외다. 더욱이 근 일에 이르러서는 돈냥이나 있는 자들은 소위 첩장가라는 명목하에 처자가 구비한 번족한 가정에서 이 중혼이란 죄악을 기탄없이 행하는 자가 많습니다. 표면상의 명의는 무엇이 되든지 육례를 갖추어 혼인 예식을 이루는 바에야 이것은 훌륭한 중혼이 아니고 무엇입니까. 그뿐이 아니라 어떠한 자는 처자가 있는 것을 속이어 남의 규수의 정조를 희롱하여다가 막 하례를 이루고 같이 살지 않이치 못하게 되어 비로소 이 사실을 토파하여 할 수 없이 자기의 첩이 되게 하는 일이 파다합니다. 이 같은 경우에 이르러 아무 호소할 곳이 없이 자기의 신세만 한탄하고 음분한 남의 노예가 되어 일평생을 그늘에서 살아가는 가련한 여성이 얼마나 많을 것입니까. 이것은 대개 우리들 여자가 너무도 자겁하고 너무도 자포자기에 빠지어 아무리 무리하다 하여도 남자의 하는 일이라면 두 말 없이 굴복하고 순종하는 까닭입니다. 우리는 어디까지 우리의 장래를 스스로 개척하기 위하여 김흥준의 처 신씨와 같이 남자에게 대하여 자기의 권리를 주장할 필요가 있다 합니다. (광화문정 일여성) (『매일신보』, 1924.10.9).

일제는 1909년 3월 법률 제8호 민적법과 내부 훈령 제39호 민적법집행심득을 발표하고 시행하여 신분 등록 제도를 정비해나갔다. 이 민적법에서 첩은 처에 준하는 지위를 인정받아 남편의 민적에 기재되었고, 자식도 적서의 구별 없이 남녀별 출생순서에 따라 기재하도록 하였다. 그러다가 1915년 8월 7일 관(官) 통첩 제240호에 의해 기존에 이미 수리된 첩 이외에 새로 첩의 입적 신고를 수리하지 않도록 함으로써 첩의 가족으로서의 지위를 인정하지 않았고 중혼의 신고를 수리하지 않도록 하였다. 이로써 기존에 존재하던 첩 외에 새로운 첩은 법률상으로 인정되지 않았다.[44]

1923년 7월에 시행한 민적법의 개정은 1부 1처제 법률혼을 확고히 것으로서, 이로 인하여 혼인신고에 따라 법률적으로 부부의 지위를 규정하도록 하였다. 이로 인하여 위의 『조선신문』 기사에서도 볼 수 있듯이 "민적법의 실시 전은 이와 같이 남자를 상대로 한 행동에 대해서는 여자는 그저 방관할 뿐이었는데, 금일 동법 실시 후에는 가령 그 이전에 결

44) 소현숙, 「식민지 시기 근대적 이혼제도와 여성의 대응」, 한양대 사학과 박사학위논문, 2013, 219~220쪽.

혼한 사이에도 실제 조선 고래 방식의 형태에 의해서 식을 올린 사실이 있으면 그 사실을 인정하고 금일의 법률혼에 적용하여 처벌하고 조선가족제도의 안정을 기하려는 이유로 인해 중혼을 범죄시"하게 되었다. 이로 인해 1923년 이후 중혼죄의 고소가 증가했다는 것이다.

위 판결의 피고인 김흥준은 옛 방식의 혼례를 치른 아내인 신아기 또는 신아지와의 결혼지, 사주 등이 여전히 존재하고 있음에도 불구하고 부부불화로 인하여 아내가 부재한 틈을 타서 새로 최점지와 결혼하고 이에 대한 혼인신고를 하였다. 이에 신아기가 중혼죄로 김흥준을 고소하였는데, 복심재판 판결문의 내용을 보면, 신아기는 남편에게 꽤 미련이 있는 것으로 보인다. 그에 비해 당시 언론에서는 당당하게 자기 권리 주장을 하는 근대적인 여성으로서 신아기를 보도하고 있는데, 신아기의 위자료 청구소송에 관한『동아일보』1924년 12월 2일자 기사의 뉘앙스가 그러하다. 신아기는 형사소송을 진행하는 한편으로 1924년 12월 경성지방법원 민사 제2부에 부양료 및 위자료 명목으로 전 남편 및 시아버지에게 소송을 걸었다. 15년간 동거 기간을 기준으로 1개월의 50원씩을 계신하여 9천 원이라는 금액을 청구했다는 것이다. 소송대리인은 사이토(齋藤), 이인 두 변호사였다. 해당 민사판결문을 검토하면 신아기의 소송의 내용과 그 의미를 입체적으로 조명할 수 있으리라 판단한다.

이 사건에 대하여 어느 여성은 신문에 독자투고를 하여 여성을 첩으로 삼는 남성의 구태를 비판하고 신아기를 '남자에 대하여 자기의 권리를 주장'한 여성으로 평가하였다. 바야흐로 여성의 중혼죄 소송을 여성의 새로운 자아각성과 권리 찾기로서 인식하는 시각이 최소한 당시 여성들 사이에 형성되고 있었던 것이다.

18

철도방해 사건

이종규 판결문
(1924년 형공 제1008호, 大正13年刑公第1008號, 경성지방법원)

철도방해 피고사건으로 사건번호는 1924년 형공 제1008호(大正13年刑公第1008號)이다. 1925년 1월 13일 경성지방법원에서 심리하고 선고를 받았다. 국가기록원에 소장되어 있는 자료이며 관리번호는 CJA0000284-0055이다.

함경남도 북청군 북청면 내리에 본적을 두고 주거 부정하며 노동에 종사하는 이종규(李宗奎, 당 49세)의 철도방해 피고사건에 대해 경성지방법원은 조선총독부 검사 후쿠다(福田甚二郎)의 간여로 심리하고 다음과 같이 판결한다.

피고를 징역 2년 및 과료 10원에 처하고 위 과료를 완납하지 않을 때는 피고를 10일간 노역장에 유치한다.

그 이유는, 피고는 경기도 진위군 병남면 평택리 방면에서 도보로 경성을 향해 가고 있던 도중 1914년 11월 19일 오전 11시가 지난 즈음 남만주 철도 주식회사 철도 경부선 부산기점 236리 10쇄(鎖)의 지점인 동군 송탄면 장당리 소재의 선로 건널목에 모여있자 전부터 천도교의 신앙이 두터워 기독교를 싫어하는 것이 심했기 때문에 기차가 기독교도인 서양인이 발명한 관계가 잇는 것을 상기하고 그저 분노의 감정이 몰려오는 그때 허기를 심하게 느꼈으므로 자신이 오히려 범행을 감행하여 체포되면 음식물의 급여를 받을 수 있는 기회를 만들 수 있을 것으로 여겨 기차 왕래의 위험을 만들 것을 결의하고 즉시 해당 건널목 부근 선로의 양측에 세워져 있던 넓이 2촌 5분의 길이 56척이 되는 기차에 주의하라는 내용의 표목 각 1개를 뽑아서 해당 건널목 도로의 양측 궤도 위에 약 24척의 간극으로 눕혀 놓은 채로 두고 떠남으로써 기차 왕래의 위험을 일으킨 것이다.

증거에 따르면 피고가 판시한 일시 장소에서 판시와 같이 표목을 그 기차 주의표라는 사정을 알고 뽑아서 판시와 같이 궤도상에 눕혀 놓은 채 떠난 사실은 피고가 당 법정에서 자인한 바이다. 그리고 판시한 궤도상에 판시한 바와 같이 커다란 목표(木標)를 눕혀 놓은 사실은 피고가 당 법정에서 피고가 위 주의표를 궤도상에 눕힌 후 사이도 없이 열차가 해당 장소를 통과했다는 내용의 공술,

피고에 대한 동법 경찰관 사무취급의 제2회 심문조서 중 위 소행의 당시 부근에 사람의 흔적이 없었다는 내용의 공술 기재 및 증인 오선봉(吳先鳳)에 대한 동법경찰관 사무취급의 심문조서 중 동 증인이 판시한 즈음 판시한 장소에서 조선인 1명이 기차주의표를 선로에 눕히는 것을 멀리서 목격했는데 잠시 후 열차가 해당 장소를 통과한다는 것을 알고 위험하다고 생각해서 서둘러 치운 일은 소용없었다는 내용의 공술 기재를 종합하면 피고가 위 표목을 궤도상에 눕혀 놓은 행동에 따라 기차 왕래의 위험을 일으킨 사실을 인정할 수 있다.

단 피고는 당 법정에서 위 행동이 기차 왕래의 위험을 일으키기에 충분치 않다고 생각했다는 내용의 주장을 하고 또 피고가 당 법정에서 해당 행동이 판시와 같은 동기에서 나온 것이라는 내용의 공술과 판시와 같이 커다란 표목 2개를 스스로 판시한 궤도상에 눕혀 놓았다는 판시와 같은 인정 사실로 증거 하면 피고는 해당 행동에 의해 기차 왕래의 위험을 일으킬 가능성이 있었다는 것을 인식하고 있었다는 것을 인정할 수 있으므로 피고의 앞의 주장은 도저히 채용하기 어려운 것이다. 이에 판시 피고의 행동은 증명하기에 충분하다.

법률에 비추어 피고의 행동 중 주의표 철거의 점은 철도영업법 제36조 제1항에 해당함으로 동조 소정의 과료형을 선택하고 기차 왕래의 위험을 일으킨 점은 형법 제25조 제1항에 해당하는 바 이상 병합죄에 관함으로 동법 제53조 제1항 본문에 따라 각 형을 병과(竝科)할 만한데 고로 피고를 전자에 대하여 과료 10원에, 후자에 대하여 징역 2년에 처하고 또 동법 제18조에 따라 위 과료를 완납하지 않으면 피고를 10일간 노역장에 유치하도록 한다. 이에 주문과 같이 판결한다. 1925년 1월 13일 경성지방법원 형사부 재판장 조선총독부 판사 미야모토(宮本元), 조선총독부 판사 와키데츠(脇鐵一), 조선총독부 판사 이주인(伊集院文吾)이 판결한다.

해 제

천도교 신앙이 두터워 기독교를 싫어했던 피고인은 철도를 보고 서양인이 발명한 것이라 생각하여 철도에 방해물을 설치하여 처벌받고 징역 2년 및 과료 10원을 언도받았다. 피고인은 철도를 방해할 정도는 아니라고 생각했으나 법정을 그 죄를 무겁게 다루었다. 기독교를 싫어하기 때문에 서양인이 만든 철도가 싫었다는 피고인의 변론이 특기할 만하다.

19

출판법 위반 및 공갈, 상해사건

전용기 등 판결문
(1924년 형공 제715호, 大正13年刑公第715號, 광주지방법원)

광주지방법원 예심종결서와 판결문으로 사건번호는 각각 1924년 예제14 · 15 · 16호(大正13年豫第14 · 15 · 16號), 1924년 형공 제715호(大正13年刑公第715號)이다. 국가기록원에 소장되어 있으며 그 관리번호는 CJA0001970-0025이다.

1924년 10월 29일 작성된 예심종결서의 내용은 다음과 같다. 피고는 전라남도 광주군 광주면 수기옥정에 본적 및 거주지를 둔 농업 종사의 전용기(全龍基, 40세), 전남 광주군 광주면 금계리에 본적 및 거주지를 둔 광주청년학원 교원 최춘열(崔春列, 31세), 전남 광주군 광주면 금계리에 본적 및 거주지를 둔 농업 신동호(申東浩, 30세), 전남 광주군 광주면 금계리에 본적 및 거주지를 둔 농업 정남근(鄭南槿, 31세), 전남 광주군 광주면 서광산정에 본적을 두고 거주 광주면 금계리에 거주지를 둔 농업 서정우(徐廷祐, 55세), 전남 광주군 광주면 수기옥정에 본적 및 거주지를 둔 무직 강석봉(姜錫奉, 27세), 전남 강진군 강진면 남성리에 본적을 두고, 전남 광주군 광주면 서성정에 거주지를 둔 의사 김종섭(金鐘燮, 24세)이다. 김종섭의 여행처는 경성 수하정이다.

위 용기, 춘열, 남근, 동호 및 석봉에 대한 출판법 위반, 피고 용기, 남근 및 정우에 대한 공갈, 석봉에 대한 상해 및 피고 종섭에 대한 약품 및 약품영업취체령 위반 및 모르히네, 코카인 복용 주사에 관한 건 위반 각 피고사건 예심종결결정을 다음과 같이 한다.

피고 용기, 춘열, 남근, 동호 및 석봉에 대한 출판법 위반, 피고 용기,

남근 및 정우에 대한 공갈과 피고 석봉에 대한 상해 각 피고사건을 광주지방법원 공판에 부친다. 본 건 공소 사실 중 정우에 대한 출판법 위반의 점, 피고 춘열, 동호 및 석봉에 대한 공갈의 점, 그리고 피고 종섭이 정당한 이유 없이 1923년 2월 중 김송월(金松月)에게 모르히네 1포를 팔고 또 1922년 말경부터 1924년 6월경에 이르기까지 사이에 수차례에 걸쳐 자기의 신체에 모르히네 용액을 주사한 점은 그것을 면소한다.

그 이유는 다음과 같다.

춘열은 광주청년회 회원으로 일찍이 광주면 서성정 의사 김종섭이 모르히네의 밀매를 함으로 세상 사람들이 그것을 넘겨받는 것을 쉽게 하고 이유 없이 그 사용을 하는 일이 많다는 내용의 풍문을 듣고 먼저 여기에 일격을 줌으로써 사회 화근의 일단을 제거하는 것이 젊은이를 위한 것이라고 청년회 회원을 독려했다. 그 방책을 강구하던 중, 1924년 4월초 우연히 광주노동공제회 소재 광산회가 함께 찬동함으로 이후 청년회 회원 피고 석봉, 전기 공제회 회원 피고 용기, 남근 및 동호 등은 피고 춘열과 협력하여 그것을 의론하기 위해 수차례 혹은 광주 읍내 청년회관에서 혹은 광주읍 공원 대환정 등에 모집하여 점차 그 논의를 하여 드디어 1924년 4월 말 종섭의 비행에 대해 탄핵연설회를 개최하는 한편 선전 삐라를 퍼뜨려 그에 대한 반성을 촉구할 것을 결의했다. 1924년 6월 초 광주읍 내 인쇄업 광문관(光文館) 유상원(柳相元)에 부탁하여 청년회 광산회 노동공제회 및 전남 청년연합회 명의의 「격(檄)」이라는 제목으로 종섭 탄핵의 취지를 표시하는 삐라 5, 6천 매를 해당 관청의 허가를 얻지 않고 출판했다.

피고 남근은 그 사이에 처한 사정에 정통하므로 피고 정우로 하여금 1924년 4월경부터 1924년 5월 2일까지 세 번 종섭을 전기 주소에 방문하고 전기 여러 단체는 일치하여 종섭의 비행에 대해 응징할 방책을 강구했던 바 그 비행을 적은 원고를 경성의 신문사에 송치했다는 등의 탄핵 수단을 준비 중이었던 바인데 만약 종섭이 금 550엔을 제공하면 위 게재를 중지시켜줄 뿐만 아니라 기왕 위 단체가 종섭을 대하는 수단이 오해에서 나왔다는 뜻을 사회에 알려 그 자리에서 협정하려고 노력하고 암암리에 종섭에게 중대한 결과를 예상할 수 있다고 전하여 종섭에게 위협을 한 동시에 금 550엔을 교부받았다.

다음 피고 용기는 피고 남근에게 그 후 다시 종섭에게 돈을 받을 수단을 강구했지만 일이 되지 않는 것을 알고 5월 5일 및 8일에 두 번 단독으로 종섭을 그 주소로 찾아가 종섭에 대한 응징의 사정이 급박해지고 있다는 내용을 알리고 동인을 위협하여 2, 3백 원 돈을 달라고 요구했다. 그 후 종섭에 대한 전게 선전 삐라의 출판 사정을 알리고 다시 10번 정도 종섭을 방문하여 어려움을 예측할 수 없다는 내용으로 위협하고 약간의 돈을 요구했지만 그때에 종섭에게 거부당했기 때문에 목적을 이루지 못하였다.

피고 석봉은 1924년 5월 27일 전게 대환정(大歡亭) 하원(河原)에서 청년회 회관 공사용 모래 채취 인부 감독 중 위험이 있어서 우연히 위 대환정에서 기술연습 중인 김귀일(金貴逸) 등 일행에게 사채 시간 중 위 작업을 중지해야 한다는 것을 교섭했다. 그러나 김귀일이 불손하게 언동하여 다음날 28일에 석봉이 위 현장에 넘어가서 이 손으로 ㅁ을 끌었냐고 하면서 그 손목을 강하게 잡아 묶고 또 주먹으로 구타하여 김귀일의 가슴 얼굴 등에 상당한 치료를 요하는 타박상을 입혔다.

위 사실 중 피고 용기, 춘열, 남근, 동호 및 석봉이 허가를 받지 않고 출판을 한 점은 출판법 위반 제11조에, 피고 용기, 남근 및 정우가 공갈을 한 점은 형법 제249조에, 피고 석봉이 상해한 점은 형법 제204조에 각 해당한다. 피고 용기, 남근, 석봉의 범행은 병합죄에 관계함으로 다시 형법 제45조를 마땅히 적용하여 처단될 범죄로 그 혐의가 충분하다. 형사소송법 제312조에 따라 주문 제1항에 표시된 언도를 하고 주문 제2항 기재의 공소사실은 공판에 부치기에 충분하다. 그러나 범죄의 혐의는 불충분함으로 형법 제313조에 따라 면소의 언도를 하는 것으로 한다.

이에 주문과 같이 결정한다. 1924년 10월 29일 광주지방법원 예심과 조선총독부 판사 무토(武藤將之助)가 판결한다. 이러한 예심종결결정에 따라 1925년 3월 20일 광주지방법원에서 공판 결과가 선고되었다. 그 내용을 살펴보면, 위 전용기, 최춘열, 정남근, 신동호 및 강석봉에 대한 출판법 위반, 전용기, 정남근 및 서정우에 대한 공갈, 그리고 강석봉에 대한 상해 피고사건에 대해 당 법원은 조선총독부 검사 긴타(槿田義太郎)의 간여로 심리하고 다음과 같이 판결했다.

피고 정남근을 징역 1년 6월에, 피고 전용기를 징역 10월에 처한다. 단 미결구류 수 중 100일을 위 본형에 산입한다. 피고 서정우를 징역 6월에 처한다. 단 2년간 그 형의 집행을 유예한다. 피고 강석봉을 벌금 40원에, 피고 최춘열을 벌금 10엔에 처한다. 위 각 벌금을 완납할 수 없을 때는 피고 강석봉을 40일, 피고 최춘열을 30일간 각 노역장에 유치한다. 압수물건 중 증 제14호 '격문'은 그것을 몰수한다. 소송비용 중 증인 김종섭(金鐘燮)에게 지급할 부분은 피고 정남근, 전용기 및 서정우가 연대하여 부담하도록 한다. 피고 정남근 및 전용기에 대한 출판법 위반의 사실 및 피고 신동호는 모두 무죄이다.

그 이유는, 첫째, 피고 최춘열은 광주청년회 회원으로 일찍이 광주면 서성정 의사 김종섭이 모르히네의 밀매를 하여 세상 사람들이 그것을 쉽게 넘겨받아 이유 없이 그 사용을 하고 있는 자가 매일 많아진다는 내용의 풍문을 듣고 먼저 일격을 하여 사회 화근의 일단을 제거하자고 청년회 회원을 독려했다. 그 방책을 강구 중에 광산회 및 광주노동공제회 등의 찬동을 얻었다. 이에 광주청년회 회원인 피고 강석봉 및 전기 각 단체의 간부들과 협력하여 수차 그 논의를 하고 혹은 광주 청년회관에서 혹은 광주 공원 대관청 등에서 모임을 하며 점차 그 논의를 했다. 1924년 4월 말경 위 김종섭의 비행에 대해 탄핵연설회를 개최하는 한편 그 선전삐라를 반포하여 그 반성을 촉구하기로 결의했다. 당시 광주면 수기옥정 괘교(掛教)포교소에서 피고 최춘열, 강석봉은 그 외 3명과 함께 그 선전삐라에 실린 내용에 대해 논의하고 1924년 6월 초순경 읍내 인쇄소 광문관사 유상원(柳相元)에게 부탁하여 압수에 관계된 청년회, 광산회, 노동공제회 및 전남청년연합회 명의의 '격'이라는 제목으로 종섭의 탄핵의 취지를 나타내는 삐라 5, 6천 매를 해당 관청의 허가를 얻지 않고 출판했다.

둘째 피고 정남근은 광주청년회원으로 전기 피고 최춘열, 강석봉 등이 의사 김종섭의 모르히네 밀매의 1건에 관한 그 비행에 대해 탄핵연설회를 개최하는 한편 선전 삐라를 반포할 논의를 하는 사정을 알고 김종섭에게 그 내용을 공갈하고 돈을 교부시킬 것을 기도하고 피고 서정우로 하여금 동년 4월 중순부터 동년 5월 2일까지 수차례 김종섭의 주소지에 방문하여 전게 여러 단체는 종섭의 비행에 대해 응징할 방책을 강구하고 기안을 완성해 그 비행 게재를 위해 원고를 경성에 있는 신문사에 송치한 일 등 오로지 탄핵 수단의 준비 중인데 그래도 만약 종섭이 금 550엔을 제공하면 위 게재를 중지시켜 줄 뿐만 아니라 기왕 위 단체가 종섭을 대하는 수단이 오해에서 나왔다는 사정을 사회에 알려 협정에 노력하고 암암리에 종섭에게 중대한 결과를 예상할 수 있는 일을 도모하였다. 피고 서정우는 공갈의 사정을 알고 이를 피고에게 전해 종섭으로 하여금 두려움에 떨게 한 위에 동년 5월 2일 동 소에서 종섭으로부터 금 550엔의 교부를 받았다.

셋째, 피고 용기는 피고 정남근이 판시한 김종섭으로부터 돈을 받으려는 것을 알고 피고도 동일한 수단을 강구함으로써 종섭을 공갈하여 돈을 교부받을 것을 도모했다. 1924년 5일 및 8일 두 차례 그 주소지에 찾아가서 종섭에게 응징의 사정이 급박해졌다는 내용을 고하고 김종섭으로 하여금 200~300엔을 제공할 것을 재촉했다. 종섭에게 중대한 결과를 예상할 수 있는 내용으로 그 후 판시한 김종섭에 대해 선전 삐라를 출판한 일을 몇 차례 다시 종섭의 주소지를 방문하여 그 어려움 역시 예측할 수 없다는 내용으로 협박하고 앞의 돈의 제공을 요구했지만 역시 거절당하여 모두 그 목적을 이루지 못하였다.

피고 강석봉은 동년 5월 28일 앞의 대환정 아래 하원에서 청년회 회관 공사의 일로부터 광주군 광주면 수기옥정 김귀일(金貴逸)과 말싸움 끝에 동인의 손목을 강하게 잡아 묶고 또한 주먹으로 얼굴 등을 구타하여 안정 치료 수일간을 요하는 창상을 입혔다.

앞의 피고 정남근은 1920년 중 경성지방법원에서 제령 위반에 따라 징역 1년에 처하고 그 형의 집행을 마친 자이다.

이상의 사실 중 판시한 첫째의 사실에 대해서는 피고 최춘열 및 강석봉이 당 공정에서 각 판시와 동일한 내용의 자백 및 압수의 격문으로 보아 출판물의 현존하는 증거로 그를 인정한다.

판시 둘째, 셋째의 사실에 대해서는 피고 등 및 그 변호인 등은 그 공갈의 사실을 부인하고 있어도 증인 김종섭이 예심판사에 대한 조서 중 판시에 조응하는 각 피해가 있었다는 내용의 공술기제를 종합하여 그것을 인정한다.

판시 넷째의 사실에 대해서는 피고 강석봉이 당 법정에서 피고인이 본년 5월 28일에 김귀일을 폭행하여 동인이 가슴, 얼굴 등에 타박상을 입은 일이 있었다는 것과 동일하게 한두 번 구타한 일이 있었다는 자술. 예심판사의 증인 김귀일에 대한 조서 중 판시와 조응하는 피해가 있었다는 내용의 공술 기재 및 의사 시미즈(淸水交五)가 작성한 1924년 5월 30일자 진단서에 근거에 이를 인정한다. 피고 정남근의 전과에 대한 것은 동인이 당 법정에서 같은 취지 내용의 공술에 따라 그것을 인정한다.

법률에 비추어 피고 최춘열의 소행은 출판법 제11조 제1항 제4조에 해당함으로 동조 소정 금액 범위 내에서 벌금 30엔에 처하고 노역장에 유치하는 수는 형법 제16조 제1항에 따라 이를 정한다. 피고 강석봉의 판시 첫째의 소행은 출판법 제11조 제1항 제4조에, 판시한 넷째의 소행은 형법 제204조에 각 해당함으로 벌금형을 선택하여 병합죄에 부처 형법 제45조 제40조 제1항을 적용하여 소정 벌금 합산액의 범위 내에서 벌금 40에 역시 처하고 노역장 유치 일수는 형법 제18조 제1항에 따라 그것을 정하고 피고 정남근의 소행은 형법 제249조 제1항에 해당함으로 재범으로 동법 제56조 제1항 제47조를 적용하여 법정가중을 처하여 형기범위 내에서 피고를 징역 1년 6월에 처한다. 피고 전용기의 소행은 형법 제250조 제249조 제1항에 해당함으로 그 소정의 형기범위 내에서 피고를 징역 10월에 처한다. 위 정남근 및 전용기에 대해서는 형법 제21조에 따라 미결구류 일수 중 100일 각 본형에 산입한다. 피고 서정우의 소행은 형법 제249조 제1항에 해당함으로 동조 소정형기 범위 내에서 피고를 징역 6월에 처한 바 정상을 참작하여 형법 제35조에 따라 2년간 그 형의 집행을 유예한다. 압수물건 중 증 제14호 '격문'은 본 건 출판법 위반 행위로 생긴 것이므로 이외의 사람이 소유하지 않으므로 형법 제19조 제1항 제3조 제2항에 따라 그것을 몰수하고 소송비용 중 증인 김종섭에게 지불해야 할 부분은 형사소송법 제27조 제1항 제238조에 따라 피고 정남근, 서정우 및 전용기의 연대부담으로 하도록 한다.

피고 신동호, 정남근 및 전용기가 판시한 출판법 위반 범행에 가담했다는 공소 사실은 그것을 증명할 수 없음으로 형사소송법 제362조에 따라 무죄를 언도하도록 한다.

이에 주문과 같이 판결한다. 1925년 3월 30일 광주지방법원 형사부 재판장 조선총독부 판사 우치야마(內山十平), 조선총독부 판사 이시가와(石川莊四郞), 조선총독부 판사 송화식(宋和植)이 판결한다.

해 제

본 사건은 당시 언론에서 관심을 갖고 보도하였다. 그 기사 내용은 다음과 같다.

33명의 중독자, 방독회원과 경관이 협력검거

지난달 16일에 광주에서 조직된 모루히네 방독회는 그동안 경찰당국과 타협하여 중독자를 조사하기에 무한히 노력을 하든 바 지난번 비밀회의 끝에 경찰서원과 방독회원으로 다섯 번에 나누어 혼성부대를 편성하여 두었다가 지난 16일 하오 8시반에 비상소집을 하여 광주경찰서장의 주의가 있은 후 일동은 각각 맡은 구역으로 출동하여 저녁밥들도 먹지 못하고 이튿날 새벽까지 대 활동을 계속한 바 남녀 중독자 33명을 검거하여 광주경찰서의 엄밀한 취조를 마친 후 두 명의 구류 처분을 받은 자 외에 나머지 환자는 방독회에서 지정한 임시용양소인 불교포교당에 수용하여 네 사람의 감시인으로 정성을 다하여 용용케 하며 모루히네 중독으로 말미암아 이미 패가를 당하여 어쩔 수 없는 환자 세 사람은 방독회에서 밥까지 차입하여 주는 중인데 경관과 회원들은 살대같이 쏟아지는 험한 비를 무릅쓰고 마침 홍수 가운데에 주야를 불구하고 활동하였다더라(광주)(『동아일보』, 1921.7.21).

중독된 의사, 도망한 김종섭은 밀매죄가 폭로될까 도망하였다가 자현

전남 광주 서성정(全南 光州 西城町)에서 광산의원(光山醫院)이라는 간판을 걸어놓고 그 안에서 모루히네를 밀매하다가 연전에도 발각되어 200원의 벌금형까지 당하였던 김종섭(金鍾燮)은 그 후에도 못된 마음을 고치지 아니하고 다만 제배만 채우려고 모루히네를 밀매하기에 수단이 교묘하여 벌써 오만여 원의 큰 돈을 모았으며 그 돈으로 또 고리대금까지 하여 그 이자로 유력자를 끼고 세력을 길러서 만여 명의 시민의 주목 중에도 오히려 그의 지위는 안전하며 영업은 더욱 번창하여감은 일반이 다 아는 바이어니와 헤엄을 잘 치는 자는 물에 빠져 죽는 셈으로 모루히네를 밀매하는 김종섭은 마침내 모루히네 중독자의 한 사람이 되고 말았다. 지난 16일 밤 11시경에 돌연히 달려드는 광주경찰서와 모루히네 방독회의 손에 역시 중독자의 혐의를 받는 꽃 같은 젊은 계집과 함께 검거되어 30여 명의 중독자와 같이 광주경찰서 유치장에서 하룻밤을 새이고 아침에 경관의 눈을 속이고 도망하였다가 광대한 천지간에 용납할 수 없는 그는 할 일 없이 지난 18일 밤에 광주경찰서에 자현하였다는데 그 자는 도망하여 있는 동안에도 하루 동안에 모르히네를 열방이나 찔렀다 하며 일단 도망하였던 자가 다시 자현함은 본래 간교한 술책에 능한 자인 고로 더욱 일반의 주목은 그 자에 대한 당국의 처치에 집중된다더라(광주)(『동아일보』, 1921.7.21).

'모히' 밀매의(密賣醫) 김종섭의 방면으로 광주시민의 분개, 강연까지 할 작정

모루히네를 밀매하여 큰 부자가 되는 동시에 자기도 또한 중독자의 한 사람이 되어 돈을 모았으나 남의 청년을 많이 상하고 제 몸까지 망하게 되었다고 그 지방 사람에게 지목되는 광주 광산의원 의사 김종섭은 경찰서에 검거되었던 바 도망하였다가 그 이튿날 다시 자현하였다 함은 이미 보도한 바어니와 지난 19일에 증거 불충분으로 방면되었는데 그에 관한 10여 장의 투서가 경찰서에 들어왔다 하며 그의 방면은 일층 시민의 여론을 일으키어 불일간 광주 시내에 있는 아홉 단체는 연합강연을 하여 그의 죄를 성토할 모양이라 하며 그도 또한 양심의 자책을 받음인지 무서운 생각이 났든지 이제 폐업

할지라도 밥은 굶지 아니할 만큼 준비가 되었으니 폐업을 하겠다고 스스로 말한다더라(광주)(『동아일보』, 1921.7.28).

악의(惡醫) 축출결의 광주청년총회에서

거 5일 오후 3시 반 광주흥학관내에서 광주청년회 제4회 정기 총회를 개하고 결산보고가 있었는데 청년회 사업으로 경영하는 청년학원(회계는 독립)에서 전년도에 지출한 총령이 4,888원 32전이오 청년회 자체로 지출한 총액이 1,036원 69전 합 5,925원 3전인 바 차에 해당한 수입의 부족액이 약 500여 원이라는데 차는 금년도에 지불한 성산이 있다 하며 개선된 임원의 씨명은 여좌....(생략) 의사원은 지용수 외 10인이었으며 의사 김종섭은 모르히네 중독자 보급과 밀매에 관계된 죄악을 광주급 부근읍 남녀청년에게 끼치게 함이 막대하니 광주에서 축출하기에 노력하자는 결의와 기타 신 사항에 노력하자는 결의와 기타 시 사항에 관하여 토의결정한 후 동9시경 폐회하였다고(광주)(『동아일보』, 1924.4.8).

방독문제

거 14일 오후 2시 광주흥학관 내에 관산회의 임시총회를 개하였는데 출석원이 근200명인 대성회였었다. 회장 최상진씨가 취지를 설명한 후 의사진행에 입(入)할새 회관에 관하여 다소 의견 교환이 있은 결과 임시로 대환정을 정리사용하기로 하고 모루히네 중독자에 관하여 전자위원회에서 조사위원 5인을 선정하였던 바 그 보고를 청한 후 금 번 증심사(證心寺) 내에서 모루히네 중독자를 자치적으로 각자의 자유의사에 임한다는 무성의한 당국의 언행에 대하여 그 후 무효한 결과를 거(擧)하고 분개한 어조로 분기 만면한 노인들이 조선인의 사명에 대하여 당국자가 여하한 태도를 취하는가 오인의 생명은 오인의 자수로 구제하지 아니하면 아니 된다 하여 호상 간 비장한 회의를 교환하고 차에 대한 죄악의 수령인 광산의원 김종섭을 배척하기로 결의한 후 후기 구체적 방침은 위원으로 선거하여 광주 각 회사 단체와 호상 연락하여 실행하기로 하고 오후 7시경에 폐회하였다고(광주)(『동아일보』, 1924.4.18).

악의사(惡醫師) 성토 격문, 경관에게 압수

본보에 누차 보도한 바와 가치 사회의 도적이 되며 민족의 흡혈귀가 되는 모루히네 밀매자 악의(惡醫) 김종섭(金鍾燮)을 성토하기로 결의하였던 광산회 광주노동공제회 전남청년연합회 광주청년회 4단체는 장문의 격문을 작(作)하여 대표 위원 20여 명이 각각 수백 매씩 휴대하고 13일(광주 대시일) 하오 4시경 대시장의 군중에게 배포 선전하였다는 데 일대는 광주교반(光州橋畔)에서 경관의 중지를 당하며 인쇄물은 경찰서에 압수되었다고 함으로 일대 위원 10여 명이 경찰관에 출두하여 교섭한 바 인쇄물을 그와 같이 배포하게 되면 출판법 위반이 되니 명일에 다시 교섭하라 함으로 할 일 없이 돌아왔다는데 흥분되었던 시민 전반은 유감천만으로 생각하며 당국의 처치 여하를 주목한다고(광주)(『동아일보』, 1924.6.16).

악의사(惡醫師)의 성토, 광주청년들에게 전하는 말

사람의 생명을 맡이 가지고 있는 의사의 직책으로 사람을 죽이는 약이나 일반인 모루히네를 밀매하다가 민중의 격노를 산 못된 의사가 전라남도 광주에 생기었다. 의사는 일반 민중이 생명을 위탁하고 있으니만큼 그 직책이 중대한데 일시의 사리를 위하여 사약이나 일반인 모루히네를 밀매하였다 함은 실로 용서할 수 없는 사실이다. 모루히네가 어떻게 해독이 심한 것은 중국의 태만과 및 그로 인하여 아편전쟁까지 이러난 것을 보아 과학자의 설명을 듣지 않고도 넉넉히 알 수 있다. 그렇지 않아도 다 죽어가고 시들어가는 조선 사람에게 다시 이러한 살인 약을 공급하는 자의 심사는 전혀 몇 푼의 돈에 정신이 마비된 처지가 아니면 사람으로 인증할 수 없는 악마라 하겠다.

광주 김종섭(金鍾燮)이 과연 어느 정도까지 "모루히네"를 밀매하였는지는 그곳의 통신을 보아 알 뿐이오 그 정확한 사실을 일일이 증거를 얻어 보거나 듣지 못하였음으로 단언할 수 없으나 하여간 이러한 혐의로 그곳 유수한 청년단체의 공격의 표적이 된 것은 사실이다. 이것이 만일 사실이라 하면 우리는 일시라도 속히 그런 의사를 이 사회에서 매장하지 아니하면 아니 될 것이다. 사람의 생명을 의탁하는 그에게 일호라도 그런 죄악을 더 용서할 여지가 없다. 다만 바라는 것은 일시의 풍설이나 증거가 불충분한 것으로 떠들지 말고 가장 명백한 증거를 잡아서 세인에게 경솔하다는 비평을 듣지 말게 하라(『동아일보』, 1924.6.17).

광주 김종섭 사건

[자유종] 전남 광주군에서 근일에 일대사건이 발생하였다. 다른 사람은 이 사건을 그다지 중대시 아니 하는 듯 하나 나는 감히 사회문제로 하여 운운할 뿐 아니라 현대의 법률이라는 것이 여하이 우리의 실생활과 인류적 양심에 위반되는 점이 많은가 하는 것을 표징하는 일례로 중대하게 보고자 한다. 의사라는 명의와 양기를 악용하여 모르히네를 밀매하며 자신도 중독되었을 뿐만 아니라 누만의 재산을 거연히 축적한 자로 이미 조선사회에 소개된 김종섭이다. 그 악행을 탄핵하는 동시에 그 결과가 광주를 중심으로 하여 그 부근 읍의 청년 남녀에게 끼친 해독이 실로 용서하지 못할 죄○○라 하여 근고를 하며 필경 성토까지 하게 되었다. 이 사실을 목도한 김종섭은 그 각 사회단체를 매수하려고 간계를 휘둘러서 의지가 박약한 기개 청년들을 이 마술에 함(陷)하게 하였다. 그것이 발로되어서 사법 당국은 검거에 착수하였다 한다. 물론 이러한 기회에 아무리 의지가 유약하고 식견이 천박한 자이라도 그러한 마술에 함(陷)한 죄는 상당히 사법자가 처벌을 할 뿐 아니라 사회적으로 상당히 제재를 하는 것이 당연한 일이다. 그러나 이 비열한 무리를 책하는 여(餘)에 김종섭이가 새로이 원기를 득하여 가지고 사회에 지대 극심한 죄악을 불고에 부(付)하고 오히려 사회 각 단과 모든 인사를 적대하고 엄연히 투쟁을 개시하려고 하는 것은 이것이 무슨 부조리하고 몰상식한 현상이냐. 도 당국과 사법 당국자가 과거에 김종섭이 행한 범죄행동에 대하여 취하여온 태도는 이미 각 신문지는 물론이요 사회 각 단체에서도 절규한 적이 비단 1, 2년이오 4,5년간을 절규하여 오다가 지금에 와서는 오히려 문제가 다른 방면으로 전개하게 되었나니 이것이 과연 우리 인류의 양심에 부합하며 조리에 당연한 일인가.

사회의 풍기와 시비 비판이 이에 이르러서는 그 존재를 어디서 발견할 수 있으며 선악의 구별이 어디 있는가 과연 법률이라는 것이 우리로 하여금 살게 하는 것인지 진실로 우리는 의심이 없을 수 없다. 아무리 파멸을 당하는 조선사회지만은 이와 같이도 선○○ 없고 사회의 비판이 없고 동존의 생색이 없다 하면 우리가 사는 사회는 사람이 사는 사회인지 금수가 사는 사회인지 도저히 분별할 수가 없다. 양심이 있고 혈액이 순환하는 인사들아 살았는가 죽었는가(분개생)(『동아일보』, 1924.7.15).

위에서 살펴보았듯이 당시 신문기사들은 사회에 만연한 '모루히네', 곧 몰핀 중독과 이를 밀매해서 이익을 꾀하는 조선인 의사 김종섭을 성토하기에 집중해있었다. 김종섭이 마약의 밀매에 관여되어 있었던 것을 사실로 보이지만, 이 사건을 중심으로 한 광주지역 청년단체의 움직임은 복잡다단하게 얽혀있다. 청년단체의 청년들은 김종섭에게 분개하는 한편, 표면적으로는 김종섭의 행동을 성토하여 사회에 경각심을 주려는 움직임 보인다. 우선 집단행동으로서 김종섭을 비판하고 탄핵하는 연설을 작성하여 인쇄했다가 해당 관청의 허가를 받지 않고 출판했다는 이유로 출판법 위반죄로 검거된다. 한편으로 청년단원 일부는 이 상황을 김종섭에게 미리 고하고 어려움을 벗어날 수 있도록 해겠다는 공갈을 하며 돈을 갈취해 공갈죄에 처해지며 그 과정에서 일어난 갈등으로 상해죄까지 저지른다. 그리하여 마약에 중독되고 마약을 밀매하는 '반사회적 행동'을 한 김종섭뿐만 아니라 광주 지역을 근거로 활동하고 있는 청년단원들이 검거당하고 처벌받는 사태까지 파장이 확산되었다. 판결문에 따른 사건의 재구성을 어느 정도의 진실을 담고 있을까. 사회적 대의를 가지고 일사분란하게 사회운동을 하는 것은 모든 사회운동단체의 취지이기는 하지만, 여러 사람이 다양한 욕망을 품고 단체에 관계된 이상 완벽한 도덕성으로 일관된 단체의 결성이란 불가능할 것이다. 그 사이에서 개인의 이익을 도모하기도 하고 갈등으로 서로에게 상처내기도 한다. 이러한 사람과 조직의 속성은 그 사회의 공권력이 자신에게 순응하지 않은 조직을 다스리는 데 알맞춤의 참고가 되었을 것이다.

20
타태 피고사건

김○찬 등 판결문
(1925년 형상 제50호, 大正14年刑上第50號, 고등법원)

타태 피고사건에 관한 고등법원 판결문으로 사건번호는 1925년 형상 제50호(大正14年刑上第50호)이다. 국가기록원에 소장되어 있으며 그 관리번호는 CJA0000542-0004이다.

함경남도 함흥군 함흥면 신창리에 살면서 농업에 종사하는 김○찬(당 64세)과 본적을 함경남도 이원군 서면 이덕리에 두고 동도 정평군 황덕면 문성리에 거주하는 의생(醫生) 이용설(李容卨, 당 52세)이 피고이다.

위의 타태(墮胎) 피고사건에 대해 1925년 4월 20일 경성복심법원에서 언도한 판결에 대해 피고인이 각각 상고를 신청하였으므로 당원은 조선총독부 검사 가와무라(河村靜水)의 간여하에 다음과 같이 판결한다.

본 건 상고는 그것을 폐기한다. 그 이유는 다음과 같다.

변호인 신우영(申宇永)의 상고취지 제1점은 원판결은 "원심 피고 신○숙이 김○찬의 2남인 자 김영후의 처로서 ○태와 동거 중 1923년 음력 11, 2월경 서로 정을 통한 이래 월경이 폐지되어 그 때문에 식욕부진, 신체쇠약의 상태에 빠진 것은 사법경찰관이 신○숙을 심문한 조서의 공술 기재에 비추어 분명하다. 위의 증인 오오다(大田作治郎) 심문조서 및 예심판사의 증인 이마리아(李瑪利多) 심문조서의 각 공술 기재를 종합하면 신○숙은 1924년 4월 17일(음력 3월 14일)경 이미 임신 4개월에 달하고 있는 것을 알았는데 다른 믿을 수 있는 반증은 없다. 본 건에서는 신○숙의 위의 임신은 김○찬과 정교한 결과라고 추측하는 외에는 다" (이하 략)라고 했다.

위 증거에 의하면 타태범죄사실을 인정하고 피고 양명이 유죄라고 인정한 것도 너무 애매해서 1건 기록으로 보면 피고 양명의 범죄행위가 없는 것은 불 보듯 뻔하다. 원심에서 타태의 원인인 1심 피고 신○숙과 피고인 김○찬 사이 정교의 결과 임신 4개월이라고 추측한 것이 무엇에 의해서도 확실한 증거가 아닌 이상은 추측으로 그것을 인정하는 것은 부당하다.

피고 양명에 대한 본 건 범죄행위를 인정하는 것은 1924년 7월 14일 함흥경찰서에서 피의자 신○숙 및 동월 동일 동서에서 피의자 이용설의 심문조서에 의해 이와 같은 것을 범죄사실이라고 인정할 우려가 있는 것도 이 조사의 내용을 상세히 관찰하면 신○숙 및 이용설은 원심 이용설의 진술과 같이 "경찰서에서는 고문을 당해서 최초 4일간은 아팠다는 감각만 있었는데 그 후는 실신해서 무엇을 말했는지 알 수 없다"는 기록에 의해서 고문의 결과 이와 같은 근거 없는 사실을 말했다고 충분히 인정할 수 있다.

낙태에 관한 약품을 김○찬도 알고 있는 것은 원심 공판조서 중 재판장이 김○찬에게 "그쪽은 의술에 경험이 있는가"라고 묻자 그 답이 "나는 의생으로서 허가를 받고 있지는 않아도 3대 전부터 의생이어서 낙태약을 알고 있었다" 였다. "낙태약은 포부자(炮附子), 반하(半夏), 남성(南星), 수은 등 여러 가지 있습니다"라는 진술에 의해도 과연 김○찬이 신○숙과 추한 관계를 맺은 결과 임신한 사실이 있다면 각각의 의사 및 의생 등에 진찰을 받고 약과 침을 놓는 의료쪽을 의뢰할 리가 없는 것은 보통의 인정으로 보아도 일점 의심할 수 없다.

일찍이 이용설은 함흥경찰서에서 고문한 결과 실신해서 무근의 사실을 말했다. 타태했다고 해도 그에 관한 약품은 귀목파징탕(歸木破癥湯)이라는 약을 10포 허용해줬다고 하는데 위 약은 타태에는 하등의 관계가 없고 월경을 멈추고 배 안의 핏덩어리 때문에 아플 때 술을 조금 넣어 달여 먹는 것이다. 따라서 이용설이 타태에 관한 약을 신○숙에게 복용하도록 하지 않았다는 사실은 분명하다.

동 조사 중 "본년(1924년) 구 1월 초순경이라고 생각합니다. 일찍이 일면식도 없는 함흥면 신창리 김○찬이라는 자가 신○숙(당 33세)란 여자가 최근 갑자기 월경은 멈추고 식욕이 나지 않고 배가 이러한 상태여서 무엇인가 병이 있는지 진찰해 주었다고 하는데 나는 그녀가 과부인 것을 몰랐으니까 염려 없이 그것은 병이 아니라 태아가 틀림없으니까 안심하라고 했던 것이다"라고 했다. 경찰관이 임신은 언제부터였느냐고 묻자 "작년 구 12월경부터 임신한 모양입니다"라는 대답을 한 것에 의하면 가령 임신한 사실이 있어도 임신으로부터 1개월 반도 되지 않았고 손목 안을 진찰해서 알았을 뿐만 아니라 원심 감정인 요코다(横田茂樹)의 심문조서에 의해도 재판장이 "임신 2개월에도 손목의 맥을 보고 임신한 것을 알 수 있는가"라는 질문에 대해서 "알 수 없습니다"라고 대답했다. 산과 부인과의 전문 의관 요코다도 모르는 것을 조선의 의생으로 이에 대한 전문적 경험이 없는 피고 이용설이 2개월 미만 안에 신○숙의 손목의 맥을 검진한 결과 태맥이 틀림없다고 말했다는 것은 불가능하다는 것은 상식으로 보아도 알 수 있는 것이다. 따라서 위 경찰서의 조서는 신용하기 어려운 것이다. 함흥경찰서의 1924년 7월 14일 신○숙에 대한 심문조서 중 "작년 구 11월 말경인가 12월 초라고 생각되는데 남편의 실부인 ○찬(당 63세)이 밤중 술에 취해서 내가 아이들과 함께 자고 있는 곳에 들어와서 나의 배 위에 올라타니 아버님 이러면 어떡합니까라고 말하는 사이에 정교관계는 맺고 끝냈습니다. 그때부터 일절 관계한 것은 결코 없었습니다. 그런데 그달부터 월경이 없고 배 안에는 무엇인가 작은 덩어리가 있는 듯 하고 때때로 복통이 있어 식욕이 나지 않고 몸은 쇠약해지는 면이 있었습니다. 그래서 나는 이용설이라는 노인 의생이 있는 곳에 가서 병을 말하고 침술을 빌려서 그 병기를 치료한 적이 있지만 낙태한 적은 없습니다"는 진술에 의하면 그도 고문 받은 결과 무근의 사실을 말했다고 할 수 있다. 왜냐면 62, 63세의 노인인 ○찬은 음주해서 취했을 때는 혈기왕성한 청년과 달라 원기 쇠약한 관계에 의해 자신의 보호도 돌볼 수 없었다는 것으로 자신의 며느리인 신○숙을 상대로 정교관계를 맺는 것은 사실상 불가능할 뿐만 아니라 신○숙은 11월 말경 12월 초 무렵 과연 김○찬과 정교관계가 있었다고 하는 것도 그 달부터 배 안에는 무엇인가 작은 덩어리가 있는 것 같았고 때때로 복통이 있을 리 없다는 것은 세계 일반의 경산부에 대해 물어도 임신한 그 달부터 배 안에 작은 덩어리가 있다고 알 길이 없는 것은 만구동성의 일이라고 생각한다.

1924년 9월 26일 함흥지방법원 예심판사의 증인 박씨에 대한 심문조서에 김○찬과 신○숙이 정교관계인 것과 같은 진술이었던 것도 위 조서 전체를 읽어보아도 허위의 공술인 것은 명료하다. 이는 "신○숙과 정교를 한 곳은 부엌에서 전등을 붙인 끝에 밤참을 먹고 있는데 그 밤에도 그 낌새가 있었습니다"는 것으로 알 수 있다. 김○찬의 여동생은 그 밤에는 없었다는 점과 1924년 10월 14일 박씨의 예심조서 중 "작년 구 11월 4일 밤 남편이 부재중이어서 나는 안방에서 영익의 장녀 귀동녀(당 16세) 여자보통학교 3학년생과 함께 자고 있었다"라고 공술했다.

동년 10월 20일 박씨의 예심판사는 동인에 대해 심문조서 중 "귀동녀가 나와 잠을 잤다는 저번의 진술은 잘못이다"라고 진술했는데 그에 반해 동년 10월 5일 예심판사가 김귀동녀에 대한 심문조서의 동인의 진술에 의하면 "나는 부엌에서 ○숙, ○태의 여동생 등과 잔 예가 있었습니다"라고 말했다. "박씨와 잤던 것은 아닌가"라는 질문에 "동인과 잔 적은 한 번도 없었습니다"라고 대답했다.

1924년 10월 14일 김○찬의 여동생인 김씨의 동 예심판사의 심문조서에 의하면 "작년 구 정월 중 ○태의 처가 사망해서 나는 온전히 그 사람과 동거하고 있었습니다." 문. "귀 동녀는 ○태 쪽에 있었는가" 문. "어디에서 누구와 자고 있었는가" 답. "나는 신○숙 등과 함께 부엌에서 자고 있었습니다" 문. "당신은 ○태 쪽 누구와 어떤 방에서 잠을 잤던 예가 있는가" 답. "나는 부엌에서 ○숙과 그 아들 모두 두 사람과 잠을 잔 예가 있습니다"는 진술은 위의 김귀동녀 및 김씨의 공술이 일치하는 점에 의하면 충분히 믿을 수 있어도 박씨의 김귀동녀가 나와 함께 잤다고 한 지난번의 공술은 오류가 있다고 하는 점을 생각해도 과연 사실이라면 이와 같은 틀린 진술을 해야 할 이유가 없다는 것으로 완전히 믿을 수 없을 뿐만 아니라 김○찬이 과연 ○숙과 정교관계를 맺었다고 한다면 전등이 켜진 그 장소에서 추한 관계를 했을 리가 없고 또한 박씨는 피고 이용설에게 신○숙의 복부에 침을 놓은 것을 목격했다고 하는 점도 피고 김○찬 피고 이용설 및 1심의 피고 신○숙의 공술에 의하면 박씨는 침을 놓을 때 그 장소에 있지 않았다고 하는 점이 일치하므로 박씨가 침을 놓는 것을 보았다고 말하는 것은 허위의 진술로서 위의 세 명의 각 공술은 사실이다라고 인정할 수 있다.

일찍이 1924년 7월 16일 함흥경찰서에서 증인 오오다(大田作治郎)의 심문조서에 의하면 1심 피고 신○숙이 임신해서 검진한 것처럼 보였는데 이는 신○숙은 1924년 4월 17일 함흥 자혜병원에 가서 병 때문에 진찰을 받았을 때 4개월 전부터 월경이 멈추고 이래 핏덩어리가 배 가운데를 휘젓고 있어서 이 덩어리를 빼고 싶다고 하여서 오오다 의관은 신경과민 때문에 위의 신○숙이 4개월 전 월경이 멈추었다면 임신이라고 오진함에 불과하다. 혹시 과연 임신한 것이라면 4개월 정도 태아는 뱃

속을 휘저을 리가 없다는 것은 세계 일반의 경산부에 대해 물어도 이와 같은 실례는 없는 것은 한 점 의심이 없다.

증인 이마리아(李瑪利多)는 위의 오오다 의관이 말한 대로 통역을 한다면 오오다 의관이 오진한 결과 핏덩어리를 태아로 오인해서 이에 따라 통역을 했다는 이마리아의 증언도 믿어야 할 것이다. 1924년 9월 22일 피고 이용설의 예심판사의 심문조서에 의하면 "1심 피고 신○숙에게 침을 놓은 곳은 상원, 중원에서 흉골 하단(위의 하부)을 명치라고 말하고 이로부터 가운데 선을 따라 1촌(鮮寸) 내려온 곳을 거(巨) 그 아래 1선 촌의 곳을 상완(上完), 그 아래쪽 1선 촌의 곳을 중완이라고 진술했다.

1924년 12월 10일 제1심 제1회 공판 조서 중 이용설의 공술에 의하면 "나는 배꼽의 상부에 침을 놓았는데 배꼽 하부에는 놓지 않았습니다"라고 기재했다.

1925년 4월 10일 원심 제1회 공판조서 중 재판장이 "침을 놓는 부분은 신○숙의 배 어느 부분이냐"고 묻는 것에 대해서 "이 부분의 중앙이다"라고 답하고 이때 피고의 배꼽 바로 위에 2촌 위부터 1촌 위에 이르는 사이를 지시했다는 점에 의해도 피고 이용설은 1심 피고 신○숙을 침을 놓은 곳은 배의 배꼽 위인 것이 명료할 뿐만 아니라 위의 이용설의 진술은 피고 김○찬 및 1심 피고 신○숙의 진술과 같음으로 위의 진술이 사실이라고 할 수 있다.

그리고 가와무라(川村波間)의 신○숙에 대한 감정서에 의하면 동인의 복부에 침을 놓은 것과 같은 흔적은 침을 놓아서 생긴 것으로 증제2호의 침 7개 중 가장 긴 침으로 깊이 1촌 5분 이상으로 찌른 것이라고 인정된다. 동인의 복부에 있는 침을 놓은 흔적은 시일 경과와 함께 치료가 되어 전부 알 수는 없으나 그 수 11개로서 위치는 그림(圖解)으로 설명했다.

동인이 임신 4, 5개월 때 위의 흔적에 상당하는 위치에 배꼽 아래 하얀 선 부분에 있는 최하 두 개의 침을 놓은 것은 직접 태아에게 위해를 미쳐 생명을 충분히 빼앗을 수 있는 것으로 태아가 피했어도 자궁을 실질적으로 훼손하여 자공수축을 야기 시킴으로써 낙태를 할 수 있다. 특히 태아의 위치 4개월에 대 골반으로부터 신장 높이 25선미(仙迷)로 생육함으로써 그 목적을 달하기 어렵지 않은 것으로 인정된다고 감정한 것도 1924년 4월 5, 6, 7일(음력 3월 초 2, 3, 4일)간 침을 놓은 곳에 침을 놓은 흔적은 5, 6일 경과하면 즉시 위의 흔적은 없어지는 것은 의사 및 의생 이외의 보통 사람도 알고 있는 것이다.

하물며 1924년 4월 5, 6, 7일경 침을 놓은 흔적이 10월 초순에 이르기까지, 즉 7개월의 오랜 기간 침의 흔적을 보여야할 것은 아니다. 이와 같은 일은 3척동자도 아는 것이다. 그런데 가와무라(川村波間)처럼 배꼽 아래 하얀 선부에 있는 최하에 놓은 2개의 침이 직접 태아에게 위해를 미치는 것이라고 감정한다면 허위의 감정이라고 말할 수 있다.

1심 피고 신○숙은 출산 경험이 있기 때문에 배를 구석(亀析)한 것을 침을 놓은 흔적이라고 오해하고 감정한 것이라고 생각한다. 일찍이 7개월 이전에 침을 맞아 깊이 1촌 5분 이상이 된다는 감정은 어떠한 표준으로 알 수 있는 것인가. 이는 의학박사도 알 수 있는 것이 아니다. 또한 증인 성운동(成雲同) 모학복(毛鶴福) 등의 심문조서에 의해도 1심 피고 심태숙은 임신 중에 있지 않았다는 것은 충분히 알 수 있다.

박씨가 피고 김○찬의 제3자인 영수(永壽)의 처로서 신○숙과 불화해서 사이가 나빴던 것은 1건 기록상 김○찬, 김영수, 김귀동녀, 김씨, 신○숙 등의 각 공술 및 제1심 피고인 신○숙의 소행조서의 기재에 의해 명확하다.

박씨는 신○숙에 대한 악의로 김○찬과 정교의 추한관계를 맺었다고 거짓말을 하고 낙태시켰다는 것을 거짓으로 진술했다.

김○찬의 3남 영수와 박씨가 이혼한 것은 위의 두 명의 심문조서에 의해 드러난 사실로서 위의 이혼의 원인은 김○찬에 대한 무근의 사실로써 신○숙과 정교하였다는 악의적인 풍설을 만들어 내어서 이혼했다는 것이 된다면 악감으로써 김○찬, 신○숙에 대해 불이익의 공술을 할 것은 생각할 수 있다.

1924년 10월 20일 함흥지방법원 예심판사의 박씨에 대한 심문조서 중 박씨와 이용설이 대질할 때 박씨가 이용설은 거짓말을 하고 있다. 동인은 경찰서에서 풀려나 돌아왔을 때 이남규(李南珪)에 대해 자신은 성찬 및 태숙에 동정하고 낙태했다는 취조를 받고 유치되어 고통을 당하고 있다고 말했다는 진술이 있다.

1924년 10월 20일 동원 예심판사의 증인 이남규에 대한 신문조서에 의하면 위의 박씨의 진술과 같이 이용설의 말이 있었는지 묻는 것에 대해 이남규는 위의 같은 것은 없었지만 동인이 나왔을 때 상황을 찾은 바 경찰서에서 취조 당했다 해도 사실무근의 내용을 답하고 방면되었다고 말했다는 사실에 의하면 진술은 거짓말이라는 것이 분명하다. 1건 기록 중 피고 김○찬은 피고 이용설을 사주하고 피고 이용설로 하여금 1심 피고 신○숙에게 침을 놓아 낙태해 없앴다는 것은 기록의 전체를 상세하게 열람할 때는 유리한 점이 충분해도 그것을 일일이 열거하는 것이 매우 번잡하여 폐기됨으로 대개 요령만 설명한 것으로 피고 두 명이 낙태의 범죄사실이 없다는 것이 명확해서 그것을 유죄로 인정할만한 증좌가 충분하지 않은 것에 대해서 본 건은 다시 사실을 심리할 필요가 있다고 생각된다.

동 제2점은 피고 김○찬은 신○숙과 과연 정교의 추한 관계를 맺은 결과 월경이 멈추어 임신을 의심하게 된 것은 신○숙은 여러 번 출산한 자로서 자녀 4명을 분만한 것으로 과부의 몸으로 죽은 남편의 실부인 시아버지 김○찬과 추한 관계를 맺었다는 것이 세간에 드러날 것을 염려하여 각 의사 및 의생 등에게 진찰을 받지 않았다. 신○숙은 월경이 멈추어 핏덩어리가 배 안을 휘젓고 있기 때문에 자혜의원 의관 오오다(大田作治郎) 의사, 모학복(毛鶴福) 의생 성운(成雲) 및 동 피고 이용설에게 진찰을 의뢰한 것에 의하면 신○숙은 김○찬과 정교의 추한 관계가 없는 고로 배안의 핏덩어리 때문에 배가 아픈 것이어서 각 의사 및 의생 등에게 진찰을 받은 사실에 의해서도 신과 김○찬 사이에 정교관계가 없다는 것이 분명할 뿐만 아니라 신○숙의 소행조사에 의해도 품행이 방정하여 일반 동네 사람으로부터 존경을 받고 있는 고로 신○숙과 양숙인 박씨도 1924년 9월 26일 함흥지방법원 예심판사가 "박씨에 대해서 ○숙은 ○찬 이외의 남자와 통하지는 않았는가"라는 질문에 대해서는 알지 못한다고 답하고 있는 점에 의해서도 신○숙은 품행이 방정한 것은 일점 의심할 것이 없다.

그러면 다른 남자와 간통한 적이 없는 자가 노인인 김○찬과 정교할 리가 없다. 오히려 피고 김○찬은 자신의 며느리인 신○숙에 대해 금수의 행동을 했다는 생각이 나올 리 없는 것은 동인이 63세의 고령이어서 고환은 어린 아이의 머리와 같이 음경 축소가 되었다면 술에 취했을 때 하등의 관계없이 다른 여자에 대해서도 정교의 색욕을 냈을 리가 없다는 것이다. 하물며 윤리상 허락되지 않고 막대한 치욕이 되는데도 불구하고 자신의 며느리인 ○숙과 자신의 여동생 김씨와 장손녀 귀동녀 및 태숙의 장남 차남과 함께 자는 곳에서 정교의 추한 관계를 감행하기는 불가능하다.

김○찬은 자신도 낙태에 관한 약을 알고 있었는데도 불구하고 일면식도 없는 이용설에게 낙태에 관한 약품 및 침을 놓아달라고 간청할 리가 없다는 것이다.

또 피고 이용설의 심문조서에 따라도 피고가 약품값도 받은 것이 없었다면 하등 이익도 없이 범죄라는 것을 알면서 신○숙을 낙태시킬 악의를 가지고 침을 놓아야 할 이유가 없다는 것이 명료하다.

이상 어떠한 점에 의해도 신○숙을 낙태시키기 위해 이용설이 신○숙의 배꼽 아래에 침을 놓았다고 인정할만한 사실이 불명확해서 핏덩어리가 배의 아래 부분에서 상부로 촉진할 때 통증을 참지 못하여 이 때문에 침을 놓은 결과 위의 핏덩어리가 녹아서 연일 출혈인 있었던 것이라고 인정할 증거가 충분하다. 그러면 본 건은 사실을 다시 조사할 필요가 있다고 할 것이다.

1925년 6월 1일자 동 추가 내용은 본 건 기록 중 1923년 7월 14일 사법경찰의 피의자 신○숙에 대한 심문조서 중 음력 11월 말경인가 12월 초경 피고 김○찬과 정교관계를 맺었다는 기재는 신○숙이 여자로서 심약한 관계상 경찰관의 고문을 감당하지 못하여 사실이 아닌 진술을 한 것이 한 점 의심할 것도 없다고 생각된다. 이는 1924년 9월 26일 함흥지방법원 예심판사의 증인 박씨에 대한 심문조서 중 판사가 "○찬은 ○숙과 통해 있었던 것 같은 일이 있었는가"라는 질문에 대해 박씨가 작년 음력 11월 4일 밤이 되어 답한 것에 의하면 만약 ○찬과 ○숙이 과연 정교관계였다고 한다면 신○숙의 진술과 박씨의 증언이 상이할 리가 없다. 간통했다는 것이 사실이라면 또는 위 두 명의 진술은 1, 2일간의 차이가 있다면 몰라도 이와 같이 20여 일간의 차이가 있을 리는 없다고 생각된다.

그렇다면 신○숙은 고문으로 진실이 아닌 공술을 했다는 것을 인정해야 한다.

또 박씨는 신○숙과 불화한 관계상 신○숙을 해하려는 악의로써 위증을 했다는 것도 충분히 인정할 수 있다. 따라서 본 건 피고와 같이 원통하고 애매한 것은 위 사실을 듣는 사람은 누구라도 분개할 일이므로 원심 제1회 공판조서 중 변호인 허헌(許憲)은 박고겸(朴考謙)을 신청해서 피고 이용설이 최초로 신○숙을 진단했을 때 태맥이라고 할 만한 것이 없던 사실, 피고 김○찬의 3남처 박씨(박성녀)가 증인 이현재(李賢在), 염성녀(廉姓女), 오봉옥(吳鳳玉), 오소사(吳召史) 등 5명을 신청해서 피고 김○찬의 셋째아들의 아내 박씨는 김○찬과 신○숙의 간통관계가 있다고 말을 했다는 것이 사실이 아닌 점과 박씨가 거짓말을 했다는 것을 자인하고 또한 마을 사람 50명이 전에 사회한 사실이 있는 것은 입증했다.

신○숙의 배 안에 있는 고형체는 태아가 아니라 핏덩어리인 것을 입증하기 위해 작년 음력 3월 중 신을 진찰한 적이 있는 의생 이형섭(李亨燮)을 신청하고 변호인 이경성(李京聖)은 의사 이희섭(李曦燮)은 신○숙이 출혈 후 동녀를 진찰했는지 아닌지를 확실히 하기 위해 증인 이희섭을 불러 심문할 것을 신청하고 귀목탕징탕(歸木破癥湯)이 낙태약인지 아닌지에 대해서 감정인 김성기(金性璂)를 불러 심문을 신청해도 무엇이든 위의 신청을 각하하고 낙태의 원인인 신○숙은 임신 중이냐 아니냐라는 점을 엄밀하게 심사해야 할 중요한 관계가 있음에도 불구하고 1건 기록 중 피고 두 명은 낙태의 범죄가 있다고 인정한 것은 불명료한 것으로 위의 기록 중 피고인 또는 증인 등의 공술은 서로 엇갈리고 모순됨으로 믿을 만한 확실한 증거가 없다. 의운만단(疑雲萬端)으로 오히려 피고 두 명에 대해서 무죄로 인정할만한 증좌가 충분함에도 불구하고 일단 변호인 등의 증언 및 감정인의 신청을 각하하고 애매하게 피고 두 명에 대해 유죄로 판결을 언도한 것은 심리를 다하지 못한 이유로 준비를 제대로 갖추지 못한 판결이라고 사료됨으로 본 건은 사실을 다시 심리할 필요가 있다.

동월 3일자 동 추가 취지는 제1심 피고 신○숙은 과연 김○찬과 간통한 결과 이용설에 의뢰하여 낙태할 방법으로 신○숙의 복부에 침을 놓음으로 인해 출혈하여 급한 통증에 빠지게 했다면 신○숙은 낙태할 것을 희망한 결과 출혈이 된 것처럼 자신의 목적을 달한 것을 좋아할 것이라고 생각하고 위 사실이 세간에 드러나는 것을 걱정하여 비밀리에 의료할 것을 그 사정을 알고 있는 이용설에게 의뢰함으로써 자혜의원 의사 최영섭(崔寧燮), 간호부 도로케이 및 의사 이희섭 등에게 진료 및 간호할 것을 의뢰할 리가 없으므로 신○숙이 출혈로 병이 위독했을 때 이용설에게 진료를 의뢰하지 않았다.

위의 최·이 양 의사 및 도로케이에 의뢰해 진찰 및 간호를 받은 사실로 보아도 이용설은 신○숙의 의뢰로 인해 낙태시킨 것이 아니다. 신○숙은 핏덩어리 때문에 그것의 치료방법을 이용설에게 의뢰하고 침을 맞은 것으로써 위의 침을 맞은 후 출혈에 이르러 낙태시킨 것이 아닌 고로 자혜의원 최의사 및 이의사에게 치료를 의뢰한 것이다. 신○숙은 임신 중에 있지 않았던 것은 1924년 10월 7일 함흥지방법원 예심판사가 증인 성운에 대한 심문조서에 의하면 1924년 12월 24일에 신○숙을 진료한 것으로 "증인은 어떤 병이라고 진료한 것인가"라는 질문에 대해 "맥을 보면 위 안에 한기가 든 듯한 침맥(沈脈)이 있었기 때문에 냉증으로 장신경이라고 진단해서 온위제(溫胃劑) 즉 가미매중탕(加味埋中湯)이라고 하는 탕약을 11첩 정도 주었습니다"라고 말했다.

그리고 동월 동일 예심판사의 증인 도로케이의 심문조서에 의하면 환자 집에 가기 위해서 병원을 나왔을 때 최의사로부터 "환자는 임신한 것 같지는 않다는 것을 들었습니다"라는 점에 의해도 신○숙은 임신 중이 아니라는 것은 분명하다.

그러면 위와 같이 현저한 사실을 만연히 간과한 원판결은 매우 애매해서 낙태라고 인정할만한 명확한 사실이 없음에도 불구하고 중대한 사실의 오인한 것이 충분히 의심되는 것이 분명한 사유라면 신○숙은 임신 중이 아니라는 것은 위의 사실에 의해 인정해야 할 것이다. 그리고 원 판결은 위의 각 사실에 대해 어떠한 판단을 하지 못하고 피고 두 명에 대해 낙태의 범죄행위가 있다고 인정하는 것은 매우 부당하다. 피고인 이용설 및 제1심 피고인 신○숙이 사법경찰관에 의해 고문당한 일 역시 그를 추측해서 인정하게 한 것으로 근거도 없는 것에 따라서 원심이 동인 등의 사법경찰관에 대한 공술을 녹취한 조사를 본 건 단죄의 자료로 제공하는 것으로 위법이 아니다. 증인 박씨의 예심심문조서는 위증의 결과를 적록한 것으로 주장해도 그것을 살필만한 자료가 없어 원심이 인정되고 피고인 등의 원판시 범행은 판문 열거의 증거를 종합하면 그것을 인정하기 충분하다. 특히 피고인 김○찬이 당시 60여 세의 퇴령이라 하여도 논의와 같이 성교불능이 아닌 것은 원심이 적법하게 증거를 조사하여 감정인 하라후지(原藤孝一)의 감정 결과에 비추어 명확할 뿐만 아니라 동 피고인은 성교불능이라는 해명을 하지 않았다는 내용을 원심 재판정에서 언명한 것이 원심 공판 조서의 기재에 의해 명확하다. 앞에서 기록한 증거자료는 모두 원심이 적법하게 심사하고 있는 것을 동 조사가 명확하게 하고 있는 고로 원심이 인정한 피고인 등의 범행에 관해 이미 심증을 하게 한다. 모든 증거조사에 대해서 그 결과를 얻는다면 소송관계인의 청구에 관한 증인 또는 감정인의 심문 신청을 전부 배척하는 것도 오로지 당연한 직권행사 외에는 아니어서 심리 부진 등의 위법인 것이라고 말할 수 없다. 여러 차례 진변(陳辯)하는 점은 그것을 필요함에 원심의 인정사실에 오류가 있다고 할 때 돌아가는 것도 본 건 기록에 대한 정밀하게 조사한 바에 의하면 원 판결에는 이러한 오인인 것이라고 인정하기 어렵다는 것에 의한 논지로 모두 이유 없다.

따라서 상고는 이유 없는 것으로 형사소송법 제446조에 의해 주문과 같이 판결한다. 1925년 7월 9일 고등법원 형사부 재판장 조선총독부 판사 오가와(小川悌), 조선총독부 판사 이토오(伊東淳吉), 조선총독부 판사 다다(多田吉鐘), 조선총독부 판사 노무라(野村調太郎), 조선총독부 판사 모리다(森田秀治郎)가 판결하다.

해 제

신○숙은 김○찬의 둘째 며느리로 과부의 몸인데 몸이 좋지 않아서 의생의 진료를 받던 중 엄청난 양의 하혈을 하였다. 이에 신○숙은 임신 중이었으며, 의사와 그 시부인 김○찬이 공모하여 타태, 곧 낙태했다는 혐의를 받는다. 그러나 피고인과 변호인은 일관되게 신○숙이 임신 상태이었는지 불분명함으로 낙태 혐의를 둘 수 없다고 말한다. 더욱이 시아버지와 며느리 관계로서 불륜을 하지 않았다고 주장한다. 그러나 판결문 대부분의 분량을 차지하는 변론의 내용을 모두 들은 고등법원은 변론의 타당함을 따져보지 않고 상고 내용을 그대로 기각한 뒤 피고들에게 유죄 판정을 내렸다.

찾아보기

ㅁ

ㅂ

ㅅ

ㅇ

ㅈ

ㅊ

ㅋ

ㅌ

ㅎ

박정애

(현) 동북아역사재단 연구위원

(전) 동국대학교 대외교류연구원 연구교수

한국 근대사 전공. 숙명여대 사학과 박사

일본군'위안부' 문제 연구를 하고 있으며 젠더 관점의 역사쓰기를 지향한다. 논문과 저서로는 「일본군'위안부' 문제의 강제동원과 성노예－공창제 정쟁과 역사적 상상력의 빈곤」(『페미니즘 연구』 19(2), 한국여성연구소, 2019), 「피해실태를 통해 본 일본군'위안부'의 개념과 범주 시론」(『사학연구』 120, 한국사학회, 2015), 『한국 여성사 연구 70년』(공저, 한국학중앙연구원출판부, 2017), 『일본군'위안부'문제와 과제Ⅲ: 관점과 실태』(공저, 동북아역사재단, 2020) 등이 있다.